탄압이면 항쟁이다

제주도인민유격대
이야기

제주도인민유격대
이야기

글. 장윤식

한그루

차 례

책머리에 ·· 10

제1장 제주도 인민유격대의 태동

해방 이후 제주도 ·· 20
1. 귀환인구의 급증, 실직과 생필품 부족 ···················· 22
2. 자연재해와 식량난, 미군정의 미곡(米穀) 정책에 반발 ···· 23
3. 관리의 부정부패 ·· 24
4. 미군정의 패착, 친일파 재등용 ································ 26

제주도의 정치 상황과 분위기 ································· 28
1. 해방 후 86일, 짧았던 진짜 해방과 제주도인민위원회 ···· 28
2. 민중의 여론과 민전(民戰) 건국5칙(建國五則) ·············· 36
3. 거리에 울려 퍼진 인민항쟁가 ································ 39

3·1발포사건과 총파업 ··· 42
1. 남로당 제주도위원회 3·1절 기념행사 총동원 준비 ···· 42
2. 제주현대사의 분수령, 3·1절 발포 사건 ················ 46
3. 온 도민이 나선 총파업 ·· 49

거세지는 탄압, 멀어지는 꿈 ·································· 53
1. 메아리로 돌아온 검거와 고문 ································ 53
2. 악몽의 이름, 서북청년단 ······································ 55
3. 유해진 도지사의 폭정 ·· 58
4. 거듭되는 탄압 ·· 61
5. 멀어지는 통일독립정부 ·· 65

탄압이면 항쟁이다! 67
1. 남로당 제주도위원회의 무장봉기 결정 67
2. 전 도민이 총칼 앞에 제 가슴을 내밀었다! 70
3. 봉기의 목적 73
4. 남로당 중앙당 지령설 77
5. 무장봉기를 위한 준비 81

제2장 제주도 인민유격대의 조직과 운영

제주도인민유격대의 조직 86
1. 남로당 제주도위원회의 조직체계 86
2. 유격대의 조직 88
3. 조직개편 과정 112
4. 면당(面黨)의 조직체계 136
5. 병력 및 무기 140
6. 유격대 와해와 하산명령 150
7. 제주도인민유격대 지도부(사령관) 계보 158

제주도인민유격대의 운영 161
1. 교육 및 훈련 161
2. 규율 166
3. 내부 분열 및 숙청 170
4. 빗개 172
5. 연락병 174
6. 열악한 생활환경과 보급 177
7. 유격대 근거지 183

제3장 제주도 인민유격대의 활동

활동일지 — 188
1. 무장봉기와 5·10 단선 저지 — 198
2. 지하 선거, 남과 북 각각 정부 수립 — 216
3. 충돌의 격화, 주민 대량 희생 — 221
4. 대토벌과 귀순공작, 유격대의 와해 — 244
5. 한국전쟁 발발, 잔여 유격대의 준동과 소멸 — 249

유격대의 활동 현황 — 269
1. 월별 활동 현황 — 274
2. 시기별 활동 현황 — 277

주요 활동 — 278
1. 경찰지서 및 우익인사 지목 습격 — 278
2. 5·10 단선 거부 — 283
3. 지하선거와 김달삼 사령관의 월북 — 296
4. 인민공화국 지지 — 299
5. 주민 구출 작전 — 304
6. 선전, 홍보 — 306
7. 도로 차단, 통신 방해, 교량 파괴 — 310
8. 반미투쟁 — 312

유격대에 의한 피해 — 315
1. 유격대에 의한 피해 실태 — 315
2. 무차별 습격과 살상 사례 — 321
3. 개별 사례 — 325
4. 유격대의 과오 — 328

국방경비대와 제주도인민유격대 331
   1. 4월 3일 봉기와 국방경비대 331
   2. 9연대 침투 세포들의 활동 334
   3. 국방경비대 탈영이 유격대 활동에 미친 영향 336
   4. 박진경 연대장 암살 340

주요 전투 345
   1. 주요 전투 및 교전 일지 345
   2. 주요 전투 347

협상(평화회담) 359
   1. 4·28 회담 359
   2. 추가 협상은 없었나? 361

통일조국을 위하여 365

맺으며 368

참고문헌 374
사진·그림·표 차례 377
찾아보기 380

책머리에

4·3을 경험했던 사람들의 증언에서 공통적으로 나오는 탄식 같은 말이 있다. "나 ᄀ치 몰맹헌 것들만 살아남고 쓸 만하고 요망지고 똑똑한 사람들 다 죽었어." 이렇듯 당시 제주도 인재라는 인재 대부분이 죽었다. 왜 그들은 총칼 앞에 가슴을 내밀었는가? 그들은 당연히 죽어야 했던 사람들인가? 그들의 함성은, 깃발은, 봉화는 무의미한 것인가? 그들은 무엇 때문에 한라산으로 올랐을까? 무엇을 위하여 총과 죽창을 들고 거대한 세력에 맞섰고, 무엇 때문에 목숨까지 내걸었을까? 또 그들은 왜 지탄의 대상이 되었는가? 제주도인민유격대의 태동과 활동, 그리고 과오 등 전모를 살펴보고자 한다.

책머리에

'제주도인민유격대'는 제주4·3사건의 중심에 있었다. 2000년 1월 12일 제정 공포된 '제주4·3사건진상규명 및 희생자명예회복에 관한 특별법'에 의해 구성된 대한민국 정부의 '제주4·3사건진상규명 및 희생자명예회복위원회'(이하 4·3위원회)는 2003년 10월 확정한 『제주4·3사건진상조사보고서』(이하 『4·3진상보고서』)를 통해 제주4·3사건을 "1947년 3월 1일 경찰의 발포사건을 기점으로 하여, 경찰·서청의 탄압에 대한 저항과 단선·단정 반대를 기치로 1948년 4월 3일 남로당 제주도당 무장대가 무장봉기한 이래 1954년 9월 21일 한라산 금족지역이 전면 개방될 때까지 제주도에서 발생한 무장대와 토벌대 간의 무력충돌과 토벌대의 진압과정에서 수많은 주민들이 희생당한 사건"이라 정의했다. 즉, 제주4·3사건 당시 '무장대'와 '토벌대'라는 분명한 대립축이 존재했고 그들의 충돌과정에 많은 주민이 희생되었다는 것이다.

이렇듯 '무장대'는 제주4·3사건의 전개과정에 한 축을 형성했다. 그렇다면 엄청난 제주도민의 희생을 가져온 사건의 '충돌 당사자' 중 하나인 무장대가 어떻게 조직되고 활동했는가를 파악하는 것은 제주4·3사건의 전개와 결과를 이해하는 데 중요한 가늠자가 될 것이다. 이는 필자의 논문 「제주4·3사건 초기 무장대의 조직과 활동-제주도인민유격대 투쟁보고서의 분석」(2005)에서 이미 밝힌 바 있다.

본격적으로 서술하기에 앞서 명칭에 대해 살펴보자. 『4·3진상보고서』에서 칭하는 '무장대'는 4·3 당시 일반적으로 불리던 이름이 아니다. 이는 1987년 6월항쟁 이후 4·3진상규명이 본격화되면서 당시 무장봉기를 일으킨 세력을 통칭하는 용어로 쓰이기 시작했다. 그런데 1949년 6월 7일 경찰특공대가 이덕구 사령관을 사살하는 과정에서 입수한 노획 문서가 『제주도인민유격대 투쟁보고서』(이하『투쟁보고서』)이다. 이에 이 책에서는 『4·3진상보고서』에 칭한 '무장대'라는 용어 대신 '제주도인민유격대'(이하 유격대)로 칭하고자 한다. 무장봉기를 일으킨 그들 스스로 작성한 보고서에서 칭한 조직 명칭이기 때문이다.

필자가 2005년 발표한 논문은 1948년 3월부터 7월까지 시기를 한정해 유격대의 활동과 조직을 파악했다. 그러다 보니 유격대 활동의 전모를 파악하는 데 한계를 지닐 수밖에 없었다. 또한 남과 북에 각각 정부가 수립되고 심각한 대립국면에 들어서면서 엄청난 인명이 희생된 시기의 유격대 활동, 상호 교전, 와해와 소멸 등에 대해서는 다루지 못했다. 따라서 이 책에서는 각종 자료 및 증언 등을 토대로 4·3봉기부터 끝날 때까지 제주도인민유격대의 전모를 파악해보고자 했다. 다만 '유격대'라는 용어는 반드시 무기를 소지한 무장 세력만을 일컫는 것이 아니라, 그들을 지원했던 조직까지 포괄하여 사용했음을 밝힌다.

이 글은 기존에 발간된 많은 자료의 도움을 받았다.

《제주신문》이 1989년 4월 3일부터 연재를 시작한 「4·3의 증언」은 《제민일보》의 「4·3은 말한다」로 이어졌고, 이를 엮은 것이 《제민일보》 4·3취재반의 『4·3은 말한다』(총 5권, 1994-1998)이다. 이 자료는 유격대 활동일지 작성의 기준이 되었다. 내실 있는 현장취재와 관계자 증언·자료를 교차검증하며 상황을 정리한 것으로 판단되기 때문이다. 또한 제주도민과 유격대 간의 관계 변화를 파악하는 데도 많은 도움이 되었다. 다만 신문 연재가 끝났으나 책으로 엮지 못한 제주읍, 애월면, 한림면, 한경면의 내용은 《제민일보》 연재 기사의 도움을 받았다.

제주4·3연구소가 진상규명운동 초기에 발간한 두 권의 『이제사 말햄수다』(1989)를 비롯해 『제주항쟁』(1991), 『4·3장정』(1990-1993)과 이후 꾸준히 발간한 증언집 등은 4·3의 배경을 이해하는 데 도움을 주었으며, 특히 유격대원 혹은 연락, 보급 등에 직접 참가했던 경험자들의 증언은 소중한 자료가 되었다.

유격대 측이 남긴 유일한 사료인 『제주도인민유격대 투쟁보고서』는 당시 이덕구 사령관을 사살한 경찰들의 소속(화북지서) 지서장이 노획 문서 내용을 그대로 엮어 1995년 『한라산은 알고 있다. 묻혀진 4·3의 진상-소위 제주도인민유격대 투쟁보고서를 중심으로』라는 책자로 발간했다. 이 보고서는 1948년 7월까지 보고라는 한계에도 불구하고 무장봉기의 준비과정에서부터 유격대의 조직과 그 체계 변화, 작전, 국방경비대원의 탈영과 무기 충원, 각 면별 유격대 활동일지를 수록하는 등 초기 유격대의 조직과 활동 파악에 절대적인 도움이 되었다.

문제는 활동일지이다. 7월까지의 짧은 기간을 정리하면서도 누락과 과장, 날짜의 오류가 심했다. 일례로 5월 26일 '무릉리 전투'가 있었다는 『투쟁보고서』의 기록에는 "유격대 13명이 매복, 60명 가량이 분승한 적 기동대 차량을 기습하여 약 15분간 상호 교전을 벌였는데, 적 14명을 사살하고 11명을 부상시켰다."[1]고 적고 있다. 그러나 제주4·3 사건 당시 순직하거나 부상당한 경찰의 명단과 순직일이 적혀있는 『제주경찰사』에는 이날 경찰이 희생되었다는 기록이 없을뿐더러, 대정면 무릉리 인근에서도 희생당하거나 부상당한 경찰은 단 한 사람도 없었다.[2] 또, 활동을 기록한 날짜가 다른 자료와 일치하지 않거나 아예 교차검증이 되지 않는 날짜도 많다. 오류와 허위일 가능성이 크다. 필자는 이렇듯 누락과 과장, 허위 등 오류가 많은 것은 『투쟁보고서』가 김달삼 등이 해주인민대표자대회에 참여하기 위해 제주를 빠져나가기 직전에 집중적으로 작성되었기 때문이라고 판단한다.[3]

또한 미군의 보고서도 많은 도움이 되었다. 「주한미육군사령부 일일정보보고」와 「주한미육군사령부 주간정보요약」은 각 방면에서 수집된 정보를 토대로 제주도 상황을 보고하고 있어 유격대 활동이나 당시 흐름을 파악하는 데 힘이 되었다. 특히, 「주한미육군 군정청 일반문서」에는 장문의 『제주도 남로당 조사보고서』(1948.6.20. 기준)를 세밀하게 작성·보고[4]하고 있어 『투쟁보고서』와 더불어 4·3사건 초기 남로당 제주도당과 유격대의 조직 등 전모를 파악하는 데 큰 역할을 했다. 이밖에 많은 미군정 자료들은 제주4·3사건 발발과 유격대의 역량이 집

---

1) 문창송 편,『한라산은 알고 있다. 묻혀진 4·3의 진상』, 1995, 54쪽.
2) 제주도경찰국,『제주경찰사』, 1990, 341~348쪽 참조.
3) 장윤식,「제주4·3사건 초기 유격대의 조직과 활동」, 제주대학교 석사학위논문, 2005, 71쪽.
4) 4·3위원회,『제주4·3사건자료집』8, 2003, 42~52쪽.

중되었던 시기에 실질적으로 남한을 통치했던 점령당국의 보고와 기록이라는 점에서 제주4·3사건의 전개상황을 이해하고 분석하는 데 중요한 자료가 되었다. 다만 미군 보고서도 『투쟁보고서』와 같이 교차검증이 불가능한 '나홀로 상황 일자'가 많았다. 또한 주민 대량 희생 시기에 군이나 경찰의 전과 보고를 그대로 인용하여, 피난 입산 주민이나 중산간마을 초토화 당시 주민집단학살 등을 모두 '폭도'나 '게릴라' 토벌 성과로 파악하고 있어서 활동일지 작성에 참고하기는 한계가 있는 자료이다. 이 책에서 미군의 보고자료 인용은 대부분 4·3위원회가 발간한 『제주4·3사건자료집』(7권~11권, 「미국자료편」, 2003)의 번역본을 활용했다.

수년간의 자료조사와 증언조사를 토대로 작성한 정부의 보고서인 『4·3진상보고서』(2003) 또한 4·3의 배경과 전개 상황을 파악하는 데 도움이 되었다. 특히 유격대의 초기 상황과 한국전쟁 이후의 잔여 유격대 활동을 파악하는 데 힘이 되었다.

당시 유일한 제주지역 일간지인 《제주신보》도 많은 보탬이 되었다. 4·3의 배경이 된 3·1사건과 총파업 상황은 물론, 잔여 유격대 시기 활동을 파악하는 데는 거의 절대적이었다.

제주4·3평화재단에서 발간한 『제주4·3사건 추가진상조사보고서 Ⅰ』(2019, 이하 『4·3추가진상보고서 Ⅰ』) 중에 「군인·경찰·우익단체 피해실태」 자료는 유격대 활동일지 작성에 도움이 되었다. 하지만 피해 날짜나 장소를 특정하지 못하는 경우도 많고, 국가유공자로 확정된 1,091명[5]

---

5) 제주4·3평화재단, 『제주4·3사건추가진상조사보고서 Ⅰ』, 2019, 670쪽.

에 대한 기록이기 때문에 유격대에 의한 피해 전모를 파악하는 데는 한계가 있었다.

김봉현·김민주의 『제주도인민들의 4·3무장투쟁사』(이하 『4·3무장투쟁사』)는 무장봉기에 직접 참여했던[6] 저자들의 이력과 방대한 기록이라는 점, 제주4·3사건의 종결 이후 좌파적 관점에서 이를 최초로 기록한 점에 의미가 있다. 하지만 이 저서는 유격대와 제주도민을 동일시하고 그 역량과 전과 등을 과장되게 기술한 점, 애매한 시점과 편향적인 서술, 그리고 증언이나 사료에 대한 근거를 제시하지 않고 있다는 한계를 지니고 있다. 따라서 이 책에서는 유격대의 호소문이나 조직체계 변화 등 매우 제한적인 범위에서 인용했다.

박명림[7], 양한권[8], 김남식[9], 김점곤[10], 양정심[11] 등의 논문이나 저서도 4·3의 배경·전개 과정 그리고 유격대의 태동과 편성, 활동을 이

---

[6] 공저자 김봉현은 한림면 금악리 출신으로 오현중 역사교사로 재직 중 민전 문화부장으로 활동하다가 4·3사건 발발 직전 일본으로 도피했다. (『4·3진상보고서』, 167쪽) 김민주는 조천중학원 재학 중 1948년 8월경 입산하여 활동했다. 그는 1949년 검거되어 인천소년형무소 수감 중 한국전쟁 당시 형무소가 개방되면서 인민군 편입, 포로, 석방, 일본 밀항의 과정을 거쳤다. (2004. 10. 16. 채록)
[7] 박명림, 「제주도4·3민중항쟁에 관한 연구」, 고려대학교대학원 정치외교학과 석사학위논문, 1988.
[8] 양한권, 「제주도4·3폭동의 배경에 관한 연구」, 서울대학교대학원 정치학과 석사학위논문, 1988.
[9] 김남식, 『南勞黨硏究』, 돌베개, 1984.
[10] 김점곤, 『韓國戰爭과 南勞黨戰略』, 박영사, 1973.
[11] 양정심, 「제주4·3항쟁에 관한 연구-남로당 제주도위원회를 중심으로」, 성균관대학교대학원 사학과 석사학위논문, 1994.

해하는 데 도움을 주었다. 또한 『4·3의 진정한 희생자는!』에 수록된 증언, 제주도 각 마을의 향토지, 『해병전투사』(1951) 등 공개된 군·경 작전일지 등은 유격대 활동일지 작성과 유격대에 의한 피해 현황 파악에 도움이 되었다.

이 밖에 일일이 나열하지 못한 자료의 도움이 없었으면 이 책은 지금보다도 충실하지 못했을 것이다. 또한 지금까지 발간된 모든 4·3 관련 자료를 참고하지 못했기에 유격대 활동이나 그들에 의한 피해 내용을 완벽하게 정리하지 못했음을 고백한다.

제주도인민유격대는 역사 속에 실재했으나 섣불리 다가서지 않으려는 대상이 되었고, 기억과 망각 사이에서 수없이 비틀어지고 비하되고 업신여김당해 왔다. 그렇게 우리 앞에서 사라져간 제주도인민유격대는 여전히 '역적의 무리', '폭도', '죽어 마땅한 빨갱이'로 방치되고 있다. 4·3 전 기간을 통해 드러났던 그들의 행위들, 특히 저항의 언어들은 금기의 영역이었으며 거기에 가담하거나 관여했다고 수많은 제주도민이 희생됐다. 누명을 쓴 채 죽기도 했다. 삐라 살포, 도로 차단, 숙청, 남로당, 세포, 민애청, 공산당, 부녀동맹, 3·1대회, 정권을 인민위원회로! 총파업, 통일독립! 미국은 물러가라! 봉화, 습격, 5·10선거 거부, 벽보, 백지날인, 왓샤, 빗개(보초), 연락, 보급투쟁, 교전, 인민공화국 만세! 등등, 모두 죽음의 언어였다.

4·3을 경험했던 사람들의 증언에서 공통적으로 나오는 탄식 같은 말이 있다. "나 ᄀ치 몰맹헌 것들만 살아남고 쓸 만하고 요망지고 똑똑한 사람들 다 죽었어." 이렇듯 당시 제주도 인재라는 인재 대부분이 죽었다. 왜 그들은 총칼 앞에 가슴을 내밀었는가? 그들은 당연히 죽어야 했던 사람들인가? 그들의 함성은, 깃발은, 봉화는 무의미한 것인

가? 그들은 무엇 때문에 한라산으로 올랐을까? 무엇을 위하여 총과 죽창을 들고 거대한 세력에 맞섰고, 무엇 때문에 목숨까지 내걸었을까? 또 그들은 왜 지탄의 대상이 되었는가? 제주도인민유격대의 태동과 활동, 그리고 과오 등 전모를 살펴보고자 한다.

  이 책은 자료나 증언에 의존한 미완성의 글이다. 채워지지 않거나 잘못된 부분은 후속 연구에 의해 바로잡아 주길 바란다. 또한 자료에 많이 의존하여 현장성이 매우 떨어진 글이다. 이 책이 바탕이 되어 유격대의 활동에 관한 현장이 실증되고 그들이 다녔던 길이 복원되어 4·3의 역사가 좀 더 명확하게 드러나는 계기가 되길 바란다.

  선뜻 출판에 동의해주신 한그루 김영훈 대표님과 편집, 교열 등에 도움을 준 김지희 편집장님, 자료와 사진을 제공해 준 제주4·3연구소와 4·3통일의 길 마중물, 그리고 집필을 응원하며 기다려준 아내 오옥만과 딸 지혜 부부에게도 감사드린다.

제1장

제주도인민유격대의
태동

해방 이후 제주도
제주도의 정치 상황과 분위기
3·1사건과 총파업
거세지는 탄압, 멀어지는 꿈
탄압이면 항쟁이다!

해방 이후 제주도

- 광복의 기쁨과 부푼 꿈, 누구를 위한 해방인가?

설령 해방이 어느 정도 외세에 의해 주어졌다 할지라도 해방 후 수립해야 할 우리의 민족국가는 우리 스스로의 노력에 의해 달성되어야 한다는 당시의 민족적 요구는 대단히 컸다.(안종철, 『제주항쟁』, 11쪽.)

일제 식민통치에서 벗어난 해방은 한반도와 우리 민족에게 갑작스럽게 다가왔다. 믿어지지 않는 감격에 너도나도 얼싸안고 기쁨을 누렸다. 마을마다 북장구를 치고 걸궁을 돌며 해방을 맞이했다.
하지만 해방이 곧바로 조국의 독립으로 이어지지는 않았다. 우리의 힘으로 일본을 물리치고 쟁취한 해방이 아니었기 때문이다. 일본이 항복하자 한반도의 북위 38선을 경계로 남쪽에는 미군이, 북쪽에는 소련군이 진주해 조선 국토를 양단했다. 일제가 떠난 조국은 독립만 유예된 것이 아니라, 우리 민족의 의지와는 전혀 관계없이 통일정부 수립도 유예됐다. 결국 미소 양군의 분할점령으로 맞이한 해방은 분단의 씨앗, 민족적·세계적 비극의 서막이 되고 말았다.

〈사진1〉 남한에 진주한 미군의 성조기 게양

1945년 9월 8일 남한에 진주한 미군사령부는 "전승군(미군)은 북위 38도 이남의 조선지역을 점령(occupy)하며, 북위 38도 이남의 조선 영토와 조선 인민에 대한 통치의 전 권한은 당분간 본관의 권한 하에 시행된다. 주민은 미군의 명령에 복종해야 한다."라는 포고문을 발표하며 군정을 실시한다. 북한에 진주한 소련군도 북위 38도 이북의 조선 영토에 대한 군정을 실시했다.

해방된 조국이 남과 북으로 나뉜다는 것은 일반 민중들에게는 전혀 상상할 수 없는 상황이었다. 제주도는 어떻게 해방을 맞이하고 어떠한 문제가 있었을까?

1. 귀환인구의 급증, 실직과 생필품 부족

해방 전후 제주사회를 살피려면 일제하 일본으로 건너갔던 제주인에 대해 살펴야 한다. 청년층의 상당수가 일본에서 열악한 환경의 돈벌이에 투입되었고 제주경제에 큰 영향을 미쳤다. 하지만 해방 이후 이들이 대거 귀향하면서 또 다른 문제를 야기했다. 『4·3진상보고서』는 이를 다음과 같이 파악하고 있다.

> 1930년대 중반 제주도 인구의 4분의 1인 5만 명이 일본에 머물고 있을 정도로 일제하 제주도민의 일본 진출은 엄청난 규모였다. 이들이 해방 이후 고향에 돌아왔지만 수용할 만한 공장이나 일터가 없었다. 실업률 증가 등 심각한 경제문제에 부닥치게 되었다. 특히 8·15 직후에 귀환자의 반입물품 제한과 일본과의 물자교역 불법화는 그동안 일본 오사카 중심의 노동시장 생활권을 유지해왔던 출가노동자들

의 경제생활에 큰 타격을 주었다. 1945년 11월 조선인이 일본에서 돌아갈 때 개인적인 소지품 외에 천 엔(담배 20갑에 해당되는 돈)만 소지하는 것이 허용되었다. 8·15 이전 공산품의 40% 가량을 일본에서 구입해오던 제주도 사회는 일본과의 정기여객선 뱃길이 끊기고 반입물품 제한과 대일 교역마저 통제를 받게 되자 심한 생필품 부족 현상을 보였다.[12]

2. 자연재해와 식량난, 미군정의 미곡(米穀) 정책에 반발

이러한 상황에서 자연재해와 전염병이 제주도를 덮쳐 도민들의 삶을 더욱 궁핍하게 만들었다. 또한 미군정의 미곡 수집정책이 주민반발을 일으키며 장기간 심각한 이슈가 되었다.

여기에 1946년에 들어서면서 불어닥친 콜레라의 만연과 극심한 보리농사 흉년까지 겹치는 사태를 맞게 되었다.

콜레라는 1946년 봄에 남한 각 지방에서부터 퍼지기 시작하였다. 그해 6월에 제주도에서도 콜레라 환자가 발생했고 1946년 8월 29일자 전국 사망자 7,193명, 제주도 사망자 369명으로 집계할 정도로 피해가 심한 편이었다. 콜레라를 예방한다고 마을과 마을 사이의 왕래를 통제하기도 해서 민심이 흉흉했다.

---

[12] 4·3위원회, 『4·3진상보고서』, 2003, 38~39쪽, 필자 요약.

한편 그해에 대흉작이 겹치면서 제주도는 극심한 기아에 허덕이게 되었다. 특히 보리농사가 심했는데, 1944년 268,133석이던 생산량이 1946년에는 그 31%선인 83,785석에 지나지 않았다. 이쯤 되자 제주도의 식량난은 심각했다. 칡뿌리와 해산물 등을 채취해 겨우 목숨을 연명해 가는 사람들이 있는가 하면 톳과 보릿겨 등을 섞어 만든 이른바 '톳밥' 등이 유행하였다. 여기에 민심을 자극시킨 것이 미군정의 곡물정책이었다.

미군정은 1946년 1월 군정청 법령 제24호 '미곡수집령'을 공포, 일제가 행하던 쌀 공출제도를 부활시켰다. 이에 농민들이 반발했고 좌파진영에서도 이를 정치 쟁점화하여 반대운동을 전개하였다. 그런데 이때 전국적으로 곡물수집 실적이 가장 부진한 곳이 바로 제주도였다. 1947년 1월의 미군 보고서를 보면 그때까지 전국적으로 69.5%가 수집됐으나, 제주도의 수집 실적은 1%에 불과했다. 그리고 그해 여름 하곡수집을 할 때에는 수집 공무원과 마을 청년들의 물리적 충돌도 빚어진다.[13]

3. 관리의 부정부패

이렇듯 도민들의 삶이 어려울 대로 어려워진 상황에서 미군정 관리와 경찰이 합세한 부정부패는 4·3의 한 원인으로 지적될 정도로 주민

---

13) 4·3위원회, 앞의 책, 98~99쪽, 필자 요약.

들의 원성을 자아내고 있었다. 이는 앞서 살핀 해방 직후 일본으로부터의 송금과 재산반입 불허에 따른 극심한 생필품 부족 현상과도 밀접히 연관되어 벌어진 일이었다.

그 무렵 제주에서는 밀무역이 성행했다. 일본에 있던 재산을 반입하거나 생필품을 실어 나르기 위해 어선들이 현해탄을 넘나들었지만, 경찰에서는 이를 밀수 행위로 단속했다. 그런데 그들 가운데는 적발하면 법적으로 처리하기보다는 모리배들과의 뒷거래로 잇속을 채우는 일이 종종 있었다. 이런 모리행위에 군정 관리와 경찰 고위간부까지 가담하면서 사회문제가 된 것이다. 그 대표적인 사건이 제주감찰청장 파면까지 몰고 온 '복시환(福市丸) 사건'이었다.[14]

군정관리의 부정부패에 대해서는 좌우 진영을 막론하고 분노의 목소리를 높였다. 당시 신문 기사에서도 이를 확인할 수 있다.

도 민청에서는 7일 모리배 숙청에 대하여 여좌히 담화를 발표하였다. … 한 가지 주목할 사실은 그들의 대부분이 과거에 일제와 야합하여 나라를 팔아먹고 호의호식하던 친일파 민족반역자들이며 오늘에 있어서도 나라와 인민을 팔아서 연명하려는 도배들이라는 것이다. 반면에 쌀을 찾으려고 쌀을 달라, 일을 달라는 인민의 애끓는 소리는 무

---

14) 4·3위원회, 앞의 책, 101쪽.

참히 짓밟히고 있지 않은가? … 이 문제의 근본적 해결은 모든 반민주적 반민족적 분자들의 모략을 완전히 분쇄하고 인민정권을 수립함으로써만 가능할 것이다."(《제주신보》, 1947.2.8.)

도(道) 독청 선전부에서는 모리배 도량에 대하여 9일 다음과 같은 담화를 발표하였다. … 그것은 모리배의 자기 수명 연장책인 미군정의 연기, 조선 자주독립의 지연 등 갖은 모략과 연결되어 있다. … 민족자결권의 존중과 자유 평등의 3원칙을 우리에 다오! 조선민족의 조선민족으로써 된 조선민족을 위한 정부 그리고 인민의 인민으로 된 인민을 위한 정치를 실시하여라! 이러함으로써만 모리배숙청을 비롯한 조선의 모든 정치적 환난과 경제적 곤궁을 타개할 수 있을 것이다.(《제주신보》, 1947.2.10.)

4. 미군정의 패착, 친일파 재등용

미군정의 정책 중 최악은 친일파 재등용이었다. 이는 제주도뿐만 아니라 남한 전역의 민중들로부터 비판을 받았고, 뒤틀린 한국현대사의 씨앗이었으며 패착 중의 패착, 악수(惡手) 중의 악수였다. 군정장관 아놀드 소장은 1945년 9월 14일 성명을 통해 사설 치안단체 및 군사단체에 대해 해산을 명령하면서 일제 경찰을 그대로 미군정 경찰로 존속시킬 것임을 밝혔다.

당연히 인민위원회 등의 단체는 물론 일반 민중의 불만이 터져나왔다. 일제하 독립운동가를 잡아들이고 고문하고 민족억압과 수탈의 주구 노릇을 하던 민족반역자들이 해방된 나라에서도 통치기구의 고위직을 차지하고, 총과 곤봉을 들고 경찰로 다시 근무한다는 게 도무지 믿기지 않았던 것이다.

    이와 같은 민중의 불만은 미군정이 실시한 여론조사에서도 나타난다. 미 극동군총사령부는 미군이 남한에 진주하자마자 1945년 9월~10월까지 2개월에 걸쳐 여론조사 등을 실시한 후〈일본과 한국의 비군사 분야의 동향에 관한 요약 보고〉(1946.3.8.)를 했다. 이 보고에는 미군정 초기 한국인들의 관심사와 불만사항 7개 사항을 적시하고 있는데, 그중 첫 번째가 '미군정이 아직도 일본인 관리들을 보좌관으로 데리고 있는 사실'이었다. 이 밖에 임시정부 요인 귀국, 물가문제, 외곽지역 미군정 병력 미배치, 북한 실태, 미군정 통역, 농지 분배 등이 조사되고 있었다.[15]

---

15) 김택곤, 『미국 비밀문서로 읽는 한국현대사 1945-1950』, 맥스교육(맥스미디어), 2001, 376쪽.

제주도의 정치 상황과 분위기

1. 해방 후 86일, 짧았던 진짜 해방과 제주도인민위원회

제주도인민위원회는 이 섬에서 하나밖에 없는 정당인 동시에 모든 면에서 정부 행세를 한 유일한 조직체였다.(전남도청 미군정 요원 그랜트 미드)

일제가 항복을 선언하자 친일 관료와 경찰, 민족 착취에 앞장섰던 친일파는 민중의 규탄 대상이 되었다. 미군정은 그들을 재등용했으나 일부 지역에서는 민중들의 뭇매에 사망자가 발생하기도 한다. 그들은 자기 몸 사리기 바빴고 피신하거나 잠행에 들어갔다. 반면 해방은 민중들에게 한껏 희망을 불어넣었다. 그것은 일제의 폭압에서 벗어났다는 희열과 새로운 질서에 대한 기대였다. 이러한 기대와 요구에 부응하며 적극적으로 민중에게 다가선 쪽은 여운형 등 독립운동가와 좌파 진영이었다.

1945년 8월 일제가 패망하면서 독립운동가 여운형의 주도하에 조선건국준비위원회(이하 건준)가 결성되었고, 9월 6일 조선인민공화국 수립을 선포하며 인민위원회로 개편되는데, 전국적으로 각 지역에 조직됐던 민간 자치기구였다. 특히 지방에서 인민위원회는 적극적 친일파를 제외한 독립운동가, 지역 명망가 등 좌우를 넘나드는 구성으로 민중들의 호응을 받았다. 각 지역의 치안유지 등 자치활동과 일부 행정영역을 넘나들며 활동했고 지역마다 학교 설립을 주도했다.

　처음 여운형 등에 의해 친일파 민족반역자를 제외한 좌우합작 형식으로 출범했던 인민위원회는 전국적으로 민중의 전폭적인 신뢰 속에 남한 내 강력한 조직으로 발전했지만 미군정의 친일파 등용 정책 등과 충돌하며 갈등을 빚었다. 미군정은 1945년 10월 10일 '미군정만이 유일한 합법 정부'라는 논리를 앞세워 조선인민공화국과 인민위원회를 부정하는 강력한 성명을 발표했다. 이에 여운형 등 인민공화국 측이 반발하자 미군정은 급기야 12월 19일 서울 옥인정(玉仁町)에 있는 조선인민공화국 중앙인민위원회 사무소를 급습해 서류 일체를 압수했고, 며칠 간 인민위원회 사무소를 포위한 채 삼엄한 경계를 했다. 이로써 서울의 중앙인민위원회는 무력화됐다.[16] 이즈음 불거진 신탁통치 논란은 남한사회를 양단했으며, 몸 사리기에 급급했던 친일파들이 친미 반공투사로 둔갑하여 활개치기 시작했다.

　제주지역 상황도 남한의 전체 상황과 그 맥락을 같이했다. 기존 연구에는 '1945년 9월 10일 건준 제주도준비위원회 결성, 9월 22일 제주

---

16) 김종민, 「김종민의 다시 쓰는 4·3」, 《제주의 소리》(2017. 6. 27.).

도인민위원회 결성'이라고 날짜까지 확정되어 보고되었다. 하지만 김종민은 다른 지역 등의 1차 사료를 근거로 제주도건준은 9월 23일 결성되었으며 9월 30일까지도 인민위원회로 전환되지 않았다고 밝혔다.[17]

아무튼 건준과 인민위원회는 육지 여느 지역과 같이 일제하 독립운동가 중심으로 지역의 지식인과 청년 등이 가세하며 빠르게 제주도의 각 면·리 단위까지 구성되고 해방 직후 사실상 치안유지 및 일부 지역에선 지방행정 역할을 담당한다. 앞서 지적했듯이 미군정에 의해 조선인민공화국 중앙인민위원회가 1945년 12월경 무력화되지만 제주도에서는 그 이후에도 일정 기간 미군과 협력관계를 유지했다.

당시 한림면 사례를 살펴보자.

그 당시 건준이라는 것은 특정 이념을 띤 것이 아니라 해방이 되니까, 이 단체로 뭉쳐야 한다고 해서 뭉치게 된 것이야. 9월 중순쯤 한림

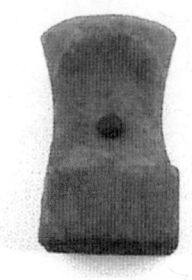 

〈사진2〉 제주도민인민위원회 직인(사진. 제주4·3평화기념관)

---

17) 김종민, 앞의 기사, 《제주의 소리》(2017. 4. 11.).

국민학교에 약 200~300명이 참석한 가운데 결성되었는데 면관내 거의 전부가 참석하였어.

제주도에서는 대학을 다니거나 고등교육을 받은 사람들이 우익으로 간 경우가 거의 없어요. … 시대의 조류가 통일을 열망할 때라 좌우를 불문하고 함께 갈 수가 있었지요. 사실 그 당시만 해도 좌니 우니 하는 말들이 없었어요. … 제주도에서 인민위원회가 대중을 이끌어갈 수 있었던 것은 그 지도자들이 독립투사였다는, 곧 민족주의자들이라는 신뢰감 때문이었어요.[18]

다른 지역도 인민위원회가 주도적으로 분위기를 장악하고 있었다. 그렇게 인민공화국과 인민위원회는 제주도민 속으로 파고들었다.

1946년 초가 되니까 그래도 기틀을 잡아간다는 것이 인민위원회 계통의 기틀이라. 비단 김녕만이 아니고 다른 데도 다 마찬가지. 부락을 그래도 좌지우지하던 유지들, 30대, 40대 일할 만한 사람들은 거의 거기에 다 끼였지.[19]

제주도의 미군 상륙은 1945년 9월 28일 그린 대령의 항복접수팀과 파우웰 대령의 무장해제팀 상륙으로 시작되어 10월 22일에는 제749

---

18) 제주4·3연구소, 『제주항쟁』, 1991, 227~228쪽, 필자 요약.
19) 제주4·3연구소, 제주4·3구술자료총서 4권, 『지금까지 살아진 것이 용헌거라』, 2011, 156쪽, 필자 요약.

야전포병대대가 제주에 진주, 일본군 송환업무를 수행했다. 그리고 11월 9일 비로소 군정업무를 전담할 제59군정중대가 진주했으며, 11월 10일에는 전술부대로서 6사단 20연대에 배속된 제51 야전포병대대 분견대가 파견되었다. 8·15 이후 86일 만에야 제주도에서 실질적인 미군정이 실시되었다. 그만큼 행정공백이 길었음을 알 수 있다.[20]

이 공백기간 동안 제주도 행정을 실질적으로 이끈 조직이 인민위원회였다. 인민위원회를 주축으로 새로운 질서, 새로운 나라를 위한 활발한 논의가 있었다. 대다수 청년들이나 지식인들이 새 나라 건설에 대한 부푼 꿈으로 일제로부터 해방의 참 기쁨을 만끽했다. 3개월여 기간이 참다운 해방구였고 인민위원회와 제주도민의 끈끈한 결속이 이루어졌다. 행정은 공백 상태였지만 제주도민들의 새로운 나라, 통일 자주독립국가에의 꿈은 충만한 상태였다.

한편 제주도에 진주한 미군도 제주지역 군정 실시에 도움을 받고자 인민위원회 혹은 청년동맹 등 자치 조직에 협조를 구하는 등 협력관계를 이어갔다. 그만큼 혼란한 시기 제주지역사회의 치안유지 및 행정의 일부를 적절하게 관리하며 제주도민의 광범위한 지지를 받고 있었기 때문이다. 당시 제주도민들이 인민위원회를 해방 이후 합법적인 지방정부, 행정조직으로 알았을 정도로 그 영향력이 지역사회에 미치고 있었다. 제주도인민위원회에 대해 『4·3진상보고서』는 다음과 같이 파악하고 있다.

---

20) 4·3위원회, 『4·3진상보고서』, 2003, 80~81쪽.

제주도인민위원회는 독특한 성격을 갖고 있음을 엿볼 수 있다. 이를 집약하면 그 특성을 다음 여섯 가지로 요약할 수 있을 것 같다. 첫째는 광범위한 지지를 받은 자치기구였다는 점, 둘째는 항일투쟁 경험자들이 주도했다는 점, 셋째는 온건한 정책을 추구했다는 점, 넷째는 미군정 중대와 밀접한 협력관계를 유지했다는 점, 다섯째는 존속기간이 전국에서 가장 길었다는 점, 여섯째는 중앙이나 전남 인민위 조직과도 일정하게 거리를 두고 있어 독자성이 강했다는 점 등이다.[21]

당시 신문기사에서도 제주도는 해방 직후 어려운 경제 상황과 혼란기에도 인민위원회를 중심으로 평온을 유지하고 있음을 확인할 수 있다.

… 귀환동포로 인하여 심한 식량난에 빠져 6두(斗) 1,000원을 부르고 있는데 다른 곳에서 약 8만석의 보조가 필요한 형편이다. 그러나 근로정신과 자급자족심이 굳은 제주인이라 당국과 사회의 구제방책이 그리 활발하지 못하다 하여도 … 동도는 다른 곳과 달라 8할이 중산계급이고 2할이 세민이며 특히 토지는 소작제도가 거의 없는 상태이니 만치 주민들은 대부분이 자본가의 농락을 받지 않고 인민위원회 산하에 놓여 있다.[22]

---

21) 4·3위원회, 앞의 책, 73쪽.
22) 《자유신문》(1946. 12. 18.).

> … 세간에서 제주는 좌익 일색이며 '인위(人委)'의 천하라는 말이 있으나 제주의 인위는 '건준(建準)' 이래 양심적인 반일제 투쟁의 선봉이었던 지도층으로써 구성되어 있으며, 최근에 분립된 한독(韓獨), 독촉국민회(獨促國民會) 등의 우익단체와도 격렬한 대립이 없이 무난히 자주적으로 도내를 지도하고 있다.23)

이를 주도한 세력 또한 일제하 독립운동가 등이 주를 이루었고, 여기에 적극적인 친일파를 제외한 지역 유지, 일본 본토에서 노동운동에 참여했던 노동자, 귀국한 일본 유학생, 지식인 등이 합류했다. 즉, 일제에 적극적으로 협력했던 사람을 제외한 제주도의 지도급 인사와 지식인 등이 주도함으로써 대중들의 호응을 자연스럽게 이끌어냈다. 말깨나 하고, 글깨나 쓰고, 쓸 만한 사람들이 다 모여들었다.

또한 위 신문기사의 시기를 주목할 필요가 있다. 앞서 보았듯이 중앙인민위원회는 미군정의 물리력 앞에 1945년 12월경부터 무력화됐다. 이를 감안하면 제주도인민위원회는 1년 이상 도민들의 지지 속에 건강하게 유지되고 있었다. 더군다나 4·3의 길목이 되었던 1947년 3·1절 집회를 앞두고는 한림면 인민위원회 이름으로 축하 광고까지 신문에 실릴 정도였다. 심지어 1948년 6월의 미군보고서에 "제주도 게릴라를 인민위원회 소속 단체들이 지원하고 있다."24)고 하니 언제까지 존속했는지, 언제까지 영향력을 미쳤는지 가늠키 어려울 정도이다.

---

23) 《동아일보》(1946. 12. 21.).
24) 주한미육군 일일정보보고(1948. 6. 11.).

〈사진3〉 한림면 인민위원회의 3·1절 축하 광고(《제주신보》 1947.3.10.)

2. 민중의 여론과 민전(民戰) 건국5칙(建國五則)

중앙에서는 인민위원회가 해산되자 남한 내 좌파정당과 사회단체의 연합체인 민주주의민족전선(이하 민전)이 1946년 2월 출범했다. 그리고 민전의 정책 지향점을 담은 건국5칙을 발표한다.

> 건국5칙(建國五則)
> 하나, 기업가와 노동자가 다 같이 잘살 수 있는 나라를 세우자!
> 하나, 지주와 농민이 다 같이 잘살 수 있는 나라를 세우자!
> 하나, 여자의 권리가 남자와 같이 되는 나라를 세우자!
> 하나, 청년의 힘으로 움직이는 나라를 세우자!
> 하나, 학생이 안심하고 공부할 수 있는 나라를 세우자!
> - 민주주의민족전선 선전부

한편 1946년 8월 13일《동아일보》는 향후 정부형태 등에 대한 여론조사 결과를 싣고 있다. 미군정청 여론국이 8,453명을 대상으로 조사했는데 정치 자유 요구, 계급독재 반대, 사회주의 선호 경향의 결과를 보이고 있었다.

> 문1. 일신상의 행복을 위하야 가장 중요한 것은 어느 것이라고 생각합니까
> 　　가. 생활안정을 실현할 기회 3,473명(41%)
> 　　나. 정치적 자유 4,669명(55%)
> 　　다. 모릅니다 311명(4%)

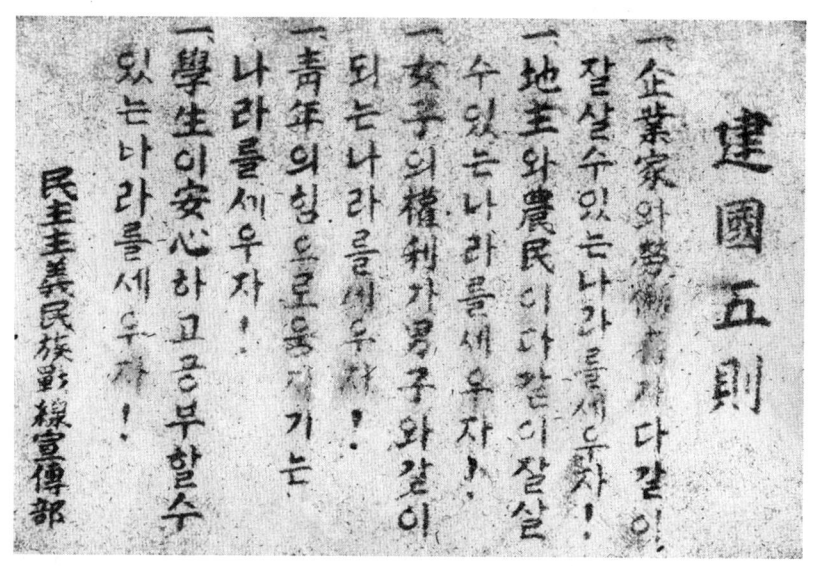

〈사진4〉 건국5칙(사진. 제주4·3평화기념관)

문2. 귀하께서 찬성하시는 일반적 정치형태는 어느 것입니까

　　가. 개인독재(민의와는 무관계) 219명(3%)

　　나. 수인독재(민의와는 무관계) 323명(4%)

　　다. 계급독재(타계급의 의지와는 무관계) 237명(3%)

　　라. 대중정치(대의정치) 7,221명(85%)

　　마. 모릅니다 453명(5%)

문3. 귀하의 찬성하는 것은 어느 것입니까

　　가. 자본주의 1,189명(14%)

　　나. 사회주의 6,037명(71%, 기사 원문 70%)

　　다. 공산주의 574명(7%)

　　라. 모릅니다 653명(8%)

〈문4~문7 생략〉

당시 민심은 민생경제 안정과 정치적 자유를 바라고, 대의정치에 바탕을 둔 사회주의 나라였으면 좋겠다는 것이었다. 또한 이 설문에 따르면 헌법은 성문법이어야 하며(87%), 조선인이 통일된 때 발효되어야 한다(71%)는 여론이 많았다. 그로부터 약 1년 뒤 '조선신문기자회'가 향후 들어설 나라의 국호, 정권 형태를 묻는 여론조사를 했다. 그 결과에서도 당시 민중들의 인식과 분위기를 엿볼 수 있다.

1. 국호는?
    (a)대한민국 604표(24%)   (b)조선인민공화국 1,708표(70%)
    (c)기타 8표(1%)   (d)기권 139표(4%)

2. 정권 형태?
    (a)종래 제도 327표(14%)   (b)인민위원회 1,757표(71%)
    (c)기타 262표(10%)   (d)기권 113표(5%)

3. 토지개혁 방식?
    (a)유상몰수 유상분배 427표(17%) (b)무상몰수 무상분배 1,673표(68%)
    (c)유상몰수 무상분배 260표(10%) (d)기권 99표(5%)

조선신문기자회가 1947년 6월 3일 서울시내 중요 지점 10개소에서 통행인 2,459명에게 실시한 여론조사결과[25]

위 미군정청과 조선신문기자회의 여론조사에 제주도민의 민심이

---

25) 《조선중앙일보》(1947.7.6.).

반영되었는지는 모르겠지만 제주지역이라고 그 민심이 크게 다르지는 않았을 것이다. 이를 요약하면 인민위원회가 주도하는 조선인민공화국이 향후 들어설 정부의 바람직한 모습이라는 것이다. 이 여론조사 결과는 앞서 소개한 민전의 건국5칙 구호와 상당히 맞닿아 있다. 당시 민심을 꿰뚫고 파고들었던 조직은 민전 등 좌파였다고 볼 수 있다.

3. 길거리에 울려 퍼진 인민항쟁가

제주도에서 이러한 여론을 끌어내고 활용하는 데 가장 앞장섰던 조직은 남로당 제주도위원회였다. 그것은 이미 해방 직후부터 독립운동가와 지역유지, 지식인 중심으로 활발했던 건준, 인민위원회의 경험에서 끈끈한 연계를 맺고 있었다. 1947년 들어 청년단체 등 대중조직들이 속속 결성되는데 이는 육지와는 거의 9개월 정도 늦은 출범이었다. 그만큼 인민위원회가 별도의 외곽 조직 없이도 제주도민의 민심을 무난히 이끌고 있었다는 반증이기도 하다. 당연히 많은 제주도민들이 청년, 농민, 부녀조직 등으로 모였다.

> 지금에 와서는 좌익·우익하는데, 그때의 분위기는 그런 사상적인 대립이 있었던 것은 아닙니다. 나도 민청 모임에 참석하기도 했었는데, 그게 좌익단체라고 생각하면서 간 것은 아닙니다. 모임에서는 이승만 노선에 대한 비판은 있었던 것으로 기억되지만 특별한 사상 강습은 없었습니다. 그때는 다른 청년단체들이 발을 붙이지 못하던 시절이었지요. 젊은 사람이 민청, 나중에는 민애청이 됐지만 거기에 참석하지 않으면 동네에서 사람 취급을 받지 못하던 분위기였습니다.26)

똑똑한 사람들은 다 좌익사상을 가졌어. 민애청도 굉장히 쟁쟁한 맴버들만 있었지.[27]

난 4·3 전에 남로당과 민애청에 가입했었습니다. 당시 남자면 누구나 그랬습니다. 아니면 따돌림을 받을 정도였으니까요. 그러다 사태가 심상치 않자 많은 젊은이들이 산으로 피했습니다. 80% 이상이 산으로 올랐을 겁니다.[28]

민청 등 조직 결성에 대해서는 당시 유일한 지역신문인 《제주신보》도 상세히 소개하고 있다. 즉 1947년 1월 10일 도민청(道民靑) 결성대회(1월 12일)를 예고하고 있고, 1월 25일 제주도 부녀동맹, 조천면 민청(民靑)이 주민들의 열렬한 지지 속에 결성되었다는 소식에 이어 2월 들어서 서귀면, 제주읍, 한림면, 애월면 민청 결성을 보도하고 있다. 특히 이 신문보도에 따르면 조천면 민청 결성대회에는 "조천경찰지서 주임으로부터의 열렬한 격려의 인사"가 있었고, 2월 22일 애월면 민청 결성대회에는 하귀중학교 교장 등 각계의 격려와 축사가 있었음을 밝히고 있다.

또 이 시기 청년단체 결성식에는 으레 박헌영, 허헌, 김두봉 등이 명

---

26) 《제민일보》 4·3취재반, 『4·3은 말한다』 1권, 1994, 146쪽.
27) 제주4·3연구소, 『4·3장정』 6, 1993, 39쪽.
28) 《제민일보》 4·3취재반, 『4·3은 말한다』 4권, 1997, 432쪽.

예의장에 추대되었다. 일제 치하 독립운동가이며 해방 이후 새로운 사회를 향해 나아가는 지도자를 환영하고 우대했다. 여기에 더해 1월 25일 조천면 민청 결성대회에는 김일성이, 2월 23일 제주도 민주주의민족전선(민전) 결성대회엔 김일성과 소련의 스탈린 등이 명예의장에 추대되기도 했다. 또 이 자리에는 박경훈 도지사가 참석해 축사를 했다. 그런 시절이었다.

거리에서 인민항쟁가와 적기가가 청년은 물론 어린이들 입에서도 불렸으며 그것을 단속하거나 나무라는 일도 없었다. '민중이 주인이 되는 나라, 모두가 부자 가난 없이 잘 사는 나라, 남녀가 평등하고, 자유롭게 공부할 수 있는 해방통일, 자주독립된 나라'가 곧 들어설 줄 알았다. 거리에서 울려 퍼지는 노랫소리와 함께 민중들의 꿈은 부풀어 올랐다. 기대와 희망이 충만했었다. 이러한 상황에서 4·3의 분기점이 되었던 1947년 3·1절 발포사건이 발생했다.

3·1발포사건과 총파업

1. 남로당 제주도위원회 3·1절 기념행사 총동원 준비

1946년 들면서 남한사회는 대립과 갈등이 곳곳에서 벌어진다. 그 핵심에는 미소공동위원회(이하 미소공위) 소집과 신탁통치 논란이 있었다. 좌파는 1946년 3월 출범하고 첫 회의를 가진 미소공위가 5월 무기 휴회를 선언하며 결렬되었지만 모스크바 삼상회의 결정대로 임시정부 출범 등 한반도의 통일정부 수립을 위한 구체적 일정과 방안을 내오리라 기대하고 있었다. 남로당 등 좌파는 5년간의 신탁통치안을 골자로 하는 모스크바 삼상회의 결정을 지지하고 나선 상황이라 더욱 미소공위 성공에 매달릴 수밖에 없었다. 때문에 1947년 제28주년 3·1절 기념대회를 통해 미소공위 재개를 통한 민주주의 임시정부 수립, 삼상회의 결정의 조속한 실현 등을 주요한 이슈로 삼았다.

제주지역도 3·1기념대회를 앞두고 준비위원회를 구성하고 이어 실질적으로 기념대회를 주도한 제주도 민전이 2월 23일 결성됐다.

민전 결성에 대한 당시 신문보도를 통해 주도세력의 지향점을 읽을 수 있다.

> 오랫동안 준비중이었던 제주도 민주주의민족전선 결성대회는 지난 23일 … 만뢰같은 박수리에 안세훈씨 등단하여 "세계민주주의 체계에 입각한 모스크바 삼상의 결정은 민주과업을 진정하게 실천하게 되는 고로 삼천만 동포의 한사람까지라도 민전 산하에서 최후까지 삼상회의 결정의 실천을 위하여 투쟁하여야 된다"는 개회사가 있어서 민전의 지향을 명시한 바 있었고, … 이어 내빈 축사로 들어가 도지사 박경훈씨의 축사를 비롯하여 … 다음, 3·1절 기념행사에 대하여 안세훈씨로부터 질서정연히 평화리에 행하여야 된다는 설명이 있었다.[29]

한편 남로당 제주도위원회는 1947년 제28주년 3·1절 기념행사를 앞두고 조직적이고 세밀한 지침을 수립하며 산하단체 등에 조직 총동원령을 내렸다. 당시 남로당 제주도위원회의 '3·1운동 기념투쟁의 방침'에 나온 표어를 보면, 당면한 미·소 공위 재개에 의한 임시정부 수립 등의 정치문제뿐만 아니라 경제문제, 사회문제, 지역문제 등을 포괄적으로 다루고 있음을 알 수 있다. 당시 좌파의 입장이 총망라된 것으로 보인다. 다음은 '3·1운동 기념투쟁의 방침'의 일부이다.

> 1. 각 읍·면에서는 인위(人委), 민청(民靑), 부동(婦同) 기타 각종 단체 및 직장 대표자로 3·1기념 준비위원회를 즉시 조직할 것. 준비위원회

---

[29] 《제주신보》(1947. 2. 26.).

에는 동원부, 선전선동부, 준비부를 둘 것. 각 부락 및 각 직장에서도 이에 준하여 준비위원회를 조직할 것. 단 학교에서는 교직원과 학생 대표로 조직할 것.

2. 24일까지 3·1운동의 원인, 경과, 의의, 결과를 10월 인민항쟁과 현 정세에 결부시켜 민주주의 임시정부 수립의 방향에로 전 인민의 진로를 밝힐 것. 각 부락 및 직장에서의 선전선동사업 및 동원 예상을 반드시 각 읍·면 준비위원회에 보고케 하고 즉시 각 준비위원회에서는 도준비위원회에 종합보고를 할 것.

3. 25일부터 28일까지 각 읍·부락 및 직장대회를 소집하여 3·1 시위운동에 전원 참가할 것을 결의하고 반(班) 및 직장 단위로 동원 조직하여 지휘자 및 자위대(2, 3인)를 선정하여 부락 준비위원회에 보고할 것.

4. 당일에 지휘자 및 자위대는 반 및 직장별로 동원시켜 시위행렬로 부락 준비위원회가 지정한 장소와 시간에 집합할 것.

5. 각 읍·면 준비위원회가 지정한 시간, 장소에 각 부락 준비위원회는 동원된 전원을 시위적 행렬로 집합할 것. 단체기 및 표기기(標記旗) 특히 인위기(人委旗)를 들 것.

(이하 생략)

12. 표어(일반)

민주주의적 애국투사를 즉시 석방하라!
인민항쟁 관계자를 즉시 석방하라!
최고지도자 박헌영 선생 체포령을 즉시 철회하라!
민주주의 임시정부 수립 만세!
정권은 즉시 인민위원회로 넘기라!
일제적 통치기구를 분쇄하라!

단일 누진제 즉시 실천!

입법의원을 타도하자!

친일파 민족반역자 친 파쇼분자의 근멸!

삼상회의 결정의 즉시 실천!

인민 경제를 파괴하는 모리배의 철저한 소탕!

언론·출판·집회·결사·파업·시위·신앙의 절대 자유!

식량문제 해결은 인민의 손으로![30]

이 밖에 현장에서의 선전선동은 효과를 높이기 위해 당일 기념식장에서 1인당 5분 이내로 하고, 바람의 방향 활용 등 세세한 내용까지 방침에 적시하고 있으며, 각 부락 및 직장에서의 대중집회, 농위(農委), 민청(民靑) 등의 조직강화 도모를 지시하고 있다.

또한 표어 부분에도 위 일반적 내용과 더불어 노동자, 농민, 청년, 부인 부분으로 세분하여 '노동자 및 일반 봉급 생활자에게 1일 4홉 쌀을 배급하라!', '토지는 일하는 농민에게!', '강제공출 절대 반대!', '학원의 민주화!', '남녀평등법령 즉시 실시!' 등의 구호를 제시하고 있다.[31]

한편 미군정은 1947년 3·1대회를 바로 목전에 두고 육지에서 파견한 응원경찰 100명을 제주도에 추가 배치했다. 그러나 3·1사건 이전 제주도에서 미군정과 경찰 그리고 3·1기념대회를 준비하던 '3·1기념 투쟁 기념준비위원회' 간에 집회허가 여부 및 집회장소의 문제를 놓고

---

30) 4·3위원회, 『4·3진상보고서』, 2003, 104~105쪽.
31) 제주4·3연구소, 『제주항쟁』, 1991, 161~164쪽, 필자 요약.

갈등은 있었지만³²⁾, 오히려 급박하고 긴장을 불러일으킨 것은 육지 상황이었다. 실제 서울에서는 우익세력 주도로 동대문운동장, 좌익세력은 남산에서 각각 집회를 가졌고 시위 과정에서 양측 군중 간의 유혈충돌이 발생하여 14명의 사상자가 발생했다. 이러한 시점에서 미군정이 제주도에 기존 경찰병력(350명)의 1/3 수준인 100명의 응원경찰을 파견한 것은 긴장을 부추긴 꼴이 되었고, 급기야 이들 응원경찰에 의해 3월 1일 제주경찰서 앞과 도립병원 앞에서 발포사건이 일어나 민심을 극도로 악화시켰다. 이것 또한 미군정의 실책이었다.

2. 제주현대사의 분수령, 3·1절 발포 사건

1947년의 '제28주년 3·1기념 제주도대회'는 사상 최대의 인파가 몰리면서 성황리에 개최됐다. 하지만 이날 관덕정 앞에서 응원경찰의 발포로 사상자가 발생하면서 제주사회는 걷잡을 수 없는 소용돌이에 빠져든다. 『4·3진상보고서』가 파악한 3·1절 발포사건의 진상을 요약하면 다음과 같다.

> 1947년 3월 1일 오전 11시 '제28주년 3·1 기념 제주도대회'가 열리던 제주북국민학교 주변에는 사람들로 인산인해를 이뤘다. 이날의 군중 수는 대략 2만 5천~3만 명으로 추산됐다. 이날 10개 면에서도 별도의 기념식이 열렸는데 각 지방마다 수천 명씩 모였다. … 학생들도 대거

---

32) 자세한 상황은 《제민일보》 4·3취재반, 『4·3은 말한다』 제1권, 1994, 260~262쪽 참조.

<사진5> 3·1 대시위(강요배 作)

참여했다. 학생들은 이미 이날 오전 9시께 오현중학교에 집결, 한 차례 행사를 치른 다음이었다.

이 기념식에서 대회장인 안세훈은 "3·1 혁명 정신을 계승하여 외세를 물리치고, 조국의 자주통일 민주국가를 세우자"는 요지의 발언을 했다. 이어 각계의 대표들이 나와 연설을 했는데, 주로 3·1 정신을 계승 자주독립을 전취하자는 내용이었다. 또 삼상회의 절대지지, 미·소공동위원회 속개를 촉구하는 구호도 나왔다. … 이날 오후 2시께 기념행사가 끝난 후 군정당국의 반대에도 불구하고 허가받지 않은 가두시위가 시작되었다. 제주북국민학교를 나온 시위행렬은 두 갈래로 나뉘어 한 대열은 미군정청과 경찰서가 있는 관덕정 광장을 거쳐 서문통으로, 다른 한 대열은 감찰청이 있는 북신작로를 거쳐 동문통으로 이어졌다.

오후 2시 45분께 관덕정 앞 광장에서 기마경관이 탄 말에 어린이가 채어 소란이 일어난 무렵에는 시위행렬이 관덕정 광장을 벗어난 시점이었다. 현장 목격자들의 증언과 언론의 심층 보도내용을 종합하면 당시 관덕정 광장에는 'S'자 형태의 행진으로 위세를 부리던 시위군중이 지나간 다음이어서 건물 옆쪽에 듬성듬성 100~200명의 관람군중이 있었다고 한다. 사건은 한 기마경관이 관덕정 옆에 자리잡았던 제1구 경찰서로 가기 위해 커브를 도는 순간 갑자기 튀어나온 6세 가량의 어린이가 말굽에 채이면서 시작됐다. 기마경관이 어린이가 채인 사실을 몰랐던지 그대로 가려고 하자 주변에 있던 관람 군중들이 야유를 하며 몰려들기 시작했다. 일부 군중들은 "저 놈 잡아라!"고 소리치며 돌멩이를 던지며 쫓아갔다. 당황한 기마경관은 군중들에 쫓기며 동료들이 있던 경찰서 쪽으로 말을 몰았고, 그 순간 총성이 울렸다. 당시 관덕정 앞에는 육지에서 내려온 응원경찰이 무장을 한 채 경계를 서고 있었는데, 기마경관을 쫓아 군중들이 몰려오자 경찰서를 습격하는 것으로 잘못 알고 일제히 발포한 것이다. 이 발포로 민간인 6명이 숨지고, 6명이 중상을 입었다.[33]

3·1절 발포사건이 남로당 혹은 주최 측의 치밀한 계획에 의해 발포를 유도했다는 주장이 있는데 이것은 사실이 아니다. 앞서 민전 결성대회 때 안세훈이 "질서정연히 평화리에 행하여야 된다."고 강조하기도 했지만, 남로당은 지령을 통해서도 3·1절 집회 참가자들에게 "이번

---

[33] 4·3위원회, 『4·3진상보고서』, 2003, 107~109쪽.

데모는 평화주의이다. 그러므로 테로는 절대금물이며 전반 지시대로 한다. 어떠한 경우에도 폭동이라는 모략에 걸리지 말 것"이라고 사전 지시를 내리고 있었다.[34]

3. 온 도민이 나선 총파업

시위를 구경하던 시민들이 육지에서 온 응원경찰의 총격에 숨지고, 이에 대한 진상규명과 책임자 처벌이 이루어지지 않자 제주 사회의 민심은 들끓었다. 좌파뿐만 아니라 우익인사와 함께 구성된 '제주 3·1사건 대책위원회'가 조직됐다. 남로당 제주도위원회는 성난 민심을 등에 업고 3월 7일 각 읍·면 위원회에 '3·1사건 대책 투쟁에 대하여'란 지령서를 내려 총파업을 독려했다. 지령서의 일부는 다음과 같다.

- 투쟁방침으로는 ①3·1 투쟁방침의 연장으로서 당의 영웅적 대중투쟁을 위한 합법 전취 ②미제 및 반동 진영의 약체화에 대한 결정적 최후적 투쟁 ③제2혁명단계의 대중적 투쟁에 대한 완전한 정치적 사상적 무력적 준비.
- 조직활동은 도·면위에서는 당내 투쟁조직으로서 '3·1사건 투쟁위원회'를, 당외 투쟁조직으로서 '3·1사건 대책위원회'를 합법적으로 읍·면·리·구에 구성할 것.

---

34) 제주4·3평화재단, 『제주4·3사건추가진상자료집1』(4·3 관련 경찰 자료), 2018, 62쪽.

- 파업단에서는 다음의 요구조건과 성명서 1통은 미 지방장관에게, 1통은 중앙장관에게, 1통은 각 대책위원회에 제출하는 동시에 3월 10일 정오를 기하여 총파업에 들어갈 것.
- 요구조건은 ①발포책임자 강동효 및 발포한 경관을 살인죄로써 즉시 처형하라 ②경찰관계의 수뇌부는 즉시 책임 해임하라 ③피살당한 동포의 유가족의 생활을 전적으로 보장하며 피상자에게 충분한 치료비와 위로금을 즉시 지불하라 ④3·1사건에 관련되어 피검된 인사를 즉시 무조건 석방하라 ⑤경관의 무장을 즉시 해제하라 ⑥경찰에서 친일파, 민족반역자를 즉시 축출하라.[35]

발포사건에 항의하는 파업은 3월 10일 제주도청 직원들이 앞장섰다. 요구사항은 앞의 남로당 지령서의 6개 요구조건과 비슷했다. 이어 대부분의 관공서, 농업학교 등 각급 학교의 교사와 학생, 금융, 운수회사 등 166개 기관·단체가 총파업에 참여했다. 또 일부 지역에서는 상점이 문을 닫는 등 민간인들도 동조했고, 미군정청 관리와 일부 경찰까지 파업에 가담한 민관 총파업으로 발전했다. 『4·3진상보고서』가 파악한 파업 현황은 다음과 같다.

《독립신보》는 제주도 파업사태에 "156개 단체 직원이 총파업에 참여했다."고 보도했다. 그러나 『제주경찰사』에는 그 당시의 자료를 인용, 경찰 및 사법기관을 제외한 전 기관 단체가 총파업을 실시해 그 숫

---

[35] 4·3위원회, 『4·3진상보고서』, 2003, 112~113쪽.

자는 166개 기관·단체에 41,211명이 참여했다고 밝히고 있다. 직능별 파업실태는 다음과 같다.

△ 제주도청을 비롯한 군·읍·면사무소 등 23개 기관 515명
△ 제주농업학교 등 중학교 13개교 교직원·학생 3,999명
△ 제주북교 등 국민학교 92개교 35,861명
△ 제주우체국 등 우체국 8개소 136명
△ 제주여객 등 운수회사 7개 업체 121명
△ 식산은행 등 은행 8개소 36명
△ 남전 출장소 등 15개 단체 542명

그러나 이 기록에도 앞의 경찰관 파업 숫자는 빠져 있다. 또 일부 지역에서는 상점 등이 문을 닫아 파업분위기에 동조했는데, 이런 민간인들의 파업상황까지 고려한다면 이보다 더 많은 인원이 3·1 경찰 발포사건에 항의하는 총파업에 참여했다는 결론에 이르게 된다.[36]

발포사건에 대한 항의는 남로당 지령서가 미치지 못하는 도민사회에도 충분히 공감을 불러일으켰다.

지금 보면 참말로 괴상한 시기였어요. 우리가 삐라를 작성하는데 '지금은 이러이러한 상황이다. 이런 것은 삐라를 써서 붙이자' 하고 교육

---

36) 4·3위원회, 앞의 책, 116쪽.

을 받았거나, 아니면 공부했거나 꼭 그렇지도 않았어요. 누가 하라고 안해도….[37]

뿐만 아니라 유족 돕기 모금운동이 전도적으로 확산되어 각 직장과 학교, 지역 유지 등이 참여했고, 서울 등 도외 제주도민도 모금에 참여하며 경찰의 발포와 미흡한 사후 처리에 항의했다.

---

[37] 제주4·3연구소, 『다시 하귀중학원을 기억하며』, 2013, 22쪽.

거세지는 탄압, 멀어지는 꿈

1. 메아리로 돌아온 검거와 고문

하지만 미군정 당국과 경찰은 책임자 처벌 등 도민의 기대와는 달리 관덕정 앞 발포를 정당방위라 주장하며 도민의 요구를 묵살했다. 오히려 항의하는 도민들을 잡아들여 고문하고 구금했다. 3·1기념집회를 주도했던 인사들에 대한 검거 선풍이 불었고, 특히 3·1발포사건에 항의해 전 도민이 들고 일어섰던 총파업에 대한 폭력적 검거가 이어졌다. 이에 항의하는 주민과의 충돌도 있었다.

중문리에서는 중문중학원장 이승조와 일제강점기 노동운동 등으로 옥고를 치렀던 민청위원장 김성추가 검거되자 중문면민 1천여 명이 집회하여 피검자 석방을 요구했다. 경찰은 이에 불응하며 집회 참가자를 향해 발포해 8명이 부상당하는 일도 있었다.[38]

---

38) 4·3위원회, 『4·3진상보고서』, 2003, 129~130쪽.

도민의 요구를 담은 삐라 살포나 벽보를 선전하는 학생들을 붙잡아 폭행과 고문을 가했다. 전 도민이 한목소리로 폭력경찰을 규탄하는 아우성도, 해방된 나라의 통일독립정부를 바라는 정치적 요구도 일제하 경찰에 복무했던 미군정 경찰에게 무자비하게 짓밟히는 믿지 못할 상황이 벌어진 것이다. 수배와 검거가 잇따랐고 재판도 속행된다. 그러나 재판에 회부된 도민들은 재판과정에서 3·1집회 참가나 총파업이 민주국가 건설과 발포에 의한 도민의 죽음에 항의하기 위한 것이었음을 분명하게 주장했다.

피고 이〇〇 …"민주국가를 건설하는데 있어서는 반드시 결사, 시위, 파업의 자유가 있어야된다. 금반 3·1기념 행사에 있어 본인은 선동행위를 한 것도 아니고 오직 건국에 불타는 한 조선민족으로서 당연히 참가하지 않으면 아니될 것으로 생각하였을 뿐이므로 죄를 범하였다고는 생각치 않는다.《제주신보》, 1947.4.14.)

김이환 "당일의 진상을 아는 자는 누구나 성명서를 발표 아니치 못할 것이다".《제주신보》, 1947.4.30.)

뿐만 아니라 피검자에 대한 폭행과 고문이 심함을 호소하고 있다. 《제주신보》(1947년 4월 22일)에 따르면 "피고들이 '경찰의 청취서라는 것은 사실무근인 것이다. 고문이 심하므로 의식불명 상태에 빠지다시피되었지만 이런 자백을 한 바는 없다.'라고 대부분이 진술했다."는 기사가 실렸는가 하면 경찰의 중추 간부가 "언어에 절(絶)할 고문을 감행했다."는 기사도 볼 수 있다.39) 경찰의 폭력과 가혹 행위에 대해서는

제주주둔 미군정 장관이나 경찰 책임자도 인지하고 있을 정도로 만연하고 있었다.40)

2. 악몽의 이름, 서북청년단

서북청년단(이하 서청)의 횡포는 제주도민을 더욱 자극했다. 서청은 테러와 만행의 집합체로 4·3 기간 내내 수많은 악행을 저질렀다. 서청은 1947년 3·1발포사건에 책임을 지고 사표를 제출한 초대 박경훈 도지사의 후임으로 그해 4월 부임한 유해진 지사의 경호원 신분으로 7명이 입도하면서 처음으로 제주도에 발을 들였고 그 이후 기하급수적으로 늘어났다.

하지만 초창기 그들에게는 공식 직책이 없었다. 즉, 봉급이 없었다는 것이다. 그들이 살아갈 길은 현지 주민에 대한 협박과 약탈뿐이었다. 점차 세력이 커지자 이승만 사진과 태극기를 강매했다. 응하지 않으면 무자비한 폭력이 가해졌다. 이러한 서청의 불법 기부 강요, 즉 협박과 강탈은 당시 제주도민에게 엄청난 고통을 가하며 원성을 자아냈는데 제주경찰감찰청장이 공식적으로 경고41)할 정도였다.

하지만 서청에게는 이러한 경고가 먹히지 않았다. 이미 그들의 불법 폭력은 만연했고 안하무인 격의 행동으로 일관했다. 파렴치한 서

---

39) 《제주신보》(1947. 5. 26.).
40) 《제주신보》(1947. 3. 14. / 1947. 4. 4.).
41) 《제주신보》(1947. 11. 6.).

청 세상이 되어버린 것이다. 당연히 그에 대한 제주도민의 불만은 극에 달했다.

> 엿장수를 하던 이북사람들이 갑자기 순경 모자를 쓰고 나타나더니, 젊은 남자가 보이기만 하면 무조건 잡아가기 시작했습니다.[42]

> 서청은 피의자 이름을 적으며 오얏리(李)자를 두이(二)자로 쓸 정도로 무식했다. 한번은 소로기동산에 집합시켜 놓고는 집집마다 뒤져 귀중품을 약탈해 갔는데, 나도 월급을 통째로 빼앗겼지만 말한마디 못했다.[43]

제주도민을 무시하고 업신여기는 서청의 폭력행위는 제주도민에게는 치욕적이었으며 자존감을 자극하기에 충분했다. 왜 아무 권한도 없는 저들에게 무차별 폭행을 당해야 하는가? 왜 아무런 죄가 없는 우리가 몸을 피해야 하는가? 이러한 현실이 도저히 믿기지 않았다. 하지만 그들은 점점 많이 들어왔고, 더욱 다양한 방법으로 더욱 잔인하게 제주도민을 짓밟았다. 결국 불법적인 그들의 폭력에 제주도민이 맞서기로 하면서 서청은 4·3 발발의 한 원인으로 지적되고 있다.

4·3 발발 이후 그들의 횡포는 더욱 기승을 부렸다. 진압과정에서 그들은 초법적인 존재였다. 저승사자였고, 어떠한 표현으로도 감당하기 어려운 악몽의 이름이었다.

---

42) 《제민일보》(1999.7.30.).
43) 《제민일보》(1999.7.2.).

〈사진6〉 서북청년단

 엿장수나 하던 서청들이 무장을 하게 되면서부터 희생자가 속출했습니다. … 창고 안에는 여러 마을 사람들이 갇혔는데 무자비한 구타와 함께 차마 눈 뜨고 볼 수 없는 장면들이 벌어졌습니다. 남녀를 불러내 구타하면서 성교를 강요했고 여자의 국부를 불로 지지기도 했습니다. 난 그들이 제정신을 가진 인간이라고 생각하지 않습니다.[44]

---

44) 《제민일보》4·3취재반, 『4·3은 말한다』 5권, 1998, 66쪽.

12월 19일 동료 250명과 함께 제주에 도착했는데 글깨나 아는 25명은 경찰이 됐고, 나머지 225명은 군인이 됐지요. 그때는 문맹자들이 많았습니다.[45]

서청은 참으로 지독했습니다. 오죽했으면 경찰이 나서서 일시 가두기까지 했겠습니까. 주정공장 창고 부근에는 부녀자와 처녀들의 비명소리가 끊이지 않았습니다. 서청은 여자들을 겁탈한 후 고구마를 쑤셔 대며 히히덕거리기도 했습니다.[46]

결국 서청은 4·3봉기의 한 원인을 제공했고, 학살과 만행, 겁탈과 강탈의 주역이며 시대의 악마였다.

3. 유해진 도지사의 폭정-미군정 특별감찰까지 받아

민심을 잃게 하는 요인은 서청에만 국한되지 않았다. 정식 경찰로 제주에 파견된 응원경찰도 도민 탄압에 앞장섰다. 그들이 이렇듯 버젓이 불법 폭력을 가할 수 있었던 것은 유해진 도지사의 행정이 한몫을 담당했다.

제주 59미군정 책임자인 러셀 베로스(Russel D. Barros) 중령은 특별감찰관 로렌스 넬슨(Lawrence A. Nelson) 중령에게 1948년 3월 11일 제출한

---

45) 《제민일보》4·3취재반, 『4·3은 말한다』 4권, 151쪽(서청 출신 주민의 증언).
46) 《제민일보》4·3취재반, 『4·3은 말한다』 5권, 1998, 69쪽.

보고서에서 자신이 "1947년 4월 제주에 부임한 이래 이곳 농민이든 상류층이든 제주 사람들이 갖고 있는 일치된 의견은 육지에서 온 사람들이 과거 일본인들보다 더 혹독하게 자신들을 다룬다는 것"이라고 진술했다.[47] 이 보고 시점은 4·3봉기 직전이었다.

3·1사건 직후인 1947년 4월 10일부터 1948년 5월 28일까지 제주도지사로 재직한 유해진은 서청을 끌어들이기 시작한 장본인이기도 하다. 그는 도지사로 부임한 뒤 관공리의 숙정 작업부터 손을 댔다. 총파업에 가담하거나 주도했던 관리들을 가려 사상이 불온하다는 이유로 파직시켰다. 이런 관공리 숙정 작업은 도청뿐만 아니라 군청, 경찰, 운수, 체신 등 전 행정기관으로 파급됐다. 숙정 선풍은 교육계에도 불었다. 공직사회에는 날로 빈자리가 생겨났다. 이런 공백을 주로 이북 출신으로 채워갔다.[48] 그와 의견이 완전히 일치하지 않으면 그 사람은 자동적으로 강력한 좌익분자로 분류되었다.[49] 그로 인해 파직당한 관공리들의 불만, 중도적인 입장의 인사들까지 좌익으로 몰아붙이는 극우몰이… 당연히 그에 대한 제주도민의 반감이 클 수밖에 없었다. 그를 암살해야 한다는 삐라까지 나돌았다. 유해진 도지사 역시 4·3 발발의 한 원인을 제공한 인물이었다.

미군정보고서에 수록된 유해진 지사에 대한 특별감찰보고서(감찰기간: 1947.11.12.~1948.2.28., 보고일자: 1948.3.11.)를 살펴보자.

---

47) 김택곤, 앞의 책, 541쪽.
48) 4·3위원회, 『4·3진상보고서』, 2003, 135쪽.
49) 4·3위원회, 앞의 책, 137쪽.

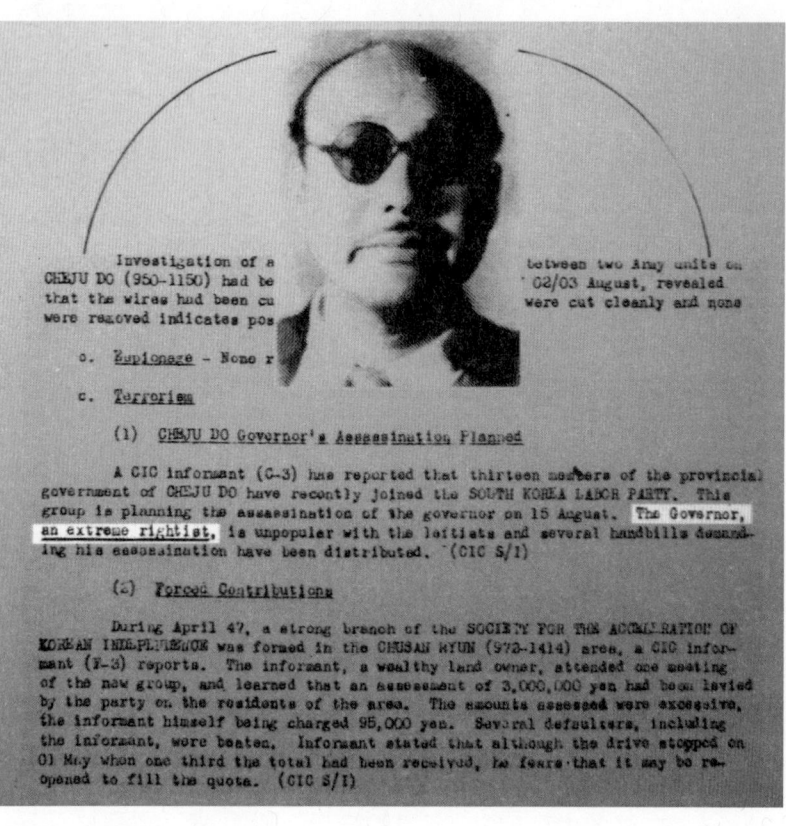

<사진7> 유해진 도지사(사진. 『4·3은 말한다』 1권)

'(주민들이) 좌익에 동조하게 된 것은 경찰에 책임이 있다.', '본토 경찰이 도내 경찰 최고위직을 차지하고 있다.', '식량배급표는 배급받는 주민들이 갖고 있는 것이 아니라 면장실에 보관돼 있다.', '1947년(1948년의 오기-필자) 2월 19일 현재 제주유치장에는 죄수 365명이 있었다. 죄수 35명이 약 10×12피트(3.04m×3.65m: 역주) 정도 되는 한 감방에 가득 수용돼 있다.', '그는 무모하고 독재적인 방법으로 정치이념을 통제하려는

쓸데없는 시도를 해왔다. 그는 좌파를 지하로 몰고 갔으며 결국 그들의 활동을 더욱 위험하게 만들었다. 좌익세력의 숫자와 동조자들이 증가하고 있다.', '유 지사 재임 기간 경찰은 테러행위를 수없이 자행했다. 경찰 최고위직은 모두 본토에서 모집된 경찰관들로 채워졌다.'

(중략)

건의 ①유해진 지사는 교체돼야 한다. ②경무부는 제주도 경찰행정에 대해 조사를 벌여야 한다. ③미국 경찰고문관은 제59군정 사령부 및 사령부중대의 임무를 같이 맡아야 한다 ④법무부는 과밀 형무소를 조사해야 한다.50)

이러한 감찰 실무진의 건의에 대해 딘 군정장관은 "건의 사항대로 실시를 승인함. 단, 유해진 지사는 그대로 유임시킬 것"이라 답했다.51) 결국 남로당 제주도당은 무장봉기를 감행했고, 경비대의 귀순 요구에 유격대는 혈서(血書)로 자신들의 요구사항을 제시했다. 그중 하나가 '도지사 유해진을 즉시 파면하라!'였다.52)

4. 거듭되는 탄압-4·3전야

3·1절 기념집회에는 제주도내 대부분 청년·학생들이 참여했고, 총파업에는 대부분 직장인이 참여했기 때문에 제주도민에 대한 압박은

---

50) 4·3위원회, 『제주4·3사건자료집』(이하 『4·3자료집』) 9권, 89~95쪽, 필자 요약.
51) 김택곤, 앞의 책, 545쪽.
52) 《신천지》(1948년 7월호).

엄청났다. 검거와 탄압으로 4·3 직전까지 약 2,500명의 도민들이 구금 당했다. 3·1집회 이전까지 분출했던 대중단체의 활동도 드러내놓고 할 수 없었다. 감시와 미행, 검거와 고문, 회유와 협박이 이어졌다. 이 압박을 견디지 못하고 제주도를 떠나 육지로, 일본으로 도피하는 이들이 속출했다.

그럼에도 제주도민들은 미군정의 탄압을 규탄하고 새로운 사회에 대한 희망을 버리지 않았다. 아니, 오히려 이 탄압을 벗어나야 도민들이 꿈꾸는 사회가 조속히 실현될 것이라 믿었다. 친일파 척결, 통일독립정부 수립, 미군정의 미곡공출 반대 등을 요구하는 시위, 삐라 살포 등을 감행했다. 1947년 6월에 전신주에 부착된 포스터에는 '통일 민주 임시정부를 세우기 위해 3상회의 결정 지지, 정치활동 자유 보장, 토

〈사진8〉 넘치는 유치장(강요배 作)

지개혁을 포함한 다양한 민주적 개혁 실현, 민주인사 즉각 석방, 친일파 추방' 등의 내용을 담고 있었다.[53] 8월 5일 제주읍 전역에 뿌려진 삐라에는 '독립국가 수립, 과도민주정부 수립, 인민정부 수립, 곡물수집 계획 거부' 등을 요구[54]했고, 비슷한 시기 "자신들의 이익을 위해 한국을 강탈하려는 미군을 몰아내자! 총칼로 인민을 위협하는 경찰을 공격하자! 한민족의 수탈자인 우익 추종자들을 처단하자!"는 삐라가 살포되기도 했다.[55]

1947년 6월 6일 종달리에서는 민청 집회를 단속하는 경찰관 3명을 청년들이 폭행한 6·6사건이 발생했다.[56] 8월 안덕면 동광리에서, 8월 13일 북촌리에서는 주민과 경찰이 충돌하여 각각 부상자가 발생했고, 주민 200여 명이 함덕지서에 몰려가 항의하는 일이 벌어졌다. 하지만 몇 명이 모인 것도 불법집회가 되고, 삐라 살포, 시위는 삼엄한 감시 대상이 되고 있었다. 뒤따라오는 것은 검거와 죽음과도 같은 고문과 폭행이었다.

이제 해방 이후 지녔던 순수한 꿈이 죄가 되고, 새로운 사회를 향한 열망이 탄압의 빌미가 되어 제주도민을 압살했다. 단지 젊다는 이유로, 배웠다는 이유로 폭행을 당하고 구금당하고 옥살이를 해야 하는

---

53) 주한미육군사령부 주간정보요약(1947. 6. 19.)(4·3위원회, 『4·3자료집』 7권, 160쪽, 필자 요약).
54) 주한미육군 971방첩대 격주간정보보고(1947. 8. 31.)(4·3위원회, 『4·3자료집』 8권, 179~180쪽, 필자 요약).
55) 주한미육군사령부 일일정보보고(1947. 8. 8.).
56) 《제민일보》 4·3취재반, 『4·3은 말한다』 1권, 1994, 444쪽.

무법천지가 되어버렸다. 불과 1년 전 3·1절 기념집회에 참석하여 외쳤던 지극히 상식적인 구호들이 빨갱이 낙인이 찍힌 채 제주도의 거리거리에 외침으로, 삐라로 흩날렸다. 자주독립, 통일된 정부를 세워야 한다는 주장에 목숨을 내걸어야 하는 암흑 세상이 되어버렸다. 당연히 도민들의 활동은 점점 지하로 들어갈 수밖에 없었다. 아니, 베로스 중령의 분석처럼 제주도민의 분노는 더욱 커지고 있었다. 급기야 미군방첩대에서도 1947년 12월 '만일 빠른 시일 내에 경찰에 정의를 실현시키지 못한다면 모든 조직들이 제주감찰청을 공격할 것이라는 것이 제주도의 여론'이라고 보고[57]할 정도였다.

지서에서 취조할 때는 매질부터 시작했습니다. 주로 몽둥이로 때리거나 각목을 다리 사이에 끼워 무릎을 꿇게 하고 위에서 밟기도 했습니다. 또 물고문도 했고 유도하는 것처럼 내던지기도 했지요. 특히 수감자들이 울분을 느꼈던 것은 경찰관들이 심심하면 한 사람씩 밖으로 불러내 장난삼아 고문을 했던 일입니다. 양은하씨는 고문을 받던 중 급소를 맞아 숨지게 되었습니다.[58]

그때 누군가 '어느 날 우리는 일어난다. 일어나면 그때 원수를 갚자.'고 나한테 와서 항상 그런 말을 했어. 그땐 경찰이라면 이를 박박 갈았지. 눈앞에 있으면 찔러 죽일 생각밖에 안 날 때라.[59]

---

57) 주한미육군사령부 일일정보보고(1947. 12. 13.).
58) 제주4·3연구소, 『4·3長征』6, 1993, 41쪽.
59) 제주4·3연구소, 앞의 책, 69쪽.

순회(巡廻)폭력에 괴로움을 당했다. 순회폭력이란 응원경찰대 5~6인이 1조가 되어 각면의 지서를 순회하면서, 취조권이 없음에도 불구하고 자의로 피의자를 감방으로부터 끄집어내어 발로 차고 총대로 때리고 하는 난행을 말한다. 이를 해남부대라고도 했다.60)

잡히면 죽음이었다. 섬은 긴장이고 갈등이고 폭발 직전의 아우성이었다. 제주도민은 무자비한 탄압정책과 폭력에서 살아남기 위한 자구책이 필요했다. '앉아서 죽느냐, 일어서 싸우느냐.'는 양자택일의 절박한 상황에 맞닥뜨렸다. 은신처가 필요했고 입산자가 늘었다. 이렇듯 극심한 폭력과 탄압은 4·3봉기의 강력한 배경이 되었고 '제주도인민유격대'가 예비될 수밖에 없는 상황으로 치달았다.

5. 멀어지는 통일독립정부

한반도를 둘러싼 내외 정세도 민중들이 꿈꿨던 자주적 통일정부 수립과는 점점 멀어져만 갔다. 모스크바삼상회의를 통해 출범한 '미소공동위원회'가 임시정부 구성 및 통일독립을 위한 로드맵을 내놓아야 했으나 서로의 입장 차이를 좁히지 못하고 아무런 합의점 없이 결렬됐다. 이어 남한만의 단독정부를 구성한다는 미국의 방침과 UN결의가 이루어지며 한반도에는 분단의 짙은 먹구름이 끼고 있었다. 해방 이후 늘 품어왔고 의심하지 않았던 통일독립정부 수립의 꿈이 물거품

---

60) 제주4·3연구소, 『이제사 말햄수다』, 1989, 210쪽.

이 되고 말았다. 일제강점기 최대 과제가 해방과 민족 독립이었다면, 이제 자주적 통일독립정부 수립이 시대적 과제가 되었다. 제주도민을 압살하려는 세력에 대한 분노가 쌓일 대로 쌓여 있는데, 여기에 남북분단을 기정사실로 하는 단독선거가 확정됐으니 기름을 부은 꼴이었다.

'단선반대=통일'이야말로 봉기 지도부에 있어 봉기의 정당성과 대중적 선전의 가장 좋은 명분임에 틀림없었다. 이는 4월 3일의 봉기 결정에 중요한 계기였다. 반미·반경·반서청의 소극적 저항과 함께 '선거인 등록 저지=단선저지=통일'이라는 적극적 지향이 봉기 결정에 중요한 요인이었던 것이다. 미군정의 강화되는 탄압과 함께 아마도 이것이 봉기결행을 주장한 강경파가 승리할 수 있었던 중요한 명분이었다.[61]

---

61) 박명림, 앞의 논문, 1988, 77쪽.

탄압이면 항쟁이다!

지금 우리는 집에서 공부를 하는 것이 아니고 칼을 갈고 있다. 우리 나라가 비록 해방은 되었지만 두 조각으로 갈라졌기 때문에 통일조국을 세우기 위해서 칼을 가는 것이다.[62]

1. 남로당 제주도위원회의 무장봉기 결정

이러한 내외적 조건 속에서 남로당은 1948년 1월, 남로당 조직책 피검이라는 악재를 만나게 된다. 더군다나 1948년 3월 모슬포지서와 조천지서에서 취조를 받던 중학생과 청년이 잇따라 고문치사 당하면서 민심은 극도로 악화됐다. 이에 남로당 제주도위원회는 조직보위와 탄압세력 응징 그리고 단독선거 저지를 위한 조직적인 저항을 준비하게 된다.

---

62) 오계아, 『유자나무의 노래』, 2013, 33쪽.

3·1사건 즈음엔 아직 조직이 탄탄하지 못한 때라 개인적으로 도피했지요. 그러는 가운데 남로당 조직이 더욱 강화되기 시작했어요. 마을에는 5~6명의 세포가 있었는데 제일 위엔 남로당원, 그리고 그 아래에 세포책, 농민위원장, 민애청, 자위대, 부녀동맹 책임자 등이 있었습니다. 그런데 도피생활이 길어지다 보니 점점 입산자도 많아지고 분위기는 차츰 봉기하자는 쪽으로 기울었습니다. 잡혀서 맞아 죽거나, 숨어 지내다 굶어 죽을 바에는 차라리 싸우다 죽자는 게 대부분의 감정이었습니다. 또 서북청년단에게 잡히면 곧 죽을 판이니 조직에 든 사람이든 아니든, 진보적 청년들은 갈 곳이 없었지요. 양심적인 일반청년들도 마음은 산 쪽이지만 겁이 나 이도저도 못한 상태였습니다. 곧 봉기가 날 판이었어요.[63]

마침내 남로당 제주도위원회는 "첫째, 조직의 수호와 방어의 수단, 둘째, 단선단정 반대 구국투쟁의 방법"으로 무장봉기를 결행하기로 결정한다. 그 결정 과정에 참여했던 당시 남로당 제주도당 정치위원의 증언이다.

무장봉기가 결정된 것은 1948년 2월 그믐에서 3월 초 즈음의 일이다. 신촌에서 회의가 열렸는데, 도당 책임자와 각 면당의 책임자 등 19명이 신촌의 한 민가에 모였다. 이 자리에서 김달삼이 봉기 문제를 제기했다. 김달삼이 앞장선 것은 그의 성격이 급하기 때문이다. 그런데

---

63) 《제민일보》4·3취재반, 『4·3은 말한다』 4권, 1997, 210쪽.

강경파와 신중파가 갈렸다. 신중파는 7명인데, '우린 가진 것도 없는데, 더 지켜보자'고 했다. 강경파는 12명이다. 당시 중앙당의 지령은 없었고, 제주도 자체에서 결정한 것이다. '오르그'는 늘 왔으며, 김두봉의 집이 본거지였다. 김달삼은 20대의 나이이지만 조직부장이니까 실권을 장악했다. 그리고 장년파는 이미 징역살이를 하거나 피신한 상태였다. 안세훈, 오대진, 강규찬, 김택수 등 장년파는 이미 제주를 떠난 뒤였다. 그런데 우린 당초 악질 경찰과 서청을 공격대상으로 삼았지 경비대는 아니었다. 미군에게도 맞대응할 생각이 없었다. 미군에 대해 다소 감정이 있었지만 그들은 신종 무기가 많은데…. 우리가 공격한 후 미군이 대응할 것이라는 것을 예상하지 못했다. 우선 시위를 하면 어느 정도 효과가 있을 것이라는 정도의 생각이었다. 장기전은 생각하지 않았다. 그래서 김익렬(9연대장)과도 회담한 것이다. 아무튼 우리의 지식과 수준이 그 정도밖에 되지 않았다. 우리가 정세 파악을 못하고 신중하지 못한 채 김달삼의 바람에 휩쓸린 것이다. 그러나 봉기가 결정된 후 고문치사 사건이 발생하니까 '우리의 결정이 정당한 것 아닌가' 하는 분위기였다. 김달삼은 '내가 군사총책을 맡겠다'며 날짜를 통보했다. 사건 발발 10일 전쯤에 날짜가 결정됐다.[64]

---

64) 이삼룡의 증언(4·3위원회, 『4·3진상보고서』, 158쪽).

2. 전 도민이 총칼 앞에 제 가슴을 내밀었다!

제주도인민유격대가 남긴 유일한 사료인 『제주도인민유격대투쟁보고서』에는 4·3봉기의 배경을 다음과 같이 적고 있다.

> 제주도에 있어서 반동 경찰을 위시한 서청(西靑), 대청(大靑)의 작년 3·1 및 3·10 투쟁 후의 잔인무도한 탄압으로 인한 인민의 무조건 대량 검거, 구타, 고문 등이 금년 1월의 신촌(新村)사건[65]을 전후하여 고문치사 사건의 연발(조천지서에서 김용철 동무, 모슬포지서에서 양은하 동무)로써 인민 토벌 학살 정책으로 발전 강화되자, 정치적으로 단선단정 반대, UN조위(朝委) 격퇴 투쟁과 연결되어 인민의 피 흘리는 투쟁을 징조(徵兆)하게 되었다.[66]

앞서 살펴본 1947년의 3·1기념대회와 발포사건에 항의하는 제주도민에 대한 극심한 탄압이 직접적인 요인이 되어, 1948년 5월 10일로 예정된 단독선거를 반대하기 위한 정치적 명분을 얻었다는 것이다. 그만큼 경찰·서청의 탄압 저지와 단독선거 반대, 즉 분단 거부는 4·3봉

---

[65] 신촌사건은 1948년 1월 중순께 제주도당 조직부 연락책 김생민이 경찰에 검거되면서 시작됐다. 경찰의 고문과 회유에 버티던 김생민은 구금 일주일 만에 입을 열기 시작했다. 조직부 연락책의 전향은 베일에 싸였던 남로당 제주조직 체계의 전면 노출이나 다름없었다. 경찰은 이런 정보를 토대로 1월 22일 조천면 신촌리를 급습한 것이다. 신촌리는 김생민의 고향이자, 당시 도당 조직의 핵심인 조직부 아지트가 있었다. (4·3위원회, 『4·3진상보고서』, 2003, 154쪽)

[66] 문창송 편, 앞의 책, 16쪽.

기의 핵심 요인이었다. 특히 5·10 단선 반대는 통일독립정부 수립의 지향점을 분명히 하며 대중적 호응을 얻을 수 있었다. 또한 경찰과 서청의 무분별한 탄압, 관리의 부패 등이 4·3의 원인이라는 지적은 그 당시에도 각계각층에서 제기됐다.

미군정 검찰총장 이인(李仁)은 '시정방침 신축성 부재, 관공리들의 부패 등 고름이 제대로 든 것을 좌익계열에서 바늘로 터뜨린 것이 제주도 사태의 진상'이라고 규정했다.[67] 또한 재판관으로 파견됐던 서울지방심리원 양원일(梁元一) 판사는 ①인민위원회에 대한 제주도민들의 과대평가 ②경찰의 가혹 행동 ③청년단원들이 경찰 이상의 경찰권을 행사하는 혹독한 행위 ④관공리의 모리 행위 ⑤도민들의 타산적이고 기회주의적인 경향 ⑥남북협상에 대한 과대평가 등이 원인이라 파악했다.[68] 이와 같은 각계의 진단을 종합한 내용을 당시 월간잡지《신천지》는 "금번 사건의 도화선은 순전히 도민의 감정악화에 있다. 무엇 때문에 제주도에 서북계열 사설청년단체가 필요하였던가. … 왜 고문치사 시키지 않으면 안되었던가. … 직접 원인의 한가지로 당국자는 공산계열의 선동모략을 지적하고 있다. 물론 이것은 근인(近因)의 한가지로 긍정할 수 있다. 그러나 33만 전 도민이 총칼 앞에 제 가슴을 내어밀었다는 데에서 문제는 커진 것이다. 원인 없는 결과는 없다."[69]고 적고 있다.

하지만 조병옥 경무부장은 '경찰 말단의 과오는 간접적 원인에 불

---

67) 《서울신문》(1948.6.16.).
68) 《조선일보》(1948.6.17.).
69) 《신천지》(1948년 7월호), '현지보고, 유혈의 제주도'.

과한 것이며, 그 근본 원인은 실로 조선의 소련연방화 내지 위성국화를 기도하는 공산당의 남조선 파괴공작에 가담한 자들의 총선거 방해공작에 불과했던 것'이라 주장했다.[70] 이에 대해 당시를 경험했던 도민들은 한사코 이를 경계했다.

> 제주도 4·3사건은 이념대립으로 봐서는 절대 안 돼요. 그렇지 않아요? 제주도 사람도 뭔가 가슴 피고 뭔가 활짝 날개를 펴서 살자는 뜻에서 생겨난 사건이지 이념논쟁이라고 생각하면 안 돼. 절대로. 제주도 역사를 살펴봤어도 그래요. 이건 완전히 뭔가 (중앙에) 지배당하고 살아왔단 말이에요. 근데 우리가 우리 뜻대로 살자고 해서 생긴 주의지, 이념문제는 아니죠.[71]

> 4·3사건(3·1사건의 오기인 듯-4·3위원회, 『4·3자료집(신문편)』)에 시달리고 시달려 참으려 해도 더 참을 수 없는 형편에 이른 도민은 최후의 수단으로 1948년 4월 3일을 기하여 일규봉기(一揆蜂起), … 산봉우리에 있는 돌멩이는 극소의 외부적 힘의 작용에 의하여 구르기 시작하면 어떠한 큰 힘으로도 정지시키기 못하고 평탄한 지점까지 전락(轉落)하고야 마는 것과 같이, 건조할 대로 건조한 들판에는 불씨만 있으면 필사의 소화작업도 보람없이 온 들판이 회신(灰燼)하고야 마는 것과 같이 4·3사건은 폭발하고야 말 정황에 놓여 있었다.[72]

---

70) 《현대일보》(1948.6.24.).
71) 제주4·3연구소, 『가리방으로 기억하는 열두살 소년의 4·3』, 2015, 118쪽.
72) 제주도민전 간부를 역임했던 고창무의 4·19 직후 기고문(《조선일보》, 1960.7.17.).

이인 검찰총장의 '고름이 제대로 든 것을 좌익계열에서 바늘로 터뜨린 것'이라는 표현에서 알 수 있듯, 누적될 대로 누적된 제주도민의 불만과 분노를 남로당 제주도당이 적절히 활용했다는 것이다. 하지만 그렇다고 그것이 4·3을 이념분쟁, 공산폭동으로 연결되는 것은 아니다. 좌파의 감언이설에 넘어가 분위기를 형성했다는 분석도 있다. 그게 무슨 문제인가. 처음 듣는 얘기라도 나 혼자 잘 살자는 것도 아니고 모두가 공평하게 산다는데 솔깃하게 들리는 건 당연하지 않은가. 그것이 왜 처벌받아야 하며, 무엇 때문에 탄압의 빌미가 된단 말인가. 그들의 주장이 정의롭고 공정하다면 따를 수도, 휩쓸릴 수도 있지 않은가. 이런 선전이나 꾐이 아니라도 당시 제주도민들은 경찰·서청의 무지막지한 폭력에 시달리고 있었으니, 터져도 언젠가는 터질 상황이었다. 폭풍 전야였다.

3. 봉기의 목적

앞서 살펴본 유격대가 무장봉기의 목표로 삼았던 '경찰·서청의 탄압 저지와 단독선거 반대' 슬로건은 그들의 선전홍보물에도 명확히 밝히고 있다. 유격대가 행동을 개시하면서 살포한 포고령, 호소문을 살펴보자.

포고령(布告令)[73]

우리 인민해방군(人民解放軍)은 인민(人民)의 권리(權利)와 자유(自由)를 완전(完全)히 보장(保障)하고 인민(人民)의 의사(意思)를 대표(代表)하는 인

---

73) 박서동 채록·정리, 『영원한 우리들의 아픔 4·3』, 1990.

민(人民)의 나라를 창건(創建)하기 위(爲)하야 단선단정(單選單政)을 죽엄으로써 반대(反對)하고 매국적(賣國的)인 극악반동(極惡反動)을 완전(完全)히 숙청(肅淸)함으로써 UN조선위원단(朝鮮委員團)을 국외(國外)로 모라내고 양군(兩軍)을 동시(同時) 철퇴(撤退)시켜 외국(外國)의 간섭(干涉) 없는 남북통일(南北統一)의 자주적(自主的) 민주주의(民主主義) 정권(政權)인 조선민주주의(朝鮮民主主義) 인민공화국(人民共和國)의 수립(樹立)될 때까지 투쟁(斗爭)한다.

一. 인민해방군(人民解放軍)의 목적달성(目的達成)에 전적(全的)으로 반항(反抗)하고 또 반항(反抗)할여는 극악반동분자(極惡反動分子)는 엄벌(嚴罰)에 처(處)함.

一. 인민해방군(人民解放軍)의 활동(活動)을 방해(妨害)하기 위(爲)하야 매

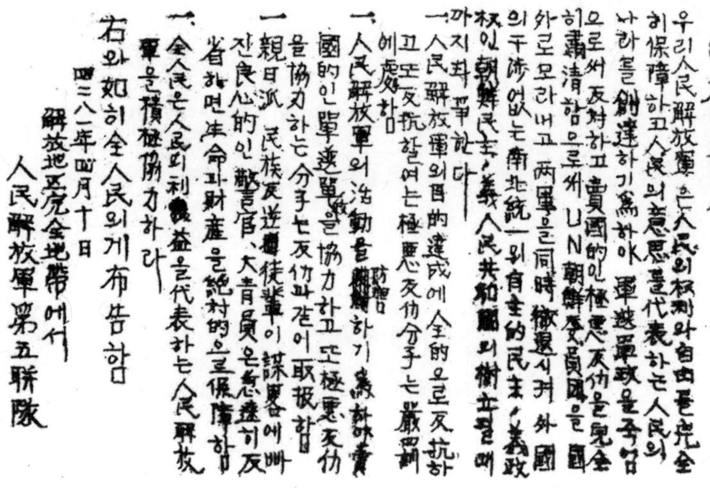
布告令

우리人民解放軍은人民의權利와自由를完全히保障하고人民의意思를代表하는人民의나라를創建하기爲하야 單選單政을죽엄으로써反對하고賣國的인極惡反動을完全히肅淸함으로써UN朝鮮委員團을國外로모라내고兩軍을同時撤退시켜外國의干涉없는南北統一의自主的民主主義政權인朝鮮民主主義人民共和國의樹立될때까지鬪爭한다

一. 人民解放軍의目的達成에全的으로反抗하고또反抗할여는極惡反動分子는嚴罰에處함

一. 人民解放軍의活動을妨害하기爲하야賣國的인單選單政을協力하고또極惡反動을協力하는分子는反動分子와같이取扱함

一. 親日派民族反逆徒輩이謀略에빠진良心的인警官、大靑員은急速히反省하면生命과財産을絶對的으로保障함

一. 全人民은人民의利益을代表하는人民解放軍을積極協力하라

右와如히全人民에게布告함

四二八一年四月十日

解放地區全地帶에서

人民解放軍第五聯隊

〈사진9〉 인민해방군 명의의 포고령(1948.4.10.)

국적(賣國的)인 단선단정(單選單政)을 협력(協力)하고 또 극악반동(極惡反動)을 협력(協力)하는 분자(分子)는 반동(反動)과 같이 취급(取扱)함.

一. 친일파(親日派) 민족반역도배(民族反逆徒輩)이 모략(謀略)에 빠진 양심적(良心的)인 경관(警官), 대청원(大靑員)은 급속(急速)히 반성(反省)하면 생명(生命)과 재산(財産)을 절대적(絶對的)으로 보장(保障)함.

一. 전인민(全人民)은 인민(人民)의 이익(利益)을 대표(代表)하는 인민해방군(人民解放軍)을 적극(積極) 협력(協力)하라.

우(右)와 여(如)히 전인민(全人民)에게 포고(布告)함.

4281년 4월 10일(四二八一年 四月 十日)
해방지구완전지대(解放地區完全地帶)에서
인민해방군(人民解放軍) 제5연대(第五聯隊)

『4·3무장투쟁사』에는 "4월 3일 새벽 2시 봉기 직후 다음과 같은 요지의 2개의 호소문을 탄압기관, 행정기관 그리고 시민들에게 널리 알렸다."고 했다.

친애하는 경찰관들이어!

탄압이면 항쟁이다. 제주도 유격대는 인민들을 수호하며 동시에 인민과 같이 서고 있다!

량심 있는 경찰원들이어! 항쟁을 원치 않컨 인민의 편에 서라!

량심적인 공무원들이어! 하루 빨리 선을 타서 소여된 임무를 수행하고 직장을 지키며 악질 동료들과 끝까지 싸우라!

량심적인 경찰원, 대청원들이어! 당신들은 누구를 위하여 싸우는가? 조선 사람이라면 우리 강토를 짓밟는 외적들을 물리쳐야 한다!

나라와 인민을 팔아먹고 애국자들을 학살하는 매국 매족노들을 꺼꾸려뜨려야 한다!

경찰원들이여!

총부리란 놈들에게 돌리라!

당신들의 부모 형제들에게 총 뿌리란 돌리지 말라!

량심적인 경찰원, 청년, 민주인사들이여!

어서 빨리 인민의 편에 서라! 반미 구국 투쟁에 호응 궐기하라!

시민동포들에게!

경애하는 부모형제들이여! ⟨4·3⟩ 오늘은 당신님의 아들 딸 동생은 무기를 들고 일어섰습니다.

매국 단선단정을 결사적으로 반대하고 조국의 통일독립과 완전한 민족해방을 위하여!

당신들의 고난과 불행을 강요하는 미제 식인종과 주구들의 학살만행을 제거하기 위하여!

오늘 당신님들의 뼈에 사무친 원한을 풀기 위하여! 우리들은 무기를 들고 궐기하였습니다.

당신님들은 종국의 승리를 위하여 싸우는 우리들을 보위하고 우리와 함께 조국과 인민의 부르는 길에 궐기하여야 하겠습니다![74]

---

74) 김봉현·김민주, 앞의 책, 84~85쪽.

또한 무장봉기 발발 이후 제주도 현지를 방문해 취재한《신천지》조덕송 기자의 보도에서도 봉기의 목적을 읽을 수 있다.

> 경비대가 전투행동을 개시한 것은 4월 27일. 그동안 삐라로 회견으로 수차 폭도 측의 귀순을 권고하였으나 이에 불응하는 폭도측은 도리어 혈서(血書)와 혈서(血署)로 권고에 회답하고 있다. "친애하는 장병 제형이여! 제형의 민족적 양심과 정의에 불타는 올바른 행동을 우리들은 믿노라. 〈중략〉 왜 우리들이 총대를 메지 않으면 안되었던가. 우리들에게 무력의 도전과 만행을 그치지 않는 한 우리들은 백만군이 오더라도 불사하고 싸울 것이다. 〈원문중략〉 친애하는 제형들이여 사태의 평화적 해결을 위하여 다음에 우리들의 정당한 요구를 제시하노라. 1. 무장경관대의 즉시해산 1. 사설 테러단체의 해산과 처벌 1. 도지사 유해진을 즉시 파면하라 1. UN조위 철거 1. 미소양군 즉시 철퇴 1. 단정 반대 1. 남북 통일정부 수립 절대 추진. 〈원문중략〉
> 이상이 귀순권고에 대한 폭도측의 회답요지이다.[75]

4. 남로당 중앙당 지령설

무장봉기 결정은 남로당 제주도위원회의 독자적인 결정이었다. 『투쟁보고서』에도 그 정황은 상세히 적혀 있다. 즉, "4월 3일 제주읍을 공격하기 위해 9연대 세포를 통해 병력을 동원한다는 계획을 세웠으나,

---

75) 《신천지》 1948년 7월호.

중앙당에서 침투시킨 9연대 세포는 '중앙당의 지시가 아니면 따를 수 없다.'고 하여 결국 4월 3일 제주읍 공략이 실패했다."고 적고 있다.[76] 당시 유격대 참여자의 증언도 이를 구체적으로 확인해주고 있다.

> 그런데 (남로당) 9연대 책임자가 하는 말이 '나는 중앙당 지시를 받고 여기 책임자로 온 사람이다. 그러니 나는 중앙당의 지시를 받아야지 (제주)도당의 지시를 받을 수 없다.'[77]

당시 남로당 대정면당 간부였던 이운방은 『4·3사건의 진실』에서 "4·3투쟁은 전국적 투쟁의 일환으로부터 자의로 이탈해서 고립무원의 환경 가운데서 개시되었고, 고립무원의 환경 가운데서 적연(寂然)히 막을 닫게 되었다."[78]라 평가하고 있다. 즉, 외부의 간섭이나 지원 없이 제주도당이 고립무원의 환경에서 투쟁하다 막을 내렸다는 것이다.

> 중앙당하고는 관계가 없었다. 제주도 공기가 험악해서 우리가 죽게 되니까 맞서게 된 것이다. 탄압이 심하니까 탄압에 눌려서 그렇게 된 것이다. 도민들을 하도 탄압하니까 할 수 없이 봉기해서 나온 것이다. 어디서 지시해서 나온 것이 아니다.[79]

---

76) 문창송 편, 앞의 책, 66~67쪽.
77) 제주4·3연구소, 『4·3장정』 6, 1993, 42쪽.
78) 제주4·3연구소, 『이제사 말햄수다』, 1989, 233쪽.
79) 강○봉(남, 1927년생, 조천 조천, 도당 선전부 활동 경험자) 증언.

『투쟁보고서』에는 "1948년 3월 중순경 전라남도당부에서 제주도당부로 '올구'[80]를 파견하여 무장 반격 지령"했다는 기록이 있다. 바로 이어 "도당부 상위(島黨部 常委)에서는 전남도당(道黨)의 지령을 받고 같은 해 3월 15일 도(道) 파견 '올구'를 중심으로 회합하여 무장반격을 결정"했다는 기록도 보인다. 즉 전남도당의 지령이 있었다 하더라도 구체적인 무장봉기 여부는 제주도당이 중심이 된 회의를 통해 결정했다는 것이다.[81] 전남도당의 지령이나 지시가 절대적이었으면 무장봉기를 결정하는 회의에서 찬반양론이 있을 필요가 없었다는 의미이다. 하지만 찬반양론이 있었고, 제주도당의 일부 간부들은 무장봉기 전후 제주를 빠져나가기도 했다.

한편 제주도당 선전부에 있었다는 조천중학원 출신의 참여자는 1949년 봄 하산할 때 중앙오르그와 같이 행동했다고 증언한다.[82] 반면 대정면당 유격대 중대장 출신은 "중앙당에서 지도하러 제주도에 내려온 사람이 있었다는 얘기를 들어보지도 보아본 적도 없다."고 말했다.[83] 『투쟁보고서』에는 1948년 7월 15일 완료한 제5차 조직개편의 소속과 임무를 적었는데 "각급 정치부원은 상급 정치원 소속, 최상급 정치부원은 도당책(島黨責) 소속임"이라 밝히고 있다. 즉, 김달삼 사령관 시절 전남도당 오르그는 제주도당책 밑으로 소속됐었다. 전남도당

---

80) 상급 기관의 조직지도원. 정치지도원, 파견지도원 등으로 불리며, 조직(organization)에서 유래한 약칭으로 '오르그'라고도 한다.
81) 문창송 편, 앞의 책, 10쪽.
82) 제주4·3연구소, 『이제사 말햄수다』, 1989, 50쪽.
83) 제주4·3연구소, 『4·3장정』 6, 1993, 89쪽.

의 일방적 지시관계가 아니었다는 것이다. 그런데 1949년 4월 전후 대토벌 당시에 검거된 유격대 지도부 중에 '중앙당 파견지도원'이 등장한다.

> △ 기자: 4·3사건 전후에 걸쳐 중앙당부로부터의 지령을 받은 적은 없는가.
> △ 이두옥(李斗玉/ 전 남로당 인천책임자. 작년 8월 중앙에서의 파견지도원.): 사건 발생 전에는 전혀 없었고 전투가 치열화하여 감에 따라 여러 번 중앙으로부터의 지시를 받았다.
> △ 기자: (남로당 중앙의 지시는) 어떠한 성질의 지시였던가.
> △ 김서옥(金瑞玉/ 전 여수지구 책임자. 작년 9월 중앙에서의 파견지도원): 그때 그때의 전투방법의 지시였다. 주로 인민살상을 회피하라는 것이었다.[84]

이를 종합하면 무장봉기 결정 당시 중앙당은 전혀 관계가 없었다. 전남도당 오르그가 있었지만 제주도당(濟州島黨)과 협의하는 구조였고 위원장이 제어할 수 있을 정도로 임무와 역할이 제한됐다고 보인다. 또한 리당은 면당, 면당은 도(島)당의 지도를 받았기 때문에 면당 중대장은 중앙당 오르그 파견 여부를 알지 못했다. 김달삼 일행이 제주도를 떠난 1948년 8월 이후 중앙당에서 오르그가 파견됐지만 치열한 충돌 국면에서의 전투 방법과 민간인 희생을 회피하라는 정도의 유격 전술 지도 등에 관여한 것이다.

---

84) 《경향신문》(1949. 6. 25.).

5. 무장봉기를 위한 준비

남로당 제주도위원회는 1947년 가을, 조직을 개편하면서 이전과는 달리 군사부를 설치했다.[85] 그렇다고 이런 조직개편이 당장 무장투쟁으로의 전환 혹은 준비라고 보기는 어렵다. 왜냐하면, "1947년 3·1사건 직후 남로당 전남도당부 지시에 따라 제주도 당부는 3·1사건 당시의 각급 선전행동대 활동을 기초로 각 면 당부 직속 자위대를 조직하도록 했으나 별다른 진전을 보지 못하였다."고 『투쟁보고서』에 기록되어 있기 때문이다.

또한 무장봉기를 위한 준비는 단기간에 집중됐다. "(1948년) 3월 15일 전남도당 '올구'가 참석한 가운데 무장봉기를 결정하지만 이때까지도 4월 3일을 봉기 날짜로 정하지 않았다. 회합 이후 3월 25일까지 투쟁에 필요한 200명 예정의 자위대를 조직하고, 보급과 무기 준비, 선전사업 강화 등 책임을 분담해 준비하기로 했으나 약속된 준비기간을 넘긴 3월 28일에야 재차 회합을 가질 수 있었다."[86] 그때에 이르러서야 유격대(遊擊隊=톱부대) 100명, 자위대(自衛隊=후속부대) 200명, 도군사위원회(島軍事委員會) 직속 특경대(特警隊) 20명 등 320명의 최초 봉기인원을 조직했다. 또한 남로당 제주도위원회에서 조직적으로 파견한 국방경비대 9연대 프락치에 대한 지도문제와 활동방침에 대한 지침을 전라남도당부에 수차례 요청했으나 회답이 없어 독자적인 선을 통해 대정면당

---

85) 박명림, 앞의 논문, 1988, 73쪽.
86) 문창송 편, 앞의 책, 17쪽.

부(大靜面黨部)에서 지도할 정도였다.[87]

이러한 상황이다 보니 무장투쟁을 위한 인위적인 준비기간은 짧을 수밖에 없었다. 99식 소총 27정과 권총 3정 등 준비[88]된 무기 또한 열악했다. 기껏해야 '한수기곶' 등지에서 죽창이나 철창을 준비하고, 샛별오름에서 한림면 청년들의 합숙 훈련 등 사전준비 기간에 할 수 있었던 것은 '유격대 및 자위대의 조직'뿐이었다고 해도 과언이 아니다. 4월 3일 새벽 직접 무기를 들고 대정지서 습격에 나섰던 유격대 경험자의 다음 증언도 준비의 허술함, 무기 빈약, 장단기 계획 부재, 봉기 이후 대책이 안이했음을 설명하고 있다.

> 4월 3일 지서 습격 전에 군사훈련은 아무것도 없었다. 총도 꿩사냥용으로 일본군이 버리고 간 꺾어진 총을 포함해 2자루였고 나머진 죽창 등이었다. 4월 3일 새벽 행동개시를 하면 우리는 해방되는 줄 알았다. 대피 생활은 생각하지 못했다. 만약에 우리가 야외 도피 생활할 줄 알았다면 내의 하나라도 준비할 건데 그러질 못했다. 책임자도 그런 지시를 안 했다.[89]

봉기 지도부의 한 사람인 남로당 제주도당 조직책 김양근의 발언도 봉기의 원인과 더불어 봉기 당시 허술한 준비상황을 가늠케 한다.

---

87) 문창송 편, 앞의 책, 75쪽.
88) 《제민일보》4·3취재반, 『4·3은 말한다』1권, 1994, 589쪽.
89) 제주4·3연구소, 『4·3장정』6, 1993, 70~72쪽, 필자 요약.

△ 기자: 이번 제주도 4·3소란사건의 동기는 무엇인가.

△ 김양근: 이번의 반란동기는 작년 4월 3일경 민간의 충돌을 발단으로 자연발생적으로 봉기된 제주도 인민의 항쟁이다. 이러한 인민항쟁은 외래 ××××의 침략을 받고 있는 세계 약소민족국가 전 지역에서 일어나고 있는 현상이고 그 현상의 하나가 바로 이번의 제주도 인민항쟁으로 나타나고 있는 것이다.

△ 기자: 전투준비는 언제부터인가.

△ 김양근: 조직적·계획적 항쟁이 아니었기 때문에 전투준비는 4·3사건 충돌 후부터였다.[90]

그런데 남로당 기관지《노력인민》제92호(1948.5.25.)에는 "무장병력이 수천 명이고, 기관총에 대포까지 보유하고 있다."고 하고 있다. 또 국방부 군사편찬위원회의『한국전쟁사』제1권(437쪽)에는 "인민해방군 500명이 일본군이 산중에 매몰한 무기로 무장했다."고 기술하고 있는데, 이들 모두 사실이 아니다. 봉기 초기에는 단지 소량의 총기와 죽창 등 원시적인 무기가 있었을 따름이었다.

---

90) 김민성(金民星, 본명 김양근, 25세, 당시 남로당 제주도당부 조직부장 겸 작전참모장)이 체포된 이후《경향신문》기자와의 간담회 기사(《경향신문》, 1949. 6. 25.).

제2장

제주도인민유격대의
조직과 운영

제주도인민유격대의 조직
제주도인민유격대의 운영

제주도인민유격대의 조직

1. 남로당 제주도위원회의 조직체계

무장봉기 초기 남로당의 조직체계는 소개되는 자료마다 조금씩 다르다. 『4·3무장투쟁사』와 미군정자료에서 소개하는 남로당 제주도위

〈표1〉 남로당 제주도위원회 조직체계 비교

『제주도인민들의 4·3무장투쟁사』[91]	미군정자료 [92]
○'도 당부' 책임: 안요검, 조몽구, 김유환, 강기찬, 김용관 ○'도당 군사부' 책임: 김달삼(본명 이승진), 김대진, 이덕구 ○총무부: 이좌구, 김두봉 ○조직부: 이종우, 고칠종, 김민생, 김양근 ○농민부: 김완배 ○경리부: 현복유 ○선전부: 김은한, 김석환 ○보급부: 김귀한 ○정보부: 김대진 ○부인부: 고진희	○위원장: 김유환 ○부위원장: 조몽구 ○간부부장: 현두길(아래의 각 부장들을 조정하고 통제한다) ○조직부장: 김달삼 ○선전부장: 김용관 ○농민부장: 이종우 ○노동부장: 이종우 ○청년부장: 김광진 ○여성부장: 김금순 ○재정부장: 김광진
○제주4·3사건 전후 시기의 조직	○1948년 6월 20일 보고

원회 조직을 살펴보자.

〈표1〉의 미군정자료는 제주 주둔 미군사령관 브라운 대령의 명령에 따라, 제24군단 정보참모부 헝거(R. Hunger) 상사가 "인민해방군과 지원단체인 자위대 조직원들과 접촉해 왔던 포로들로부터 얻은 정보로 작성, 1948년 6월 20일 보고"한 『제주도 남로당 조사보고서』이다. 헝거 상사의 보고에는 "1948년 4월 초에 남로당 군사부가 '구국투쟁위원회'로 개편되었다."고 했다. 그런데 "도 사령부에는 케(캡틴), 조직책, 군사부책이 있었는데, 이 세 사람이 '투쟁위원회'를 이루어 모든 결정을 하였다."는 유격대 출신의 증언[93]과 1949년 1월 13일 날짜로 뿌려진 호소문[94]에 '구좌면 투쟁위원회'라는 명칭이 등장하는 것으로 미루어 보았을 때, 군사부만이 아니라 남로당 제주도위원회 자체가 5·10단선 반대를 위한 '구국투쟁위원회'로 전환했다고 봐야 할 것이다. 또, 각 면당도 '투쟁위원회' 체계로 전환했음을 짐작할 수 있다. '도투위(島鬪委)'에 도당책이, '면투위(面鬪委)'에는 면당책임자가 최고 결정 기구에 들어감으로써 당과 군사부 등이 협의에 의해 무장투쟁을 이끌어 갔을 것이다.

김점곤은 "남로당의 각 도당(道黨)에서는 1948년 2·7구국투쟁을 계기로 무장부대를 편성하게 되면서부터 '군사부'를 조직하여 통할케 하

---

91) 김봉현·김민주, 앞의 책, 89쪽(하나의 부서에 복수의 인명은 시기별로 직을 맡은 순서로 추정함.).
92) 주한미육군 군정청 일반문서, 『제주도 남로당 조사보고서』(4·3위원회, 『4·3자료집』 9권, 2003, 44쪽).
93) 제주4·3연구소, 『4·3장정』 6, 1993, 76쪽.
94) 제주도경찰국, 『제주경찰사』, 1990, 323쪽.

는 동시에 '특위(特委)'를 설치함으로써 당과 야산대(野山隊)의 수뇌가 정군일체(政軍一體)를 꾀하여 당 목표에 귀일(歸一)케 하기 위한 조정기구로서의 역할을 담당하도록 시도했다."[95]고 했다. 제주도당의 '구국투쟁위원회' 또한 위의 '특위'와 같은 성격이라 할 수 있다.

한편 『투쟁보고서』에도 '투쟁위원회'로 개편된 조직체계를 기록하고 있다. 하지만 그 편성은 위원장과 조직부, 선전부, 군사부, 보급부로 나뉘어져 〈표1〉의 두 자료들과는 사뭇 다르다.[96] 우선 조직체계상의 부서 구성부터 서로 약간씩 다르다. 이 차이는 정보 수집의 시기·정보 제공자의 위상 등에 따라 다르게 나타날 수 있다. 특히 4·3봉기부터 약 4개월 남짓한 기간에 5차에 걸쳐 조직개편을 하는 긴박하고 특수한 상황에서 조직체계를 명확히 파악한다는 것 자체가 일정한 한계를 지닐 수밖에 없다.

2. 유격대의 조직

(1) 유격대 조직 준비 및 무장봉기 초기 조직

『4·3무장투쟁사』는 초기 유격대 조직을 다음과 같이 서술했다.

> 1948년 2월에 각 읍면리별로 '인민자위대' 조직을 완료하여 훈련을 하였고, 자위대로써 4월 3일의 무장봉기를 결행한 후, 앞으로 있을 탄

---

95) 김점곤, 『韓國戰爭과 南勞黨戰略』, 1973, 138쪽.
96) 문창송 편, 앞의 책, 16~26쪽.

압에 즉각 대응키 위해 '유격대'의 새로운 투쟁방침 수립 문제가 긴급하게 제기되어 4월 15일 도당부대회를 통해 향후 '5·10 망국단선' 보이코트에 대한 제 대책을 강구위한 방편으로 자위대를 해산하고 각 면에서 열렬한 혁명정신과 전투경험의 소유자 30명씩을 선발하여 '인민유격대'를 조직했다.[97]

또한 유격대의 기동성과 민활성을 보장하기 위해 연대와 소대로 구분했는데,

1연대: 조천면, 제주읍, 구좌면…3·1지대(이덕구)
2연대: 애월, 한림, 대정, 안덕, 중문면…2·7지대(김봉천)
3연대: 서귀, 남원, 성산, 표선면…4·3지대(?)

이 외로 독립대로 편성되어 정찰 임무를 띤 특공대와 반동들의 동정과 지방 자위대들의 폐단을 감시하기 위한 특경대도 조직되었고, '유격대'의 사상·정치성을 교양하기 위한 정치 소조원도 각 ○대와 소부대에 배속했다. 또 각 읍면과 행정단위로 자위대 10명씩을 조직했다.

이 주장은 후속 연구에서 계속 인용되면서 유격대가 3개 지대로 편성 운영되었다고 했다. 하지만 『투쟁보고서』에 따르면 1948년 3월 15일 전후로 남로당 제주도위원회는 무장 조직으로서의 '유격대'와 후속부대로서 '자위대'를 동시에 준비한 것으로 나타난다. 실제 〈그림1〉의

---

97) 김봉현·김민주, 앞의 책, 87~88쪽.

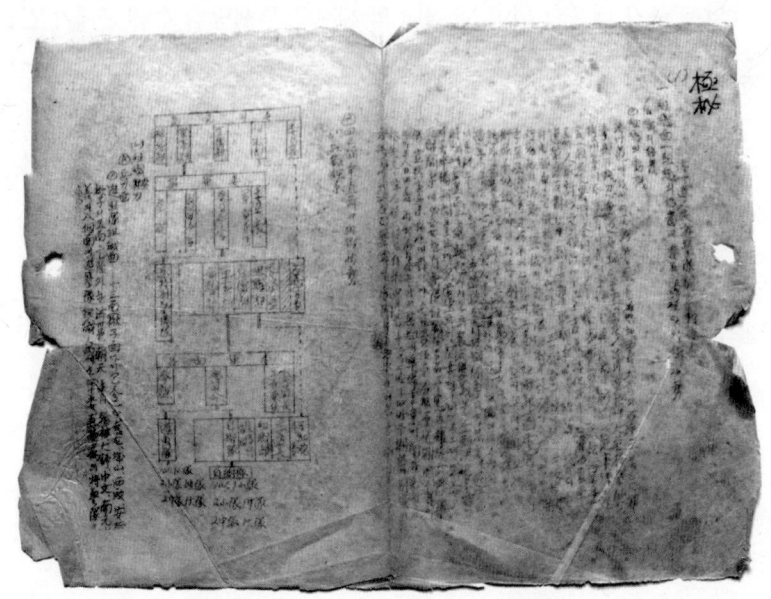

<사진10> 『제주도인민유격대 투쟁보고서』

무장봉기 이전 조직체계를 살펴보면 각 면 군위(軍委) 산하에 자위대와는 별도로 유격대가 조직되었음을 알 수 있다.

남로당은 4·3사건 이전 조직방침에 따라 제주도 13면 중 구좌, 성산, 서귀, 안덕, 추자 등 5개 면을 제외한 제주읍과 조천, 애월, 한림(현재 한경면 포함), 대정, 중문, 남원, 표선 등 8개 읍면에 유격대를 조직하고, 도(島)에는 군위(軍委) 직속의 특경대(特警隊)를 편성했다.[98]

4·3봉기 직전까지 유격대 조직이 안 된 구좌면, 성산면, 서귀면, 안

---

98) 문창송 편, 앞의 책, 19쪽.

〈그림1〉 무장봉기 직전의 조직체계

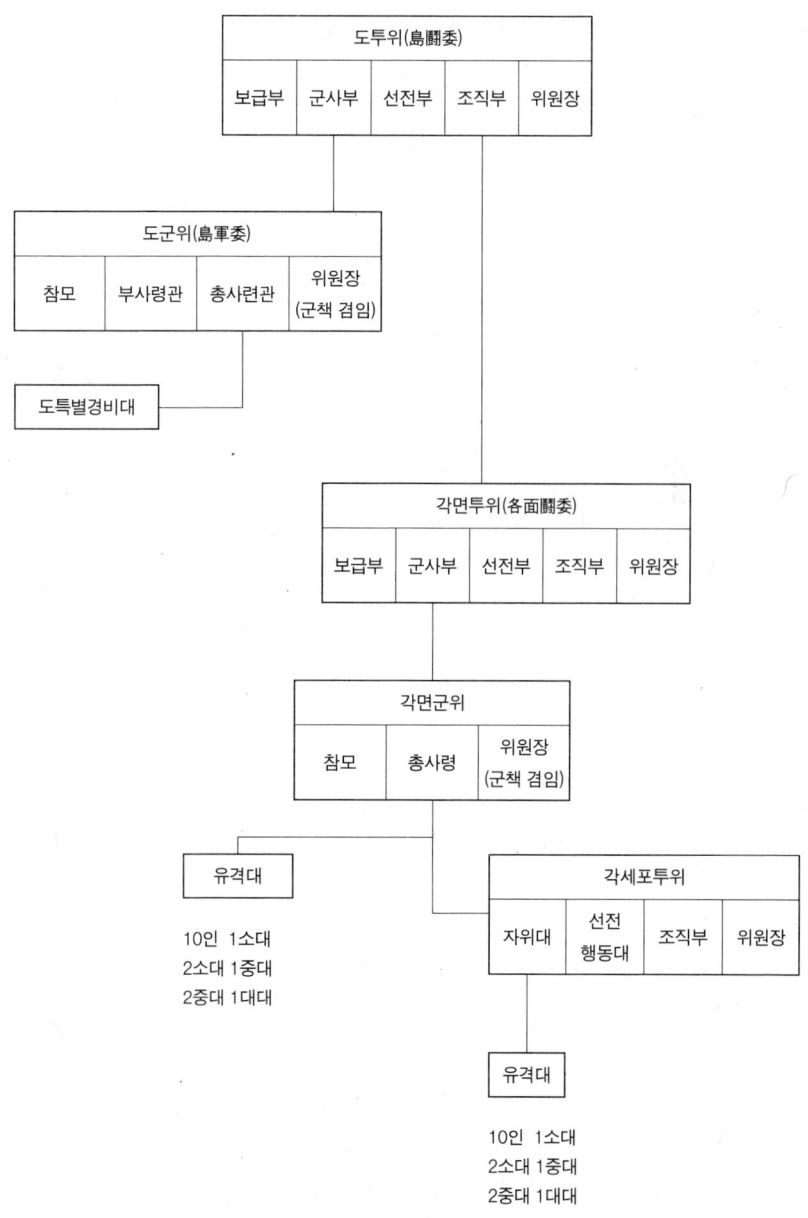

덕면, 추자면 중 4월 3일 봉기 때 면내(面內) 지서가 피습된 곳은 성산지서(성산면)와 세화지서(구좌면)이다. 따라서 성산면과 구좌면은 급하게 유격대를 조직해 4월 3일 지서 습격에 나선 것으로 보인다. 이후 유격대가 미조직된 면에서 무장활동에 나선 최초의 시기는 서귀면 5월 10일, 안덕면 4월 10일이었다. 이들 면에서도 4·3봉기 전후로 유격대를 조직한 것으로 보인다. 추자면을 제외한 이들 4개 면이 모두 6월 18일 이후의 조직정비에서 특무대원을 편성(성산면은 표선면과 같이 편성됨)하고 있었다는 사실 또한 이를 반증하고 있다. 그렇다고 4·3봉기 직전에 유격대가 조직된 제주읍 등 8개 읍면이 시종일관 활발한 활동을 했던 것은 아니다. 중문면, 표선면은 4월 3일 면내 지서 습격이 없었으며, 특히 표선면은 5월 10일 가시리 선거사무소를 습격해 투표함을 파괴하고 선거관리위원을 살해한 이후 무장활동이 미군보고서에만 2건 나타나며 10월까지 활동이 없다. 또 5월 10일 토평리 투표소 습격, 24일, 26일 서홍리 주민을 살해한 서귀면도 7월까지 무장활동 기록이 없었다.

따라서 "1948년 2월에 각 읍면리별로 '인민자위대' 조직을 완료"했다는 『4·3무장투쟁사』 주장의 허점이 드러난다. 이를 받아 조직표를 만든 것으로 추정되는 고재우의 『제주4·3폭동의 진상은 이렇다』에 수록된 '남로당 제주도당 구국투쟁위원회 조직도'(1948. 2. 25. 기준)도 오류로 추정된다. 더군다나 필사본에는 '3·1지대, 2·7지대, 4·3지대' 등 『4·3무장투쟁사』에서 제시한 지대명이 그대로 적시됐다. 그런데 인쇄본에는 이 사항이 빠졌다. 그 이유는 모르겠지만 1948년 2월 25일에는 아직 4월 3일로 무장봉기일이 정해져 있지 않았다. '4·3지대'라는 명칭이 쓰일 일이 없다는 것이다.

자위대에는 민애청[99] 소속의 남로당원과 청년들이 많이 편입됐으며, 1947년 3·1기념집회와 총파업 이후 검거선풍을 피해 다녔던 청년들이 주축이 되었다.

> 잡히면 죄가 있는지 없는지 가리고 때려야 하는데 무조건 개 패듯 허는거라. 그런 세상이니, 사상이 있어서 입산한 것도 아니고 매 맞지 않으려고 입산한거지. 사상이 있는 사람은 항상 피해 다녔거든. 그러면 피해 다니는 사람끼리 또 만나게 되는 거지.[100]

위의 증언을 통해 당과 긴밀한 연계를 가진 열렬당원뿐만 아니라, 젊다는 이유로 탄압의 대상이 된 많은 제주도민들이 모여 유격대가 조직되었음을 알 수 있다. 온갖 탄압에도 불구하고 활동의 중심축이었던 청년조직이 완전히 붕괴되지 않았을 뿐만 아니라, 오히려 무모한 탄압 때문에 공분으로 더욱 똘똘 뭉치게 하는 꼴이 되었다. 이래저래 제주도민의 투쟁은 예고되고 예비되고 무르익을 수밖에 없었다.

유격대는 4월 3일 일방적인 공격으로 제주도의 치안력을 마비시키는 등 기세를 올렸다. 그러나 무장조직은 여전히 미완성의 조직이었다. 게다가 응원대가 속속 들어오기 시작하면서 남로당은 새로운 대책을 세우지 않을 수 없었다. 특히 허술했던 준비과정과 준비상태를 두고 본다면 그것은 예정된 것이나 다름없었다.

---

99) 민주애국청년동맹. 제주지역의 진보적 청년단체의 계보는 건준 청년동맹(1945. 9.)→제주도청년동맹(1945. 12.)→조선민주청년동맹 제주도위원회(1947. 1.)→민애청 제주도위원회(1947. 7.)로 이어진다. (제주4·3연구소, 『4·3장정』 5, 1992, 26~28쪽)
100) 제주4·3연구소, 『4·3장정』 6, 1993, 68~69쪽.

(2) 미군이 파악한 초기 남로당 및 유격대 현황

한편 미군도 이 시기 남로당 및 유격대에 대한 정보를 상당 부분 파악하고 있었다. 다음의 내용은 앞서 인용한 제주주둔 미군사령관 브라운 대령이 미군정청사령관에게 보낸 보고서이다. 6월 20일까지 파악한 내용을 7월 1일 보고했는데 4·3 초기 남로당 제주도당과 유격대에 대해 꽤 구체적이고, 다른 증언이나 자료와 비교할 만한 가치가 있다고 판단하여 장문이지만 모두 소개한다.

〈첨부문서〉 브라운 대령 보고서(48년 7월 1일자)[101]

주한미육군사령부 군정청
1948년 7월 1일

제목: 1948년 5월 22일부터 1948년 6월 30일까지 제주도에서의 활동보고

수신: 주한미국육군사령부 군정청 사령관

1. 약 5,000명의 제주도 주민들을 심문한 결과 다음과 같은 정보를 얻었음: 남로당에 의한 제주도의 조직은 1946년에 시작되었다. 조직은 1947년 상반기 동안에 천천히 진행되었다. 남한만의 단독선거가

---

101) 미군정청 일반문서(4·3위원회, 『4·3자료집』 9권, 39~52쪽).

치러질 것이라는 사실이 분명해지자 조직활동이 강화되었고 특별 조직책들이 본토에서 파견되었다. 이들은 모두 한국인들이었다. 주요 지도자들은 공산주의 침투전략을 위한 집중교육을 받았다. 다른 나라 국적을 가진 사람들이 참여하고 있다는 증거는 없다. 선거 이전 기간 동안 공산주의 세포조직이 제주도의 모든 마을과 도시에 조성되었다. 이들 세포조직은 한 명의 지도자, 선동 전문가 그리고 보급 전문가, 그리고 큰 도시에는 현존하는 정부의 붕괴 시 시민행정 기능을 담당할 요원 등으로 구성되어 있다. 촌락에 조직된 공산주의자 세포조직 이외에 제주도를 위한 인민민주주의 군대(the People's Democratic Army)가 구성되었다. 이 군대는 2개 연대와 보충 전투대대로 구성되어 있다. 장교요원들이 임명되었고 신병모집은 활발하다. 폭동이 최고조에 달했을 때 인민민주주의 군대 약 4,000명의 장교와 사병을 보유한 것으로 추산된다. 이들 중 10% 정도는 총으로 무장하였고, 나머지는 일본도와 재래식 창으로 무장하였다. 남로당의 여성조직도 구성되었으며 전체 회원명단이 밝혀졌다.

2. 6명 정도의 훈련된 선동가와 조직가들이 제주도에 남로당을 설치하기 위하여 외부에서 파견된 것으로 추정된다. 또한 공산주의와 그 목적에 대하여 얼마간 이해를 하고 있는 500~700명 정도의 동조자들이 파견된 6명의 특수 조직책들의 운동에 참여하였다. 또한 주민 6,000~7,000여 명이 남로당에 실제 가입한 것으로 추정된다. 그러나 참여한 사람들 중 대부분은 남로당의 배경과 목적에 대한 이해가 없으며 공산주의 운동에 대한 이해와 그에 대한 참여의사

가 없다는 것이 매우 분명하다. 그들 중 대부분은 2차 대전과 그 이후의 곤궁함으로 인하여 깊이 영향을 받은 무지한 교육받지 못한 농부들과 어부들이며, 그들은 남로당이 그들에게 제시한 보다 나은 경제적인 보장에 쉽사리 설득 당하였다.

3. 남로당을 통한 공산당의 활동이 제주도에서 5·10선거 이전에 성공했던 몇 가지 요인이 있다. 그것들은:
   a. 제주도 주둔 제59군정중대의 민간업무 집행 장교들의 공산당의 목적과 전술에 대한 이해와 주도권의 현저한 부족.
   b. 1946년에 남로당이 세운 철저하고 장기적인 계획이 1948년 5월까지 고도로 훈련된 선동가와 조직가들에 의하여 능숙하고 단호하게 수행되었다는 점.
   c. 모든 공산주의 선동 조직의 능숙하고 지속적인 사용.
   d. 미국의 효율적인 역선전의 부재.
   e. 한국정부 관리들의 독직과 비능률.
   f. 제주도 주민의 불안하고 혼란스러운 경제적 생활.
   g. 제주도 경찰조직의 비효율적인 구성, 특히 효율적인 경찰 정보부서 확립의 실패.
   h. 제주도 주둔 미군정중대 요원들과 방첩대 간의 협조 부족.

4. 제주도에서 주요 폭동의 전개와 선거의 무효를 초래하고 선거폭동을 성공으로 이끈 몇 가지 요소들은 다음과 같다.
   a. 제59군정중대의 민간업무 담당 장교는 다음과 같이 신속하고 단호하게 행동하여야 함에도 실패하였다.

(1) 초기 폭동을 자신에게 즉시 가용한 병력을 이용하여 진압하는 데 실패하였다.

(2) 제주도 경찰을 통제하는 데 실패하였다.

(3) 제주도에 도착한 예비 경찰병력을 효과적으로 동원하는 데 실패하였다.

(4) 제주도에 도착한 한국 경비대 병력에게 적극적인 명령을 발표하고 그 명령을 확실히 실행할 적극적인 조치를 취하는 데 실패하였다.

b. 지나친 잔혹행위와 테러가 제주도에 도착한 경찰 예비병력에 의하여 자행되었다. (이것은 위의 (2)항과 (3)항으로 인한 직접적인 결과였다.)

c. 공산주의 동조자들의 한국 경비대 침투는 두 명의 11연대장들이 공산 선동가들과 협상을 벌이면서 단호한 작전이 필요한 곳에 지연전략을 구사하는 결과를 초래하였다. (만일 군정중대의 민간업무 담당 장교(Chief Civil Affairs Officer)가 단호하고 적극적으로 행동하였더라면 한국 경비대는 즉각 효과적으로 대처할 수 있었을 것이다.)

d. 제주도 주민들 사이에 광범위하게 퍼진 공포와 민간 정부기능의 완전한 붕괴는

(1) 모든 정부부서와 각급 지역에 공산주의 세포조직이 완벽하고 광범위하게 존재하였기 때문이다.

(2) 폭동을 반대하는 모든 개인들에 대한 공산주의 지도자들에 의한 즉각적인 살해와 파괴 때문에 초래되었다.

(3) 충성스런 시민들에 대한 경찰, 경비대, 군정중대의 보호실패 때문에 야기되었다.

e. 제주도 주민들의 정부 지배를 반대한 자연스러운 경향과 제주

도의 무법성의 역사와 배경.
　f. 제주도 대부분의 가족들을 연결하는 혈연과 그것으로 인하여 정보의 취득이 어려운 점.

5. **폭동을 진압하기 위하여 1948년 5월 22일에 취해진 조치:**
　a. 경찰은 모든 해안 마을들을 보호하며, 무기를 소지한 폭도들을 체포하며, 양민에게 테러를 가하고 살해하는 것을 중지시킬 분명한 임무를 부여받았다.
　b. 경비대는 제주도의 내부에 조직된 인민민주주의군대의 모든 요소를 진압할 분명한 임무를 부여받았다.
　c. 경찰과 경비대에 의하여 체포된 모든 포로를 심문할 취조실이 설립되었다. 심문센터에서 획득된 정보는 명백한 범죄자의 재판준비에 이용되거나 혹은 폭동에 참가한 개인들을 체포하는데 이용되었다.
　d. 행정기관 관리들은 경찰과 경비대의 보호를 받으며 행정기관 기능은 최대한 신속히 복구되었다.

6. **제주도에 폭동의 재조직을 방지하기 위하여 권고된 조치들.**
　a. 제주도에 최소한 일 년 동안 경비대 1개 연대를 주둔시킬 것.
　b. 제주도 경찰을 효율적이고 훈련된 단위로 재조직할 것.
　c. 장기적이고 지속적인 미국적 교육 프로그램을 실시할 것. 이 프로그램은:
　　(1) 공산주의 사악성의 적극적인 증거를 제시할 것.
　　(2) 미국적 방법이 장래를 위한 적극적인 희망과 제주도의 건

전한 경제적 발전을 제공한다는 점을 보여줄 것.
    (3) 공산주의 선동 주장에 대한 효율적인 역선전을 제시할 것.
  d. 제주도에 가능한 한 독직과 비능률이 없는 민간정부를 제공할 것.

로스웰 브라운(Rothwell H. Brown) 대령

〈첨부문서〉 제주도 남로당원들을 조사해 얻은 제1차 부분 보고서
(이 보고서에 대한 추가보고서는 1948년 7월 10일 보낼 것임)

제주도 남로당 조사 보고서
1948년 6월 20일

1. 개관
2. 보고서 범위
3. 남로당
   1) 조직
      a. 전라남도위원회
      b. 제주도위원회
      c. 제주읍면위원회
      d. 면위원회
      e. 마을위원회
      f. 인민위원회
   2) 군사부

a. 인민해방군
　　　　　(1) 조직
　　　　　(2) 전투
　　　　　(3) 훈련과 보안
　　　　　(4) 정치학습
　　　　　(5) 무기와 탄약
　　　　　(6) 보급선
　　　b. 자위대
　　　　　(1) 조직
　　　　　(2) 임무
　　　c. 세포
　　　　　(1) 조직과 임무
　　　d. 연계 조직

남로당 조직표, 제주도 개관

1. 개관

　이 보고서는 제주도 사령관 브라운(R. H. Brown) 대령의 구두명령에 따라 준비됐다. 여기 제시된 정보의 대부분은 제주도 취조팀이 작성한 다양한 평가를 담고 있는 취조보고서에서 발췌했다. 그 외 다른 정보 출처는 방첩대 제주지구대, 국립경찰, 정보과, 경비대 제11연대, 그리고 현재 제주도 민간인 포로수용소에 억류된 포로들의 소지품에서 발견된 서류와 유인물들이다.

2. 보고서 범위

이 보고서는 제주도 남로당의 당과 군사조직 양쪽의 현재 상황과 조직, 지휘체계 등에 대한 정보를 요약한 것이다.

이 보고서에 나와 있는 정보의 상당 부분은 인민해방군, 즉 재산유격대(Mountain Raiders)와 그 지원단체인 자위대 등의 조직원들과 접촉해왔던 포로들로부터 얻은 것으로 남로당 활동에 대한 내용을 어느 정도 자세하게 제시하고 있다.

3. 남로당

1) 조직(도표 참조)

a. 전라남도위원회

현재까지 제주도 남로당의 활동은 전라남도 도당의 지시를 받고 있다. 남로당 제주도위원회는 도당 본부로부터 모든 지령을 받는다.

b. 제주도위원회

섬에 있는 이 최고위원회는 면과 마을에 있는 하부 위원회, 인민해방군의 군사부, 관련 좌익단체들에 보내는 모든 지령을 내린다. 남로당 제주도위원회는 다음과 같이 조직돼 있다.

위원장: 김유환

부위원장: 조몽구

그리고 간부부장 현두길은 다음의 각 부장들을 조정하고 통제한다.

조직부장: 김달삼

선전부장: 김용관

농민부장: 이종우

노동부장: 이종우

청년부장: 김광진

여성부장: 김금순

재정부장: 김광진

c. 제주읍면위원회

여러 자료를 통해 얻어진 정보에 따르면 제주읍이라고 불리는 제주도의 핵심 읍(역주: 원문에는 면으로 돼 있음)은 이 섬에 있는 11개의 면 조직 형태와는 다르다. 제주도에서 가장 크고 가장 인구가 많은 이곳에는 2개의 독립위원회인 일반위원회와 특별위원회가 조직돼 활동하고 있다.

그러나 양쪽 위원회는 제주도위원회를 통해 당의 모든 지령을 받고 있으며 기능은 다음과 같이 정의할 수 있다.

(1) 제주읍 일반위원회

제주도위원회와 같은 방식으로 조직된 이 위원회는 읍내 당의 합법 활동에 대한 사법권을 갖는다. 이 위원회는 섬에 있는 11개의 다른 남로당 면위원회와 같은 기반에서 활동하고 구성이 같다. 조직원들은 다음과 같다:

위원장: 강규찬

부위원장 겸 조직부장: 고갑수

간부부장 겸 총무부장: 강대석

선전부장: 고칠종

청년부장: 임태성

(2) 제주읍 특별위원회

남로당 제주읍 특별위원회는 제주읍에만 있는 당의 지하조직을 지휘한다. 더욱이 우리가 입수할 수 있는 정보에 따르면 위원회 자체는 제주읍 위원회와 같은 노선에 따라 조직되고 제주도위원회로부터 모든 명령을 받는다.

특별위원회의 임무

특별위원회 조직원들은 당의 전복활동을 지휘한다. 그들의 임무는 군정청, 국립경찰, 경비대, 학교, 우익단체 같은 전략적 정보청취소에 정보원을 심는 일뿐 아니라 위에 언급된 조직 내에 소규모 비밀 '세포'를 증강해 당의 목표를 지속적으로 추진하는 것이다.

지방 법 집행기관들에 따르면 이런 전복활동을 도모하는 제5열 조직이 제주읍에 있는 모든 행정기관에 성공적으로 침투했다.

정보원 2명은 제주읍 특별위원회가 유일하게 제주읍 세포의 활동을 지시하며 11개 면에는 이런 특별위원회가 없다고 강조했다.

이런 비밀 세포들은 제주읍 특별위원회 위원장에게 정보를 지속적으로 제공하고 있다. 전복활동을 도모하는 이 조직의 무모하고 냉혹한 효율성을 보여주는 놀랄 만한 한 가지 사례는 국방경비대 제11연대장을 살해한 일일 것이다. 이 연대장의 활동은 경비대에 침투한 세포들에 의해 확실하게 보고됐다.

더욱이 전복활동을 꾀하는 특별위원회는 남로당이 불법화될 경우에 이와 관련한 일상적인 비효율성이나 방해 없이 제주도위원회의 기능을 맡게 하기 위해 만들어졌다.

이런 측면에서 제주읍 특별위원회는 임무를 확대하는 한편 제주도 지하조직의 최고위원회가 될 것이다. 제주읍 특별위원회는 다음과 같은 인물로 구성돼 있다.

위원장: 김응환

조직부장: 강대석

선전부장: 이창수

학생부장: 한국섭

재정부장: 이창욱

d. 면위원회

면위원회들은 제주도의 최고위원회와 같이 여러 부서로 조직되어 있다. 또 모든 하위 군사조직과 준군사조직처럼 구성돼 있으며 한 조직원이 담당한다.

e. 마을위원회

위에 언급한 것처럼 마을위원회는 한 조직원이 여러 부서의 임무를 겸한다. 그러나 취조보고서는 마을위원회가 최소한 조직원 3명, 즉 위원장과 선전부장, 조직부로 구성된다고 밝히고 있다.

f. 인민위원회

여러 취조보고서에 따르면 최소한 한 마을에서 폭도들이 마을사람들에게 위원장을 지명하도록 강요한 다음 박수갈채로 인민위원회 위원장을 선출하도록 했다. 이 사례에서는 1945년 일본이 항복한 뒤 조직됐던 인민위원회의 위원장을 역임했던 사람이 선출됐다. 이런 선거 절차는 무장한 폭도들이 감시하는 가운데 이루어졌다. 현재 제주도 민간인 수용소에 수감된 인민위원회 위원장은 폭도들이 마을을 떠난 뒤 그들의 명령에 따라 선전 및 조직부장으로 임명됐다고 밝혔다. (상세한 내용은 2. 군사부와 3. 훈련 및 보안을 참조)

4. 군사부

(주: 한 소식통에 따르면 이 부서의 이름은 1948년 4월 초 구국투쟁위원회로 바뀌었다. 이 보고서에서는 군사부라는 용어를 계속 사용할 것이다.)

개관

남로당 제주도당의 무장부대는 인민해방군의 군사부에서 명령을 받고 있다. 인민해방군과 자위대 등 2개의 주요 부서로 구성된다. 인민해방군 구성원들은 재산유격대들이며 그들은 제1선의 전투부대라 할 수 있다. 자위대는 재산유격대 인력을 보충하고 마을과 폭도부대 사이의 연락 책임을 맡는 기능 이외에 일반 군대의 보급부 기능을 수행하고 있다.

a. 인민해방군(재산유격대)

소규모 폭도부대들은 1948년 1월 이전 한림지역의 오름 중턱에 설치된 전 일본군 군사시설에서 조직돼 생활했다.

경찰보고에 따르면 1948년 2월 초 대규모 군사훈련에 관한 최초 보고 가운데 하나를 받았다. 당시에 폭도 300여 명이 애월면의 오름(역주:

샛별오름으로 추정)에서 훈련 중인 것으로 보고됐다.

다이너마이트와 식량, 민간인 옷이 훈련장소에서 발견됐다.

그때부터 폭도들은 이 섬의 모든 지역에서 비협력자들을 죽이고 주택을 불태웠으며 포로들을 데려가는가 하면 시골에 테러를 가하는 등 적극적인 활동을 해왔다.

(1) 조직

모든 보고에 따르면 제주도 각 면은 현재 최소한 적극적인 활동을 벌이는 폭도 1개 중대를 구성하기에 충분한 인원을 제공하고 있는 것으로 파악됐다. 이런 중대들과 대대들은 종종 그들 고유의 마을 이름을 사용했다. 경비대의 압력이나 경찰의 기습활동 등에 따라 폭도부대의 병력 규모는 계속 달라진다.

(2) 전투서열

모든 소식통을 통해 얻은 정보에 근거해 폭도부대의 평균 인원에 대한 다음과 같은 구성표를 그릴 수 있다.

부대	병력(명)
대대, 각 면에 1개 이상	60-80
중대, 대대당 2개 중대	25-35
소대, 중대당 2개 소대	13-15
분대, 소대당 2개 분대	5-7

대대 지휘관들은 정보부, 병기부, 보급부, 의료부 등의 조직을 갖고 있다는 증거가 있다. 한 보고서에 따르면 폭도들과 근무하던 환자가

아프게 되자 내과의사가 매일 방문해 약을 주고 주사를 놓았다고 밝혔다. 그러나 별도의 병원 건물은 없다고 말했다.

중대 지휘관들은 소련군의 영향을 받거나 이를 본뜬 모든 군대의 전형인 정무 담당 부지휘관(역주: 정치지도원)의 도움을 받는다. 폭도부대에서 취사병으로 일했던 정보원은 그가 속했던 부대가 약 80명으로 구성돼 있으며 이 병력은 2개 중대로 구성된 1개 대대와 1개 기동부대로 나누어진다고 밝혔다. 기동부대는 폭도 사령관의 직접 명령에 따라서만 움직인다.

장교들은 보통 일본식 권총과 철모로 신원이 확인되며, 대부분 일본식 장교 칼로 확인된다.

(주: 남로당 연락병에게서 획득한 한 자료는 모든 부대에 유포하기 위한 것으로 보이는 일반적인 정보 고시 형태로 인쇄됐다. 이 자료에는 "…철모를 더 이상 착용하지 않는다…"라고 언급돼 있다.)

경례를 하지 않으며 어떤 표식이나 신분 증명서 또는 군 상징 표식도 보고되지 않았다. 폭도들은 서로 '동무'라고 부른다.

(3) 훈련 및 보안

폭도부대에서 이뤄지는 군기와 훈련의 강도에 대한 보고 내용들은 다소 다르다. 한 보고서는 "지휘관이 인원을 파악할 수 있도록 막사 앞에 2열 종대로 집합하는 하루 3차례의 점호가 있으며 오전 점호 뒤에는 1시간 동안 달리는 등 엄격한 체력훈련이 계획된다."고 밝히고 있다.

또 다른 부대에 대한 보고서에는 부대에 있는 동안 나무 모으기와 숯 만들기, 식량창고에서 식량을 운반하는 등의 가사임무만 한다고 언급돼 있다.

대부분의 부대 입구에는 보초(한국어 빗게)를 서며 100야드 정도 떨어진 곳에 2개의 검문초소가 있다는 것이 한 폭도부대에서 보고됐다. 보고서에 따르면 한 건물에 살고 있는 모든 사람들은 새로 들어온 사람들과 엄격하게 격리되며, 막사 부근을 떠나지 말도록 명령받는다.

또 이 부대에 있는 건물들은 약 100야드 정도씩 떨어져 있으며, 인접 건물에 있는 사람 사이의 개인적인 접촉은 이뤄지지 않는다고 밝혔다.

실제 습격 나갈 때만 여러 건물의 인원들이 2열 종대로 집합해 점호를 받으며, 무기와 실탄이 지급된다.

(4) 정치학습

폭도부대에 소속된 정치지도원들은 끊임없이 남로당의 목적을 강조하며 특히 습격에 앞서 "어떤 특정 마을에 있는 모든 인민은 가치가 없어 죽어 마땅하고 조선인민공화국의 반역자다."라는 말을 확고한 진실로 받아들일 것을 대원들에게 강요한다.

정치지도원들은 또 경찰이나 경비대에 잡힐 때는 부대의 위치나 인원을 누설하지 말고, 오도(誤導)하거나 거짓말하도록 하는 것과 같은 세부지침을 대원들에게 지시한다.

부대 지휘관들에게는 '선전 선동 활동'과 관련해 신중하게 준비되고 씌어진 지침들이 하달된다. 이 지침들은 흔히 그렇듯이 폭도들이 결정을 해야 할 경우에 각각의 단계를 주의깊게 고려한 것으로서 폭도 지휘관은 모든 마을 주민들을 불러모아서 연설을 하게 되어 있다. 지침에는 "실내 집회가 위험하지 않습니까?"와 같은 질문들을 하게 되어 있고 답변도 상세히 나와 있다. 몇몇 보고서에 따르면 보안을 이유로 간부들은 이름을 내세우지 않고 단순히 '지휘관'으로 명명된다.

(5) 무기와 탄약

폭도들은 미제와 일제 무기들을 사용하는데 일본제 장비들이 압도적이고 99식 일제 소총이 주류를 이룬다. 미제 카빈총과 M1 소총을 보유하고 있음이 확인됐으며 한 보고서는 약 25명으로 구성된 기동부대가 미제 카빈총 10정과 일제 99식 소총 15정으로 무장했다고 밝혔다.

대부분의 보고된 사례를 보면 실탄은 실제 습격이 계획될 때만 지급된다. 그리고 총을 갖고 있는 폭도들은 습격이 끝난 뒤 사용하지 않은 실탄을 반납하라는 명령과 함께 20~50발의 실탄을 받는다. 상태가 나쁜 일제 기관총 부품이 경비대가 급습한 부대에서 발견됐다.

폭도들이 갖고 다녔던 다른 무기들은 일본 장교 칼과 총검, 지팡이나 곤봉, 죽창과 같은 숨길 수 있는 에페(끝이 뾰족한 칼) 모양의 긴 비수들이 있다. 지난 3주 동안 소련제 장비는 발견되지 않았다. 접촉한 모든 소식통들도 그런 것이 있다는 것을 언급하지 않았다.

(6) 보급선

폭도들은 '지원기관', 즉 면내 마을에 있는 남로당과 긴밀한 연락을 유지하며 이 마을의 남로당은 사전계획에 따라 음식물과 의류, 자금, 인력충원, 명령과 정보를 제공한다. 남로당 부대는 자위대에 있는 폭도들의 연락과 보급에 책임이 있다.

b. 자위대

남로당의 주요 부분인 이 조직은 1948년 2월께 마을 단위로 제주도 전역에 걸쳐 조직됐으며 1948년 5월 초 인민자위대로 명칭이 바뀌었다.

(1) 조직

이 조직은 표면상으로는 폭도들의 활동으로부터 마을을 보호하기 위해 만들어졌으나 사실상 교활한 폭도부대의 임시보급창이며 마을기지다. 자위대는 자신이 지원하는 폭도부대와 비슷하게 군사노선에 따라 조직되었으며 각각의 부락과 소대와 분대마다 장교(지도자)를 두고 있다. 마을 자위대에 대한 명령은 남로당 마을위원회 위원장이 내린다.

(2) 임무

자위대의 임무는 이름이 뜻하는 것과는 다르다. 폭도들의 공격으로부터 마을을 보호하는 것이 아니라 어떤 부대가 마을을 습격할 때 테러 공격에 적극 참여하고 폭도들과 합류하는 것이다. 경비대나 경찰이 가까이 있을 때만 경고한다. 자위대 구성원들은 군대가 전투를 계속할 수 있도록 보급조직 임무를 수행한다.

식량과 자금 모집은 정기적으로 이뤄지고 이렇게 모집된 식량과 자금은 폭도부대의 연락원에게 전달하기 위해 마을 남로당위원회 위원장에게 건네진다.

전 자위대원들로부터 얻은 자세한 보고서에 따르면 언제, 무엇을, 누구에 의해, 누구로부터 어느 정도 모집했는지 언급돼 있고 전달 계획도 작성돼 있다.

한 보고서에는 폭도 2명이 실제 자위대의 구역 책임자로 활동했고 그들을 통해서 면 지역의 폭도부대와 남로당 마을 조직 사이에 매우 긴밀한 연락이 이뤄지고 있다고 밝혔다. 접촉한 정보원들은 면 단위 자위대 조직에 관해서는 정보를 갖고 있지 못했다. 현재까지는 단지 마을과 마을 내에 있는 부락조직들만이 활동하는 것으로 보인다.

c. 세포(전복 세포)

(1) 임무와 조직

남로당은 관공서와 법 집행기관, 학교, 우익인사단체 등과 같은 정보청취기관에 프락치들을 심기 위해 온갖 노력을 다하고 있다.

(주: 경비대의 공세가 시작된 뒤 인쇄된 일자불명의 한 문건에는 경찰로 근무하는 (남로당) 당원들은 이런 긴장된 시기에 특별히 더 조심해야 한다고 언급했다.)

제주읍 특별위원회의 임무에 대해 말할 때 위에서 언급했듯이, 이들 프락치들의 임무는 관찰과 보고 등의 수동적 역할뿐 아니라 전복활동을 꾀하는 세포를 적극적으로 조직하는 것이다.

제5열 분자(역주: 프락치)들이 마을이나 면위원장에게 보고하는지, 또는 아직까지 알려지지 않은 특별 경로를 통해 남로당 제주도위원회에 보고하는지 등에 대해서는 알려지지 않았다. 제주읍 특별위원회가 섬 전역에서 이런 전복조직의 활동을 명령한다는 주장을 받쳐주는 정보는 현재까지 없다.

d. 연계조직들

명목상 독립된 좌익단체들인 아래 나열한 단체들은 남로당의 정책을 지지하고 많은 구성원들이 이중회원으로 활동하고 있다.

민애청
남조선 민주여성동맹
전평

제24군단 정보참모부 헝거(R. Hunger) 상사

(3) 4·3 후기 유격대의 조직

김달삼 사령관이 제주를 떠난 이후 유격대를 지휘했던 이덕구 사령관 시기나, 그 이후 1957년 3월까지 남았던 잔여 유격대 시기의 유격대 조직체계, 인원 등에 대해서는 알려지거나 전해지는 자료가 거의 없다. 때문에 이 시기 유격대의 조직은 뒤에 서술하는 조직개편 과정에서 함께 살펴볼 것이다.

3. 조직개편 과정

(1) 김달삼 사령관 시기(4·3봉기~해주인민대표자대회 참가)

① 제1차 조직개편

남로당은 4·3사건 발발 직후 조직정비의 필요에 의하여 〈그림2〉와 같은 조직체계 개편을 했다. 『투쟁보고서』는 위와 같은 조직정비의 이유를 다음과 같이 밝히고 있다.

전 유격대를 250명으로 정리. 이것은 4·3투쟁 시 유격대(=톱부대)와

<그림2> 제1차 조직정비 후 조직체계

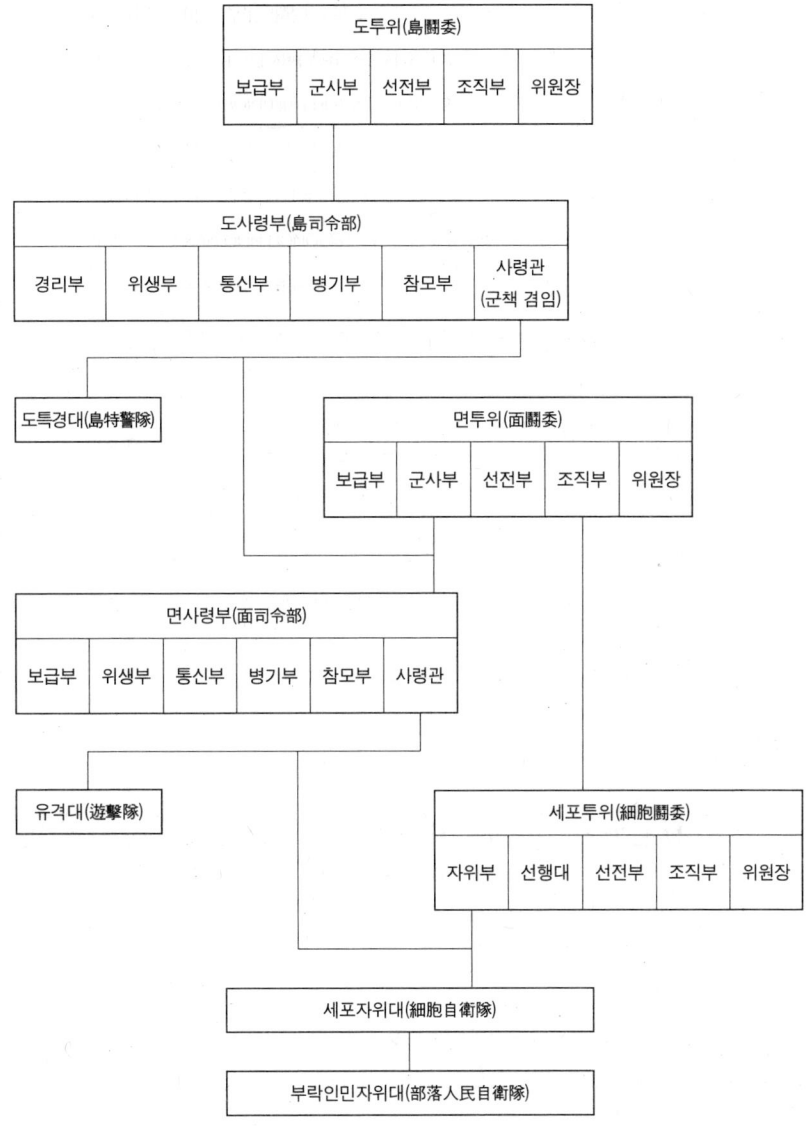

자위대(=후속부대)와의 공동작전의 결과, 투쟁 종료 후 다 같이 상산(上山)하여 공동생활을 하기 까닭에 일상생활 상의 혼란과 보급문제로 인해서 250명으로 정리 강화하여 나머지는 하산시켰음. 그러나 그후 재차 병력 확충의 필요성을 느껴 전원 400명 정도로 확충시켰음.[102]

이를 토대로 제1차 조직개편의 특징을 살피면 다음과 같다.

ⓐ 본격적인 무장투쟁 태세 확립

봉기 직전의 체제에서 군사부의 명칭은 '도군위(島軍委)'였다가 4·3봉기 직후 제1차 조직정비를 하면서 '도사령부'로 전환했다. 또한 각 면 투위(各面鬪委)의 군사위원회도 사령부로 바뀐다. 이로 미루어봤을 때 본격적인 무장투쟁에 돌입하며 강력한 지휘체계가 필요했고, 모든 유격활동의 지휘를 '도사령부(島司令部)'에서 관할하려는 포석이라 볼 수 있다.

ⓑ 사령부 조직부서의 세분화

봉기 이후에야 본격적인 무장투쟁을 위한 준비를 했다는 사실은 도사령부 및 면사령부의 부서 세분화에서도 엿볼 수 있다. 4·3봉기 직후 도당투위는 그 이전과 조직부서가 다르지 않으나, 도당 군사부 직할의 도사령부와 각 면사령부는 조직부서를 세분화시켰다. 즉, 봉기 직전 위원장, 총사령(관), 참모로 구성됐던 단순한 형태의 각 군위(軍事委員會)가 4·3봉기 직후의 제1차 정비를 통해 도사령부는 참모부, 통신부와

---

102) 문창송 편, 앞의 책, 20~21쪽.

더불어 병기 관리 및 확충을 위해 병기부를 두었고, 부상자의 속출에 따라 위생부를 신설하였다. 또한 도사령부에 경리부, 면사령부에 보급부를 둠으로써 장기전 태세를 갖추기 시작한 것이다.

ⓒ '보급'의 필요성 대두

유격전이 본격화되면서 보급이 당면 문제로 부각되었던 것 같다. 도(島)사령부에 경리부103), 면(面)사령부에 보급부를 둔 것도 이 문제와 결부되었다. 위에서 밝힌 『투쟁보고서』의 내용을 살펴보면 이는 더욱 명확해진다. 즉, "유격대와 자위대가 활동 후 같이 상산(上山)생활함으로써 보급문제가 대두되었다."는 표현이 등장하기 때문이다. 104)

② 제2차 조직개편

5·10선거 직전에 착수하여 그 직후에 완료한 제2차 조직정비는 〈그림3〉과 같은 조직체계상의 변화를 가져왔고, 그 이유를 『투쟁보고서』는 다음과 같이 밝히고 있다. 105)

> 엄격한 규율과 치밀한 기밀 확보 그리고 신속한 행동을 보장하기 위한 조치였다. 각면(各面) 투위 군사부 직속의 유격대를 도사령부 직속으로 편성했다.

---

103) 제2차 조직개편 시 경리부가 일반물자과, 병기과, 위생과를 관할하는 것으로 보아, 면사령부의 보급부와 같은 기능을 했던 것으로 보인다.
104) 장윤식, 앞의 논문, 26~27쪽.
105) 문창송 편, 앞의 책, 21~23쪽.

<그림3> 제2차 조직정비 후 조직체계

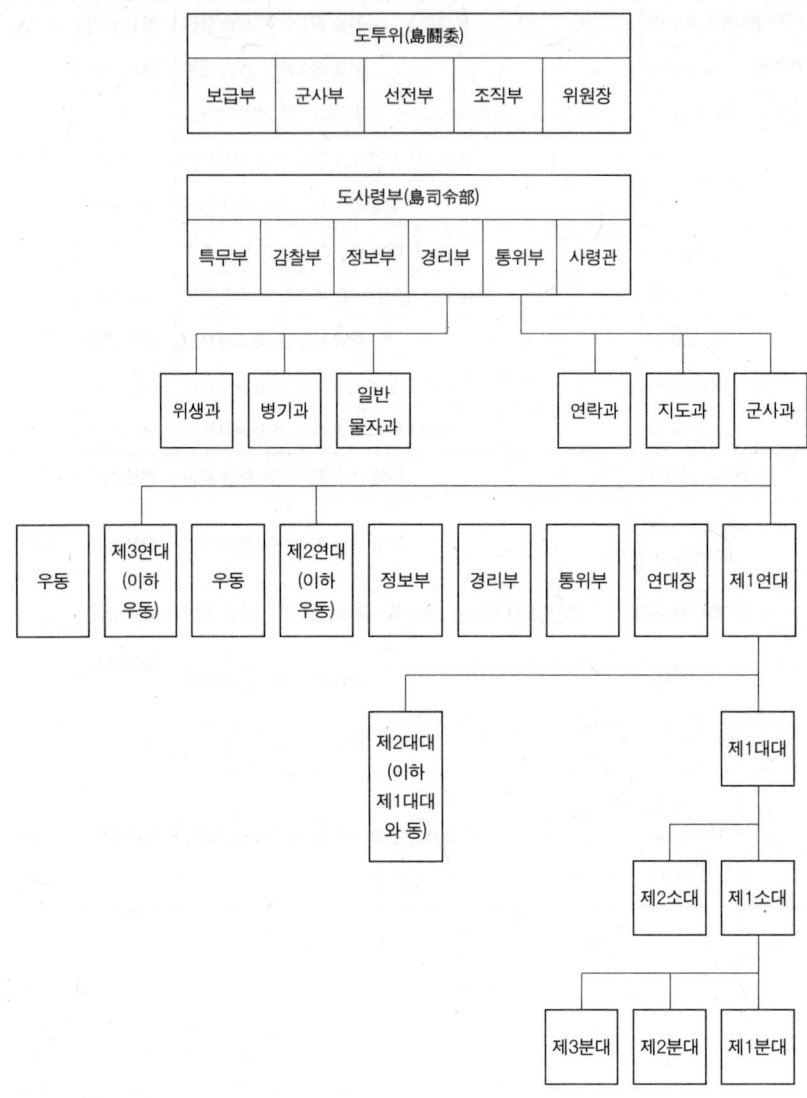

그 인원 구성은 1분대 3인, 3분대 1소대(10명), 2소대 1중대(23명), 2중대 1소대(49명), 2대대 1연대(110명)로 3개 연대를 이루었다. 여기에 특무부 20명 포함 모두 370명으로 유격대를 구성하고 사령부 각 부분에 배치하였다. 이때 특경대는 해체하였다.

〈그림3〉에서 보듯이 조직부서가 대폭 바뀌고 더욱 세분화된다. 이전의 참모부를 없애고 통위부를 신설해 군사과·지도과·연락과를 통할하도록 했다. 병기부, 위생부를 경리부 관할의 병기과, 위생과로 전환했고 일반물자과를 설치하여 경리부에 편입시켰다. 또 정보부, 감찰부, 특무부를 신설하였다. 이전의 통신부는 통위부의 연락과로 개편되었다.

제2차 조직개편의 특징은 '지휘체계의 단순화'로 정리할 수 있다. 즉, 각 면 투위(鬪委) 군사부 직속의 유격대를 도사령부 직속으로 편성하여 도사령부를 가일층 강화했다. 처음으로 편성 단위에 '연대'가 등장한다. 각 지역(面)의 유격대를 통합하여 3개 연대로 편성하고 도사령부가 지휘하는 통합체제로 전환한 것이다. 이는 5·10단선 거부 투쟁 국면에서 주민들과의 긴밀한 관계가 필요했던 각 면사령부 산하 유격대 및 후속부대에 대해 지휘체계의 이원화로 인한 혼선을 극복하고 장기전에 대한 대비였던 것으로 보인다. 즉, '5·10단선 거부'라는 1차 목표가 부분적으로 달성된 이후 토벌이 강화될 것으로 예상한 체제 전환이라 볼 수 있다.[106]

---

106) 장윤식, 앞의 논문, 28~29쪽.

〈그림4〉 제3차 조직정비 후 조직체계

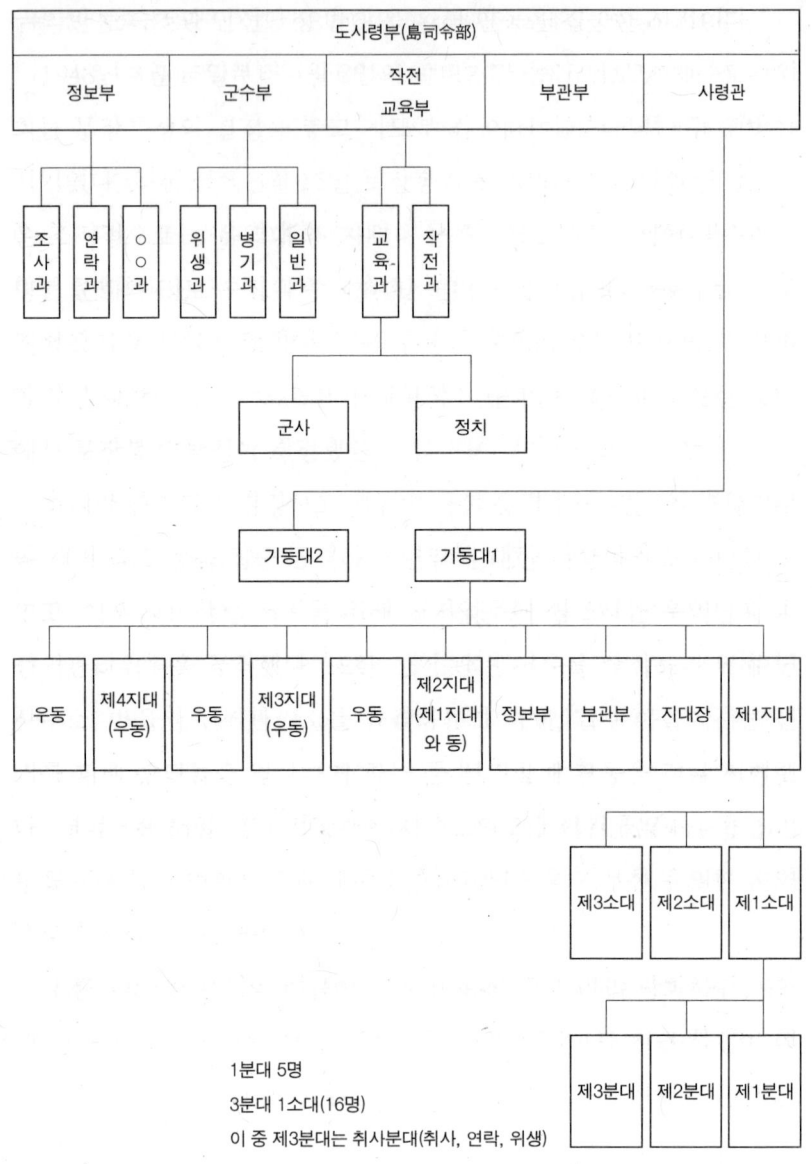

1분대 5명
3분대 1소대(16명)
이 중 제3분대는 취사분대(취사, 연락, 위생)

③ 제3차 조직개편

5월 말일 단행된 제3차 조직정비의 이유와 변화된 조직체계는 다음과 같다.107)

국경(國警)의 대량 입도(약 4,000명)와 그의 포위 토벌전이 전개되자, 충돌 회피와 비합법 태세 강화의 필요상 인원을 대량 감소 정리하게 되었음. 370명의 인원을 240명으로 줄임.

제3차 조직개편의 특징은 다음과 같이 파악할 수 있다.

ⓐ 병력 감축

우선 눈에 띄는 것은 370명의 병력을 240명으로 감축시킨 것이다. 이는 『투쟁보고서』가 밝히고 있듯이 4천 명 규모로 늘어난 국방경비대의 직접적인 토벌작전에 따른 것이었다. 일차적인 투쟁목표 달성을 기정사실화하고 조직보위를 위해 유격대의 규모를 축소한 것으로 보인다.

ⓑ 군사·정치교육의 강화

도사령부에 작전교육부와 군수부, 부관부가 신설되었다. 이전 체계상의 통위부를 부관부와 작전교육부로 분화시키면서 특히 교육과를 신설하여 정치 및 군사교육을 담당하도록 했다. 비합법 태세에 따른 지침 및 유격전술에 대한 교육이 강화된 것으로 풀이된다.

---

107) 문창송 편, 앞의 책, 23~24쪽.

ⓒ '지대(支隊)'의 편성

이때부터 '지대(支隊)'라는 편성 단위가 처음 등장하며 4개의 지대로 편성되었음을 알 수 있다. 따라서 "4·3봉기 직후(소위 4·15도당부대회 직후) 3개연대(제1지대~제3지대)로 편성됐다."는 김봉현·김민주의 주장은 편성 시기와 규모에서 『투쟁보고서』와 다르다.108)

ⓓ 사라진 도투위(島鬪委=당)

3차 조직개편 뒤의 조직도에는 최상위 지도그룹인 '도투위'가 없다. 이후 『투쟁보고서』에 기록된 5차 개편 후의 마지막 조직도에도 '도당위원장'이 병렬 표기되었을 뿐이다. 어떤 의미일까? 당이 지도함을 기정사실화하여 생략할 수도 있지만 정상적인 조직도는 아니다. 이 조직도대로 도사령부가 인민유격대를 전적으로 운영했다면 이전 조직도에 나오는 상급 기관으로서의 '도투위'는 설명이 안 된다.

또 이와는 별개로 앞의 이삼룡 증언에 의하면 1948년 3월 무장봉기를 결정할 즈음 이미 제주를 떠난 남로당 제주도당 장년파 중에 당시 당위원장으로 알려진 강규찬이 포함됐다. 당책이 없는 무장투쟁 결정과 실행이 과연 가능한지 의문이거니와, 이것이 사실이라면 조직력의 견고함이나 계획의 치밀함은 당초부터 기대하기 어렵다고 판단된다.

ⓔ 서술상의 문제점

총 인원을 370명에서 240명으로 줄였다는데, 조직표상의 1, 2기동대를 합치면 최소 410명의 인원이 필요하다. 즉, 1소대 16명, 3소대 1

---

108) 장윤식, 앞의 논문, 30~31쪽.

지대(48명+지대장 1명, 부관부, 정보부=최소 51명), 4지대 1기동대(204명+기동대장 1=205명), 2기동대는 410명이다. 따라서 1기동대가 4개 지대를 관할했다는 〈그림4〉의 조직체계는 서술상의 오류로 보인다. 필자는 1기동대가 2개 지대를 관할하는 체계인 것으로 판단된다. 왜냐하면『투쟁보고서』작전면(作戰面)에도 "주력부대를 2그룹으로 편성"109)이라는 표현이 등장하기 때문이다. 또, 나머지 35명은 도사령부의 부관부, 작전교육부, 군수부, 정보부에 분산 배치했던 것으로 보인다.110)

④ 제4차 조직개편

6월 18일 착수했다는 제4차 조직정비는『투쟁보고서』필사본의 한계(등사불명)로 '체계상의 정비'는 확인할 수 없다. 하지만 다음과 같은 이유와 내용을 밝히고 있다.

> 새로운 투쟁에 대비하여 조직의 시급한 정비·강화가 긴요하여 정비했다. 1지대는 3소대로 편성되어 60명을 이루었다. 4개 지대 합쳐서 240명이고 도사령부 26명을 포함하여 266명이 편성됐다.111)

그런데 앞서 소개한 브라운 대령의 보고서에는 위 편성과는 매우 다른 구성표가 제시되고 있다. 어느 시점(6월 20일 이전은 명확함.)의 정보인지 불명확하지만 지대 편성은 없고 "2개 중대로 편성된 60~80명의 대

---

109) 문창송 편, 앞의 책, 32쪽.
110) 장윤식, 앞의 논문, 31쪽.
111) 문창송 편, 앞의 책, 25쪽.

대가 각 면에 1개 이상 있다."고 했다. 이에 따르면 11개 읍면이 1개 대대를 조직한다 해도 최소 660~880명의 유격대 인원이 필요한데『투쟁보고서』에는 7월 이전 조직개편 때 제시된 특무대원 포함 501명이 가장 많은 인원이었다. 잘못된 보고일 가능성이 많다.

특히 제주도에서 접수된 정보에 따르면 게릴라 부대들은 2개 중대, 2개 소대, 2개 분대의 체제를 가진 60명~80명 단위의 대대들로 조직되었다. 제주도와 같이 게릴라 조직이 매우 철저하고도 상세하게 조직되었던 곳은 대대장이 작전, 정보, 군수, 의무 등의 부서를 가지고 있었다는 증거가 있다. 또한 제주도에서 중대장들은 소련을 본받은 전형적인 게릴라 조직의 유형이 된 정치업무를 관장하는 부중대장의 보좌를 받는다.[112]

6월 18일은 11연대 박진경 연대장이 손선호 하사의 총격에 암살당한 날이다. 사료의 한계로 박진경 연대장의 암살과 유격대 조직개편과 어떠한 상관관계가 있었는지 파악하기 힘들지만, '새로운 투쟁에 대비'하기 위해 조직정비를 하였으므로 커다란 상관관계는 없는 듯하다. 물론 제주도 주둔 국방경비대 총책임자의 암살이 커다란 사건이긴 하지만, 5월 22일 9연대 사병 43명이 탈영한 사건 즈음에서도 어떠한 조직정비가 없었다는 것을 감안하면 유격대의 조직체계를 흔들 정도의 사건은 아니라는 것이다. 당시 유격대 활동상황을 살펴봐도 이 기간에

---

112) 주한미육군사령부 공한(1948.11.21.), 4·3위원회,『4·3자료집』7권, 253쪽.

뚜렷한 징조가 보이지 않는다. 뿐만 아니라 유격대의 숫자도 240명에서 266명으로 소폭 늘린 것에 불과하다는 점, 그리고 이 조직개편 기간이 7월 15일 정비 완료한 제5차 조직정비 기간과 맞물려 있다는 점도 작전상의 새로운 변화에 의한 것이 아니라는 것을 짐작게 한다.[113]

⑤ 제5차 조직개편

6월 18일 착수하여 7월 15일 정비 완료했다는 제5차 조직개편은 『투쟁보고서』에 수록된 조직개편으로서는 마지막 개편이다. 따라서 자세한 내용과 조직체계를 소개하고 있는데 다음과 같다.[114]

> 6월 18일부터 착수하여 7월 15일 완료했다.
> 이 시기(7월 15일 현재) 당면 조직문제는 ⓐ강력한 당의 정치적 지도 통제 ⓑ엄격한 규율 확립 ⓒ치밀한 기밀 보장 ⓓ행동의 신속화 ⓔ신축성과 기동성 보유 등이었다.
> 또, 소속과 임무는 다음과 같다.
> ⓐ각급 정치부원은 상급 정치원 소속, 최상급 정치부원은 도당책(島黨責) 소속임. ⓑ특무대는 지대(支隊) 정보과 소속이며 그 임무는 정보수집, 개인 테러, 군(軍) 활동에 호응 보급의 원조이다. 그 조직은 각 면(面)에 특무대장 1명과 연락원 수 명을 두며, 그 외 3인 1분대, 10명 1소대로 하고, 1개 부락에 1~2인 정도로 조직하는데, 특무대원은 세포로부

---

113) 장윤식, 앞의 논문, 32쪽.
114) 문창송 편, 앞의 책, 25~29쪽.

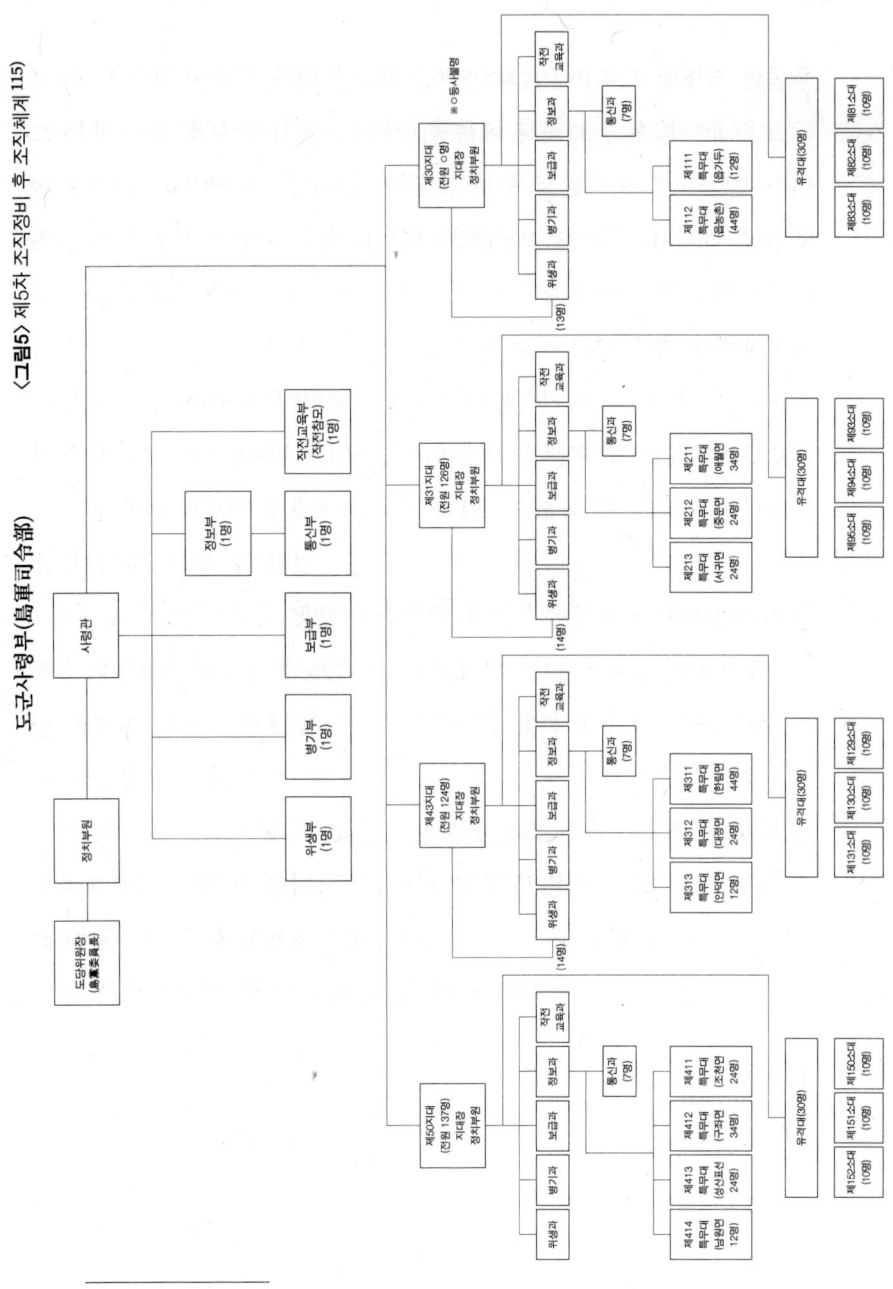

<그림5> 제5차 조직정비 후 조직체계 115)

---

115) 문창송 편, 앞의 책, 26쪽.

터 제외함. ⓒ사령부 및 지대를 사령관(지대장)과 정치부원과 작전참모 (=作戰敎育課責)의 3인으로써 최고 지도부를 구성함. ⓓ각 지대 특무대는 각 면 각 부락에 주둔하되 지대 지도부, 통신대, 각 유격대 소대는 지대 지도부 중심으로 밀집 생활함.

제5차 개편의 특징을 정리하면 다음과 같다.

ⓐ 특무대의 신설
이 시기 가장 눈에 띄는 조직체계상의 변화는 각 면별로 특무대를 신설한 것이다. 그 대신 자위대가 조직체계에서 사라지는 것으로 봐서 특무대는 자위대의 임무를 이어 받은 것이며, 이때 특무대의 임무는 단순한 보급이나 연락만이 아니라 '지하선거'를 독려했던 것으로 추정된다.

ⓑ 병력의 급증
자위대 격인 특무대가 많은 수를 차지하고 있지만 병력이 501명으로 거의 두 배 가까이 급증했다. 그 이유는 무엇일까? 이 시기 활동상황을 살펴봐도 병력 증강을 꾀할 만큼 전투나 습격이 빈번했던 것도 아니다. 오히려 전투나 습격이 거의 없는 소강상태였다. 작전면(作戰面)에 수록된 조직 강화나 정치교육·규율 강화도 이를 설명하지 못한다. 그것은 늘 이유가 됐었다.
이때의 병력 증강은 해주인민대표자대회를 위한 '지하선거'에서 이유를 찾아야 한다. 즉, 각 면에 특무대를 증강하여 투표를 독려하기 위한 조치였다. 지하선거는 주민과 밀착하여 진행되어야 하기 때문에

전투부대인 유격대의 증강보다, 마을을 근거지로 삼는 특무대의 급증으로 나타난 것이다.[116)]

 지하선거 국면의 제주도 상황을 취재한 《제민일보》 기사에서도 마을에 있는 자위대나 특무대가 활동했다는 증언이 있다.[117)]

> 산사람들이 내려와서 도장 받은 것이 아니냐고요? 아닙니다. 우리 마을에서는 마을 사람이 마을 사람에게서 자연스럽게 도장을 받았습니다.(가시리 출신 할머니의 증언)

> 지하선거를 독려하기 위해 유격대를 마을에 파견하는 일도 있었지만 주로 마을 안의 조직들이 움직였다고 봐야 합니다. 유격대에서 직접 나서서 도장 받는 일은 드물었다는 이야기지요. 그때는 대부분의 마을에 자위대 조직이 있었습니다. 산에서 지시를 전달하면 마을 내 조직에서 웬만한 일은 다 할 수 있었습니다.(대정면 유격대 활동 입산 경력자의 증언)

ⓒ 지대(支隊) 편성 상황

 김봉현·김민주는 4·3봉기 직후에 3개 연대(지대 支隊)가 편성되었다고 서술했다. 하지만 '연대'라는 편성 단위가 등장하는 조직체계는 5·10선거 전후의 2차 조직개편 때다. 이때도 지대라는 편성 단위는 없었

---

116) 장윤식, 앞의 논문, 34쪽.
117) 《제민일보》4·3취재반, 『4·3은 말한다』 3권, 1995, 247쪽.

고, 5월 말일의 제3차 개편 때부터 7월 15일 완료한 제5차 개편 때까지 유격대의 조직체계에 4개 지대가 항상 편성되었다. 또 이에 따르면 지대별 소속 면(面)도 위의 주장과 다름을 알 수 있다. 『투쟁보고서』가 밝힌 지대와 그 소속 면은 다음과 같다.

　　제30지대(第三〇支隊): 제주읍
　　제31지대(第三一支隊): 애월면, 중문면, 서귀면
　　제43지대(第四三支隊): 한림면, 대정면, 안덕면
　　제50지대(第五〇支隊): 조천면, 구좌면, 성산면, 표선면, 남원면[118]

여기에서 지대 명칭을 일컫는 숫자 제30은 1947년 3·1사건 이후 민관총파업을 시작했던 3월 10일, 제31은 1947년 3·1 기념집회, 제43은 4·3봉기, 제50은 5·10 단선거부투쟁을 기리는 숫자로 보인다. 지대 편성과 관련하여 제주읍 월평리 출신 입산 경험자는 "부대가 아니고 지대지. 내가 듣건대는 2·7지대, 3·1지대, 4·3지대, 5·10지대, 이렇게 있었을 겁니다."[119]라고 이와 비슷한 증언을 한다.

그렇다면 유격대의 4월 10일 포고령에서 밝힌 '인민해방군 제5연대(人民解放軍 第五聯隊)'[120]의 정체는 무엇일까? 필자는 석사논문에서 "여러 가지 추측이 가능하지만 유격대 측의 세력과시를 위한 방편으로 파

---

118) 문창송 편, 앞의 책, 26쪽.
119) 제주4·3연구소, 『무덤에서 살아나온 4·3수형자들』, 2002, 121쪽.
120) 박서동, 앞의 책.

악"하고자 했다. 그런데 1948년 6월 미군정 보고자료에 "폭도 집단은 인민해방군 제5연대로 재조직되었으며 김달삼이 지휘하고 있다고 진술"[121]했다는 내용이 있었다. 여기에 또 다른 의문이 생긴다. 제5연대는 당시 제주도인민유격대를 1연대, 2연대 식으로 편성한 단위 중 하나인지, 아니면 남한의 남로당 군사부를 지역별 연대로 나누어 제주도가 5연대로 편성됐는지… 하지만 어떤 자료에도 이를 확인할 수 없었다. 다만 『투쟁보고서』는 5월 10일 전후로 한 조직개편에서 최초의 연대로의 편성이 보이고 있는데 이마저도 3개 연대만 있다. 이 또한 후속 연구 과제가 될 수밖에 없다.

⑥ 김달삼 사령관 시기 유격대 조직개편의 특징

이상에서 살펴본 김달삼 사령관 시기 유격대 조직정비의 특징을 정리하면 다음과 같다.

첫째, 지금껏 알려진 무장봉기 이후에야 '유격대'를 꾸렸다는 주장은 사실이 아니다. 남로당은 3월 15일 전후로 무장부대로서 '유격대'와 후속부대로서 '자위대'를 동시에 준비하고 조직했다. 다만 봉기를 위한 유격대의 조직이 더디게 진행되었고 준비가 원활치 못했을 따름이었다.

둘째, 무장 조직인 '유격대'와 비무장 지원세력인 '자위대(특무대)'는 엄격하게 구분되었다.

셋째, 『투쟁보고서』를 통해 확인할 수 있듯이 급박한 무장투쟁 국면

---

121) 주한미육군사령부 일일정보보고(No. 850, 1948.6.3.).

에서 도당사령부(유격대)가 잦은 조직체계 변화를 꾀했음을 알 수 있다. 즉, 유격대는 4·3봉기 직전부터 1948년 7월 25일까지 무려 5차에 걸쳐 조직체계 정비를 했다. 이처럼 봉기 초기의 잦은 조직체계 변화는 준비단계에서의 부족함을 조직운용의 경험을 통해 보완한 것이었다.

넷째, 유격투쟁이 본격화되면서 군사부가 눈에 띄게 강화되고 보급과 정치·군사교육의 필요성이 대두되었다.

다섯째, 지대(支隊)는 5월 말부터 편성되었으며 4개 지대로 유격대가 구성되었다.[122]

(2) 이덕구 사령관 시기(1948.8.~1949.6.)

4·3이 일어나서 공세를 취한 거는 5·10선거 때까지고, 공세기간이 끝나면은 위에서 명령이 내려온다. 이제는 어떤 일이 있어도 잠복하라고. 5·10, 2·7, 4·3지대로 나누었다가 48년 10월 23일 그 지대가 합해서 중대를 편성하였다. 한라산 김녕리 초기왓에서.[123]

위 증언과 일자가 일치하는 기록이 있다. 바로 『4·3무장투쟁사』이다.

그리하여 〈국방군 14연대〉의 반란이 일어나자 곧 지휘부는 구체적이고 종합적인 정세 판단 아래에 전투대오(戰鬪隊伍)를 일층 기동성 있

---

122) 장윤식, 앞의 논문, 35~36쪽.
123) 강○문(남, 1928년생, 제주 월평) 증언.

고, 강의성 있는 '전투대'로 진출케 하기 위하여 종래 연대(聯隊)조직이었던 것을 부대로 축소 재편성(10. 23.)하고 전투태세를 조직 강화하였다.[124]

사실상 1948년 6월부터 10월 중순까지 유격대 활동은 '지하선거' 집중, 남과 북에 각각 정부수립 등의 여파로 활발하지 않았던 듯하다. 그런데 기다려왔던 '호응투쟁'으로 간주했을까. 10·19 여순사건 이후 조직을 재정비하고자 했던 것 같다. 하지만 통합 재편성된 중대나 부대가 어떤 조직편재를 했는지 구체적인 자료가 없다. 다만 초기 5차 개편 후에 편재됐던 작전교육, 정보(통신), 보급, 병기, 위생 등의 부서는 유지됐을 것으로 추정한다. 조직적인 활동을 하고자 했을 때 기본적으로 필요한 역할 부서이기 때문이다. 또한 1948년 8월 이후부터는 남로당 중앙당에서 정치부원이 파견되어 유격 전술과 규율 등을 지도했다.[125] 이들이 정기적으로 새로운 인원을 파견했는지는 모르지만 1948년 12월 이후 파견은 중지된 것으로 보인다.[126]

1948년 10월 이후의 중산간 소개 작전과 군·경·민 합동토벌대의 강화로 주민과의 유대 기반이 상실되면서 기존의 자위대는 해체되고 모든 조직이 면·리별 투쟁위원회로 전면 개편돼 1949년부터는 각 단위별로 활동하게 된다.[127] 어느 시점부터인지 알 수 없지만 미군 보고서

---

124) 김봉현·김민주, 앞의 책, 164~165쪽.
125) 《경향신문》(1949. 6. 25.).
126) 《자유신문》(1949. 4. 19.).
127) 제주4·3연구소, 『제주항쟁』, 1991, 252쪽.

에는 4개 군단(제3, 제8, 제12, 제23군단)과 도당사령부, 면사령부, 훈련소, 비무장 지원자를 갖추었다고 보고했다.[128]

비슷한 시기 또 다른 자료에는 "유격대는 기동대(국군 상대), 별동대(경관 상대), 교육대(훈련과 식량 보급)로 편성되었고, 민애청, 여맹, 농위(農委) 등으로 분산되어 있던 지원세력도 '무장응원대' 로 개편되었다."[129]라 보도하고 있다. 아무튼 조직체계를 떠나 이마저도 1949년 3~4월 대토벌기를 거치며 대부분 와해되고 말았다. 피난 주민은 백기를 들고 귀순했고 보급, 연락을 맡던 자위대 등도 하산했다. 유격대원은 물론 중앙당 오르그도 하산 대열에 끼었다.

결국 1949년 6월 7일, 이덕구 사령관이 사살되면서 유격대는 와해 단계에 접어들었다.

(3) 잔여 유격대 시기

1949년 3월 이후 제주도인민유격대의 대부분 활동이 사라졌다. 그렇다면 이덕구 사령관이 사살된 1949년 6월 이후 제주도인민유격대 상황은 어떻게 됐을까? 1949년 3~4월로 추정되는 사실상의 하산 조치와 6월 이덕구의 죽음으로 체제가 무너진 이후 1950년 6·25 발발 직후인 7월 25일 중문면 하원리 습격까지 유격대의 상황을 짐작하기는 쉽지 않다. 실제 이덕구 사령관 피살 이후 약 1년 동안 잔여 유격대는 드

---

128) 주한미육군사령부 일일정보보고(1949. 4. 1.).
129) 《자유신문》(1949. 4. 19.).

러나지 않았다. 조직적이지도 못했고, 그저 개인 혹은 끼리끼리 은신 생활만 한 듯하다. 어쩌면 이덕구 사령관 시절 와해 국면에 "모든 무기를 비장하고 3인조로 은신하고 때를 기다리라."는 지시가 유효했는지도 모른다.

아무튼 남은 유격대는 1949년 말쯤에야 한군데 모일 수 있었다. 이때 당책 송원병, 군사부책 고승옥 등 지도부도 새롭게 꾸린 것 같다. 이때의 상황은 1951년 12월 검거되어 귀순공작대로 활동했던 김모씨의 증언을 통해 살펴보자.

> 대토벌이 끝나고, 이덕구 사령관이 죽은 아주 후에, 49년 말경 모여보니 1개 면에 몇백 명씩 있던 당원들이 단 7명 남아있는 곳, 5명 남아있는 곳, 도당 책임자들은 잡히든지 죽든지 해서 조직체계가 없었어. 그래서 면당별로는 조직을 유지할 수 없다고 해서 단일화시켰다. … 이때 송원병 캐(도당책), 백창원 조직부책, 군사부책 고승옥이었다. 규합해보니 40명 정도 됐다. 무기는 소총 7정이 전부였다. 그래서 계속 대피생활을 한 것이다. 7정으로 투쟁할 수 없으니까. … 계속 피해 다니기만 하니까 불만인 사람들도 있었다. '우리가 부모 동기간 다 버리고 산에 올라온 건 투쟁을 목적으로 올라온 건데 최고 간부들은 투쟁을 포기하고 대피생활만 하라는 게 옳지 못한 지시다.'라고 그래서 지도부 셋을 숙청해버렸다. … 그 이후 허영삼 '캐', 김성규 조직책, 김의봉 군사부책이 됐다.[130]

---

130) 제주4·3연구소, 『4·3장정』 6, 1993, 87~88쪽, 필자 요약.

정남두의 『사암록』에도 이 증언과 비슷한 기록이 있다. 정남두는 당시 사찰중대에 근무한 경찰 출신이며 김씨를 직접 조사하고 전향시켰던 인물이다. 즉 『사암록』의 잔여 유격대에 관한 기록은 당시 김씨의 증언에 의한 것이었다. 그런데 약간씩 내용이 다르다. 『사암록』에는 "1949년 봄 대토벌 이후 분산 은신하던 유격대원들이 6·25 발발 소식을 듣고 1950년 7월 한라산 남쪽 소위 '마채악'에 집결했는데 이때 인원은 60명이며 무기는 소총 40정여 정"이라 했다.[131] 집결 시기와 인원, 무기 수량에서 차이가 있다. 또 숙청 동기도 『사암록』에는 "북한 인민군이 남침했으므로 당장 공격을 개시하자는 허영삼, 김성규 등이 인민군의 제주도 상륙전 공격은 우리들만 희생된다는 온건적 주장을 한 기존 지도부 송원병, 백창원, 고승옥을 숙청했다."며 김모씨의 증언과 비슷하지만 조금 차이가 있다. 아무튼 그 이후에도 도당책, 조직책, 군사부책 등 기존 최고 지휘부를 잇는 조직체계는 일정 기간 유지했던 것 같다.

1951년 3월의 유격대 조직은 사령관 허영삼(남로당 제주도 당책 겸임, 안덕 출신), 유격대 부대책, 작전참모, 훈련관 등 간부와 제11지대(3개조 14명), 제50지대(3개조 18명), 제1지대(3개조 14명), 제7지대(3개조 14명) 등 총 64명으로서 지휘부와 4개 지대로 편성되었다.[132]

이 자료 이후 조직상의 변화나 실태를 파악할 수 있는 자료는 거의 없다. 다만 "1950년 3월에 유격대 야전병원을 습격해 병원장을 사살"

---

131) 정남두, 『사암록』, 2011, 43쪽.
132) 4·3위원회, 『4·3진상보고서』, 2003, 343쪽.

했다는 기록[133])으로 미루어 유격대가 분산 도피생활 중에도 야전병원이 있었고, 1952년 4월까지도 의무반이 있었음을 알 수 있다.[134] 『사암록』에는 시기를 특정할 수 없지만 마을을 습격할 때 '전투조', '탈취조', '청소년 납치조'를 편성해 행동을 개시했으며, '청소년 납치조'는 유격대 인력 확충을 담당했다고 서술했다.[135] 또한 1952년 하반기에 이루어진 육군훈련소 작전명령을 통해 유격대가 1951년 3월과 같이 4개 지대로 각각 분산 배치되어 경찰과의 충돌을 회피하며 주민 납치에 주력하고 있음을 알 수 있다. 육군 측은 이 시기 유격대의 전투능력 및 사기가 양호하다고 파악하고 있었다.

제1훈련소 작전명령 제10호 정보부록(1952년 12월 26일)[136]

1. 적정개요

a. 적은 구잔비 15명, 피납치자 39명, 계 54명, 장비 48정, 4개 지대로 편성되어 있으며 제11지대(전투부대)는 동부 미악(BM84.5~97.5) 일대, 제12지대(전투부대)는 서부 한대악(BM60.7~92.9), 노고악(59.5~96.6) 일대에 각각 분거, 경찰과의 정면충돌을 피하여 수시 아지트를 이동하면서 후방부락의 기습과 민심을 동요시켜 경찰의 토벌작전을 방해하고 있음. 제8지대(지휘통솔부)는 중앙부 성판악(BM76.2~94.7), 어후악(BM76.4

---

133) 해병대사령부, 『해병전투사』, 21쪽.
134) 《제주신보》(1952. 4. 19.).
135) 정남두, 앞의 책, 45쪽.
136) 4·3위원회, 『4·3자료집』 5권, 33쪽.

~96.5) 일대에 분거하여 5지대를 예비부대로서 보유하고 수시 동서로 증원시키고 있음. 최근 납치된 11명은 입산 시일이 천박하여 제5지대에서 교양과 훈련을 받고 있는 것으로 추측됨.
  b. 적은 11월 중 대규모적으로 감행한 보급투쟁에서 1953년 2월 중순까지 월동할 수 있는 소요 보급품을 완전히 확보하였음.
  c. 적은 소규모의 후방부락 기습 또는 아(我) 주보급로에 대하여 위협을 가함으로써 경찰작전의 방해와 군부에 대한 타격을 줌과 동시 후방치안의 교란 및 민심동요를 기도하며 부가적으로 월동보급품 수요에 대비하면서 토벌기간 극복에 전력을 경주할 것으로 사료됨.
  d. 적의 전투능력 및 사기 양호

이렇듯 잔여 유격대는 도피와 탈취, 납치에 급급한 행보를 보이며 도민들로부터 외면당했다. 사면초가에 몰린 것이다. 이러한 상황에서는 무엇보다 생존전략이 우선이었다. 그들이 동원할 수 있는 수단은 주민들로부터 강제로 빼앗거나 납치하는 등 폭력적인 방법밖에 없었다. 일방적 가해자가 되어버렸다. 쫓는 자만 있었을 뿐 그 어디에도 조력자가 없는 신세로 전락된 것이다. 투쟁목표도 점점 희미해져 갔다.137)

잔여 유격대는 5명이 남을 때부터 모였다 흩어졌다를 반복했다. 붕괴를 넘어 최후의 소수 잔존 세력이 되었다. 1954년 2월 16일, 경찰은 "잔비가 5명이며 3명과 2명으로 나누어져 상호 접선 불통 상태"라 발

---

137) 《제주신보》(1952. 12. 6.).

표했다.[138] 실제 그해 11월 13일 서귀포 신효리를 습격할 때 유격대는 2명이었다. 그로부터 며칠이 지난 11월 19일 한림면 귀덕리 4구를 습격할 때는 5명 중 4명으로 다시 합류된 모습을 보였다. 그런데 1956년 4월 3일 체오름에서 경찰과 교전할 때는 5명 중 3명이었고, 정권수 부사령관이 사살되면서 잔여 유격대는 4명이 되었다.

그해 9월 14일 연동을 습격할 땐 4명이 모두 출현했으며, 1957년 3월 21일 한순애가 체포되면서 3명의 유격대가 남게 되었다. 곧이어 3월 27일 김성규, 변창희가 사살되고, 4월 2일 마지막 유격대원 오원권이 생포되면서 제주도인민유격대는 역사 속으로 사라졌다.

4. 면당(面黨)의 조직체계

도당사령부 산하의 면당에 대한 체계는 『투쟁보고서』에 처음부터 면투위(面鬪委), 면군위(面軍委), 면사령부(面司令部) 등의 이름으로 나타난다. 다만 각 면별 구체적 조직도는 별도의 서술이 없다. 이에 따르면 면군위는 유격대·각 세포투위를 이끌고 세포투위에 자위대가 편성되었다. 5·10선거 전후 2차 조직개편부터는 면투위 조직체계는 서술되지 않으며 지대별 편성인원 정도만 기록됐다. 이때부터 각 면투위는 지대에 편성되었다고 볼 수 있다.

어느 시점을 기준으로 증언한 것인지가 불명확하나 당시 입산 경험자의 증언과 자료를 통해 살펴보자.

---

138) 《제주신보》(1954. 2. 16).

〈그림6〉 대정면당사령부 조직체계

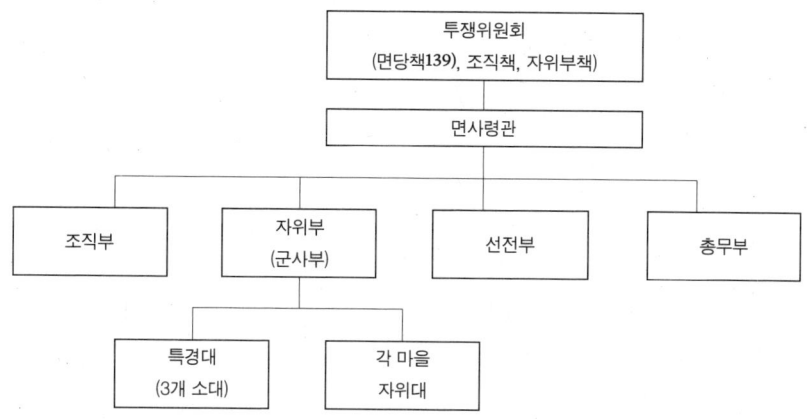

대정면당 중대장 경험자

　대정면당의 자위부책은 가명을 썼고 도당에서 파견했다. 지도원이라고도 하는데 1명이 온다. 고정적으로 한 사람만 오는 게 아니라 면당에서 인선했다. 도당과 마찬가지로 면당에는 케(캡틴=면당책), 조직책, 자위부(군사부)책 세 사람이 결정했다. 총무부는 식량 등의 보급을 담당하고 선전부는 삐라를 만들고 마을에 가서 선전하는 역할을 했는데 학생들이 많았다. 당시 대정면당의 유격대원은 약 30명 정도였고, 다른 면당에 비해 많은 편이었다. 그것은 9연대가 대정면에 있어서 9연대 병사들이 탈영해 유격대에 합류하는 경우가 잦았기 때문이다. 하지만 그들이 가져오는 무기는 모두 도당사령부로 올려 보냈다.

---

139) 원문(『4·3장정』 6, 77쪽)에는 '사령관(캡틴)'으로 표기했는데 증언 내용을 고려하면 면당책임자(면책)로 추정.

특경대는 흔히 말하는 유격대다. 대정면당의 특경대는 3개 소대가 있었는데 1개 소대는 3분대로 이루어졌고 1개 분대의 인원은 3~4명이다. 3개 소대를 거느리는 특경대장은 중대장 격이고 자위부책은 대대장 격이었다. 자위대책은 직접 군사행동에는 나서지 않고 대부분 중대장이 인솔했다.

각 마을별 자위대는 마을의 형편, 즉 좌익세력이 그 이전에 분위기를 다잡아놓거나 단결력이 좋았던 데는 인원이 많았고, 또 큰 마을과 유격대의 영향력이 강했던 중산간 마을이 비교적 그 수가 많았다. 특히 '민주부락'이라고 일컬어지는 마을은 자위대의 조직도 잘 되었다. 하지만 무장을 갖춘 마을 자위대는 거의 없었다.

또한 한림면당에는 '이동부대'가 있어 주변 지역의 응원 요청에 출동하기도 했다. 그만큼 자원이 풍부했다.[140]

한림면당 연락병 경험자

면책 밑으로 총무부, 연락부, 선전부가 있다. 보급부가 마을에서 식량을 탈취하거나 가져오면, 총무부는 식량을 보관하면서 일정 한도로 배급한다. 연락부장 밑으로 6명 있었다. 연락방법은 면책이 연락사항을 작은 종이에 써서 봉인하여 연락병을 통해 연락부장에게 전달(면책과 연락부장은 같은 곳에 없음)하고 이를 다시 연락병을 통해 리책과 정보를 주고받는 방식이다. 면책 위에는 지도원이라고 도당에서 파견된 감독관이 있었다. 연락사항을 최종 검토하고 결재하는 위치였다. 선

---

140) 제주4·3연구소, 『4·3장정』 6, 1993, 75~78쪽, 필자 재구성.

전부(선전원)도 있었는데 인민군대 전과를 가리방으로 등사해서 나눠 줬다. 면책은 유격대하고는 전혀 관계가 없다. 유격대는 도 산하였을 것이다.141)

『4·3은 말한다』 2권
- 면당부는 총기는 거의 없고 죽창 등으로 자위무장을 하면서 유격대가 출동할 때 측면지원을 하는 경우가 많았다. 또 일반 대중과 연대, 식량·의약품·의복 등의 보급품 확보와 토벌대·우익집단 동향에 대한 정보 입수, 대중선전 및 삐라 살포 같은 일을 주로 했다.
- 구좌면당부에는 총책(K동지) 밑에 조직책(O책)·선전책(A책)·총무 등 3개 부서가 있었으며, 조직책이 관장하는 '특행대'가 별도로 조직되어 있었다.142)

미군정 보고서
제주도의 12개 면마다 소규모의 면당본부가 있다. 각 본부에는 지도요원 3~5명이 있다. 이들은 탄약을 총구로 재는 낡은 일본제 훈련용 소총으로 무장하고 있다.143)

---

141) 제주4·3연구소, 『그늘 속의 4·3』, 2009, 150~153쪽, 필자 재구성.
142) 《제민일보》 4·3취재반, 『4·3은 말한다』 2권, 1994, 100쪽.
143) 주한미육군사령부 일일정보보고(1949. 4. 1.).

5. 병력 및 무기

병력은 김달삼 사령관이 지휘하던 초기 최대 500여 명까지 조직되었으나 토벌대의 정규 군인과 경찰에 비하면 매우 적었다. 하물며 토벌대는 서청 등 비정규 세력까지 무소불위의 권력으로 후방 지역에서 도민들을 감시하고 압살하고 있었으니 상대적으로 유격대 병력은 보잘것없었다. 면 지역에서 충분한 자원을 공급했다고 하지만 대부분 체계적인 훈련을 받지 못한 청년층으로 그나마 보급, 연락 등 보조 역할에 많이 배치됐다.

무기는 항상 부족했다. 면 지역 자위대에게는 소총 단 몇 자루가 전부였다. 9연대 병사 입산으로 조금 보충되고, 지서 습격, 군 차량 공격 등으로 무기를 확보하지만 특히 빈약한 탄환은 항상 문제였다.

(1) 김달삼 사령관 시기

최초 봉기 인원이 3천 명이었다는 주장도 있으나 상황은 그렇지 않았다. 앞서 살폈듯이 최초 봉기 인원은 320명이며 이들 중 무장을 한 인원은 극소수에 불과했다. 초기 5차에 걸친 조직정비에 의해 7월 말에는 도사령부 35명, 통신대 34명, 유격대 120명, 특무대 320명으로 501명이 조직되었다. 조직체계 변화에 따라 총인원이 늘었으나 총기를 가질 수 있는 실질적인 전투부대인 유격대는 봉기 최초 100명에서 7월 말 120명으로 큰 변동이 없었다.

이를 통해서도 확인되지만 1948년 7월 말까지만 해도 남로당 제주도당은 전투조직인 유격대의 참가 인원을 수시로 조정할 수 있을 정도의 탄탄한 조직기반을 갖추었고, 각 면은 충분한 인원을 제공하고 있었다. 또, 이 시기 중산간 지역은 거의 유격대에 의해 장악되고 주민들도 호응했다. 뿐만 아니라 당으로부터 입산해서 활동하라는 명령이 오면 영광으로 생각하던 시기였다.[144]

반면 각 마을별로 인원을 할당해서 올려보내게 했다는 증언도 있다.

> 당시 산쪽에서는 '큰 마을은 2명, 작은 마을은 1명의 청년을 차출해 올려 보내라.'고 마을 유지들에게 명령했다 합니다. 이에 금성리 유지들은 회의 끝에 송○○ 씨를 지목했고, 송 씨는 마을을 대표해 산에 올랐다는 겁니다.[145]

이로 봤을 때 봉기 초기 유격대 인원 선발과 충원은 도사령부의 편성지침에 의거하여 각 면당본부 중심으로 이뤄졌고 지역별 사정에 따라 유격대 충원 방식이 조금씩 달랐을 것으로 짐작된다.

한편 봉기 초기 9연대 병사들의 탈영 입산은 유격대 측으로는 상당히 고무적인 일이었다. 7월 24일까지 해안경비대 1명 포함 75명이 탈영 입산했다. 이 중 1948년 5월 21일 탈영 직후 피검된 22명과 도주한 1명을 제외한 52명이 유격대에 편성되었다. 유격대는 입산하는 경비대 사병들을 우대했는데, 비교적 체계적인 군사훈련을 받았다는 점과 총기를 다룰 줄 알았다는 점을 높이 평가한 것이다. 특히 제주도의 지리를 잘 모르는 타 지역 출신 병사들은 제주 출신들로부터 일정한 보

---

144) 장윤식, 앞의 논문, 42쪽.
145) 《제민일보》(1998. 10. 9.).

호를 받을 수 있었다.

그런데 유격대의 초기 병력과 관련하여 경비대의 탈영은 중요한 의미를 갖는다. 즉, 총기를 소지한 유격대 병력이 120명 안팎이었는데 그중 경비대 탈영자가 거의 반수에 근접한다는 것이다. 따라서 경비대의 탈영은 유격대의 전투력 향상과 무기 및 대원 확충에 상당한 영향을 미쳤다고 할 수 있다.[146]

국방경비대원 탈영이 유격대에 미친 영향에 대해서는 뒤에 다시 한번 살피고자 한다. 경비대원 탈영과 지서 습격 등에 의해 총기 및 탄환을 탈취하면서 무기가 증가했지만 부족하기는 마찬가지였다. 일본군이 쓰던 총 두 자루로 대정지서를 습격했다는 한 증언자는 "9연대 입산 등으로 무기가 늘었음에도 30여 명의 대원을 거느린 면당 특경대의 무기가 카빈 5정 정도였다. 다만 도당 소속 부대원들은 M1, M2, 카빈2 등도 있었다."고 했다. 하지만 일반적으로 사용하는 유격대의 총기는 99식 일제 소총이 주류를 이루었다. 탄환도 항상 부족했다. 이에 유격대는 실제 습격이 계획될 때만 실탄을 지급했다. 그리고 총을 소지한 대원은 습격이 끝난 뒤 사용하지 않은 실탄을 반납하라는 명령을 받았다.[147]

초기 빈약한 무기를 짐작할 수 있는 증언과 자료가 있다. 1948년 5월 14일 유격대의 한림리 습격 당시 함께 했던 경험자는 "그날 금악·명월 등지 산 쪽에서 60명 가량, 나머지 마을에서 40명 가량 모였지만 총기는 99식 소총 1정뿐이었고 나머지는 죽창이 고작이었습니다."라

---

146) 장윤식, 앞의 논문, 42~43쪽.
147) 장윤식, 앞의 논문, 43쪽.

〈사진11〉 압수된 유격대의 무기들(1948.5.1. 사진. 『4·3진상보고서』)

했다.[148] 100여 명이 모여 한림지서와 우익인사를 공격했다는 한림리 습격은 『4·3무장투쟁사』에서 "허다한 전투 중에서 가장 빛나는 대중적인 항쟁의 승리"[149]라고 추켜세웠는데 총은 고작 99식 소총 1정이 전부라니 믿기지 않는 실정이었다.

다음은 한림면당 관련 또 다른 증언이다.

> 당시 무장력은 아주 보잘것없었는데, 한림면 특경대가 99식 총 4~5자루 정도였고, 다른 면 유격대는 죽창이 유일한 무기여서 "총이 15자루만 있으면 군인이고 경찰이고 다 이길 수 있겠다."고 아쉬워하는 얘기를 많이 들었어. 나중에 9연대 군인 6명 정도 합세했어.[150]

이렇듯 유격대의 무기는 빈약해도 너무 빈약했다. 그리고 총기 한

---

148) 《제민일보》 4·3취재반, 『4·3은 말한다』 3권, 1995, 37쪽.
149) 김봉현·김민주, 앞의 책, 129~131쪽.
150) 제주4·3연구소, 『제주항쟁』, 1991, 267쪽.

자루 없는 면당부대가 있다는 게 상식적으로 이해할 수 없을 정도다. 이 상태로 무장봉기를 감행해서 이길 수 있다고, 의분(義憤)만의 맨손과 죽창으로 막강 미군이 지원하는 정규군의 무력을 돌파할 수 있다고 보았을까. 아무리 생각해도 무모함이 엿보이는 대목이다. 급기야 제주 현장을 취재한 기자조차 이를 안타깝게 보도하고 있었다.

> 곤봉, 구시대의 엽총, 일본도, 죽창, 철창 등 … 빈약하기 짝이 없는 그들의 무기, 이로써 최신무장에 생명을 걸고 버티고 나서야 할 절대성을 도대체 어디서 찾아야 하며…151)

(2) 이덕구 사령관 시기

조직체계도 마찬가지지만 김달삼 사령관이 제주를 떠난 후의 유격대 병력, 무기현황에 대해서도 이를 엿볼 수 있는 자료가 많지 않다. 군경이나 미군정 자료가 간헐적으로 나오나 문제는 토벌대에 의해 사살당한 사람 모두 '폭도'로 간주하여 그 수를 헤아리는 것이다. 또한 1949년 봄 대규모 귀순행렬을 이루었던 피난 입산자도 '폭도'나 '공비'였다. 젖먹이 어린아이도, 60대 노인도, 부녀자도 그들에겐 전과로 포장할 '적'이었다. 이를 뒷받침하는 미군 보고자료도 있다.

> 제9연대는 모든 중산간마을 주민들이 분명히 게릴라에게 도움과 편의를 제공하고 있다는 가정 아래 마을 주민에 대한 집단학살계획을

---

151) 《신천지》 1948년 7월호.

채택했다. 1948년 12월까지 9연대가 점령했던 기간 동안 섬 주민들에 대한 대부분의 살상이 발생했다. … 9연대의 무차별적 진압작전은 새로운 폭도 합류자들을 양산해냈다. … 그러자 제2연대는 다소 공격적이 되었다. 그러나 그들의 행위는 주로 폭도부대를 도와준 혐의를 받고 있는 해안마을 주민들에 대한 반격조치에 한정됐으며 주민들은 종종 재판 없이 대규모로 한꺼번에 처형당했다.152)

이 시기(1949년 3월 27일 기준) 유격대의 조직과 병력, 무기 등을 종합 보고한 미군정 자료를 소개하면 다음과 같다.

반란군

현재 무장폭도들은 약 250명 정도 남아 있는 것으로 추정된다. 이들은 산에 은신해 있는 1,000~1,500명의 지원자나 동조자들에 의해 뒷받침되고 있다. 폭도의 위치와 조직은 매일 바뀐다. 3월 27일 현재 파악되는 전투 서열은 다음과 같다.

폭도 지도자

- 김시원(KIM Shi Won), 35세, 공산당 지도자, 군대 경험이 없는 제주도 토박이
- 이덕구(LEE DUK KOO), 32세, 무장폭도 부대 지도자, 한때 일본 육군에 복무
- 김평호(KIM Pyung Ho), 전 한국군 제9연대 장교. 탈주 후 〈중략〉 폭도

---

152) 주한미육군사령부 일일정보보고(1949. 4. 1.).

훈련학교 지휘자가 됨.

폭도부대와 부대 위치

- **폭도 제12군단:** YONG DIM SAW(966-1138)에 위치. 일본제 99식 소총 72정, M-1 소총 10정, 카빈소총 15정, 브라우닝 자동소총 3정으로 무장한 대원 100명으로 구성.
- **폭도 제8군단:** 성판악에 위치. 대원 100명 중 30명은 비무장. 일본제 99식 소총 50정, 카빈소총 10정, M-1 소총 6정 보유.
- **폭도 제23군단:** 좌표 955-1132 지역의 산악에 위치. 일본제 99식 소총 10정, 카빈소총 1정, M-1 소총 1정으로 무장한 대원 12명으로 구성.
- **폭도 제3군단:** TOL Oram(944-1131)에 위치. 대원 30명 중 20명은 비무장. 99식 소총 8정, M-1 소총 1정, 카빈소총 1정 보유.
- **훈련소:** 산중(958-1138, 물장오리 지역: 역주)에 위치. 소규모 파견대로 약간 양의 무기만 보유.
- **도당 사령부:** 좌표 955-1144 지역의 산악에 위치. 폭도 약 50명으로 구성되어 있는 것으로 추정되나 무장인원은 극소수. 3월 26일 한국군이 도당 사령부를 공격해 폭도 11명을 사살하고 4명을 생포함. 이때 소총 1정과 라디오 1대, 모아 놓은 무기 일부 노획.
- **면사령부:** 섬의 12개 면마다 소규모의 면당 본부가 있음. 각 본부에는 지도 요원 3~5명이 있음. 이들은 탄약을 총구로 재는 낡은 일본제 훈련용 소총으로 무장하고 있음.
- **비무장 폭도 지원자:** 산악지역 곳곳에 흩어져 있으며 그 숫자는 1,000~1,500명 정도로 추산됨. 3월 2일 이래 폭도 지원자 중 300명이 사살당했고, 1,500명이 생포되어 현재 구류 중임.

게릴라 병참술

현재 게릴라의 가장 시급한 문제는 탄약 부족이다. 노획하고 탈취한 식량은 풍부하다. 일본 군대가 남긴 동굴은 꽤 안전한 은신처가 되어 주고 있으나, 탄약 공급에 대한 대책이 없다. 한국군으로부터 노획한 경기관총 3정과 박격포도 탄약 부족으로 무용지물이 되어 버렸다. 생포된 폭도들에 따르면 현재 탄약 저장량은 M-1 소총 실탄 800발, 카빈 소총 실탄 90발, 일본제 99식 소총 실탄 400발에 불과하다 한다. 노획한 미제 무기의 탄약은 토벌대로부터 탈취하는 것이 유일한 공급원이다. 그러나 폭도들은 99식 소총의 경우 실탄 2,000발 정도의 재장전 설비를 보유하고 있는 것으로 보인다.

일부에서는 폭도들이 본토나 북한으로부터 병참지원을 받고 있다는 소문도 있으나 이러한 보고를 증명할 아무런 증거도 없다.[153]

(3) 잔여 유격대 시기

잔여 유격대 시기는 상대적으로 인원이나 무기 등 파악이 구체적이다. 납치에 의해 충원되기는 하지만 전에 비해 훨씬 소수만 남은 상태에서 토벌대의 '적정' 파악이 쉽고, 경찰의 귀순공작에 의해 많은 유격대가 귀순하여 그 정보를 제공하기 때문이다. 1949년 말 이후 잔여 유격대의 인원과 무기 등은 공식 발표 자료나 보고자료, 신문기사를 통해 살펴본다.

---

153) 주한미육군사령부 일일정보보고(1949. 4. 1.).

<표2> 잔여 유격대 시기 인원과 무기

시기	병력		무기	출처
	인원	구성		
1949. 말	약 40명		소총 7정	A(88)
1950. 1월	약 100명	무장 30명, 비무장 70~80명		B(20)
1950. 7월	60명		소총 40정	C(43)
1951. 1월	약 80명			B(23)
1951.04.19.	75명	남 54, 여 21		D(384)
1951.07.31.	119명	기존 77명(남 70, 여 7)+납치 42명(남 15, 여 27)		E(637)
1951.09.30.	119명	기존 66명(남 59, 여 7)+납치 53명(남 26, 여 27)		E(649)
1951.10.07.	102명	기존 50명(남 42, 여 8)+납치 52명(남 25, 여 27)	총기 49정(카빈, M1, 다발총, 소식장총, 일본제 38식, 99식 등), 수류탄 10발	E(658)
1951.10.27.		제주경찰서 관내	다발총1 M1 2 소련총 4, 카빈 9, 99, 38식 21, 수류탄 1, 전투모 15	E(666)
1951.10.31.	124명	기존 66명(남 59, 여 7)+납치 58명(남 31, 여 27)		E(656)
1952.03.18.	77명	무장 42, 비무장 35		F(52.3.18)
1952.05.16.	65명	무장 30, 비무장 35	소화기 30	G(52.5.16)
1952.05.28.	69명	기존 40+납치 29(여자 25명 포함)	CAR 19, M1 2, 다발 1, 쏘식 2, 99식 7, 44식 2, 38식 7, 계 40정	G(52.5.28)
1952.06.01.	68명			H(52.11.19)
1952.08.11.	63명	기존 21(여자 4명 포함)+납치 42		H(52.8.1)
1952.10.06.	77명	무장 39, 비무장 38	소화기 37	G(52.10.6)
1952.11.17.	44명			H(52.11.19)

시기	병력		무기	출처
	인원	구성		
1952.12.26.	54명	기존 15, 납치 39		I(52.12.26)
1953.01.15.	79명	무장 41, 비무장 38		G(53.1.15)
1953.04.09.	48명	무장 33+비무장 15 ※비무장 15명 전부 여자		G(53.4.9)
1953.04.12.	약 30명			H(53.4.12)
1953.04.23.	45명	무장 31, 비무장 14	중화기 1, 소화기 29	G(53.4.23)
1953.05.18.	52명	무장 29, 비무장 23	소화기 27, 중화기 1	G(53.5.18)
1953.11.20.	12명			H(53.11.21)
1953.12.01.	11명	기존 5, 납치 6		H(53.12.3)
1954.01.14.	6명			H(54.1.15)
1954.02.15.	5명			H(54.2.16)
1956.04.03.	4명	부사령관 정권수 피살		H(56.4.5)
1957.03.21.	3명	한순애 생포		H(57.3.23)
1957.03.27.	1명	사령관 김성규, 유격대원 변창희 피살		J(57.3.29)
1957.04.02.	소멸	오원권 생포		H(57.4·3)

A: 『4·3장정』6 / B: 『해병전투사』/ C: 『사암록』/ D: 『되돌아 보는 6·25전쟁과 제주도』
E: 『제주4·3사건 추가진상자료집-4·3 관련 경찰자료』/ F: 치안국 제주도잔비섬멸계획서
G: 육군 정기 정보보고 / H: 《제주신보》/ I: 육군훈련소 작전명령 / J: 《조선일보》

(4) 유격대 병력의 외부 유입설

한편 탈영한 9연대 병력 유입 외 외부세력이 제주도인민유격대에 병력을 지원하거나 파견하고 있다는 발언이나 보고가 당시에 적지 않게 있었다. 이에 대해 『4·3진상보고서』는 "경찰과 미군정에 의해 육지부에서 침입한 악질 불량 도배들, 남조선 각지로부터 백정을 모집, 중국 팔로군 출신이 개입, 북한군 유입, 소련군 개입, 일본 공산당원 유입 등 외부 유입설이 간간이 터져나왔고 이는 파문을 일으키며 강경진압작전에 활용되었을 뿐 결국 모두 허구임이 드러났다."고 했다.[154] 아래 미군정 보고도 이를 뒷받침하고 있다.

> 일부에서는 폭도들이 본토나 북한으로부터 병참지원을 받고 있다는 소문도 있으나 이러한 보고를 증명할 아무런 증거도 없다. 한국 해군 함정의 지속적인 순찰과 공중 정찰 및 경찰의 해안 마을에 대한 빈틈없는 방어는 외부지원 가능성을 차단하고 있다.[155]

6. 유격대 와해와 하산명령

1948년 10월 여순사건 발발 이후 유격대는 공세를 강화하는 양상을 보였다. 하지만 10월 29일 고성리 전투를 계기로 경비대 군인들의 토벌과 직접 맞닥뜨려야 했고, 토벌대의 중산간 초토화작전으로 보급

---

154) 4·3위원회, 『4·3진상보고서』, 2003, 174~178쪽, 필자 요약.
155) 주한미육군사령부 일일정보보고(1949. 4. 1.).

도 원활치 못하면서 인명피해도 늘었다. 우익단체 및 경찰, 비협조자에 대한 유격대의 공격도 이어졌고, 특히 11월 28일 남원면 남원리·위미리와 12월 3일 구좌면 세화리 등 무차별 습격과 방화·민간인 살해를 자행하며 주민들과의 유대를 더욱 멀어지게 하였다. 또한 토벌대의 민간인에 대한 광란의 학살극도 유격대와 주민 간의 접촉을 원천 차단했다. 이제 주민들은 유격대의 침입을 방어하기 위해 보초를 서고 자의반 타의반 토벌에 직접 나서 유격대와 대적하는 관계로 변화되기 시작했다.

> 12월 14일 경비대가 모슬포, 서귀포, 남원리와 한라산 정상 부근에서 폭도를 제거하기 위한 4개 지구 합동작전을 벌이는 동안 3,000명의 주민들이 경비대를 도왔다. 작전 결과 폭도 105명을 사살하고, 99식 소총 10정과 다량의 식량을 노획했다. 경비대와 주민 사상자는 알려지지 않았다.[156]

열렬한 동조자이자 활동가, 지지자였던 학생들도 돌아서기 시작했다. 우익진영 학생들은 재빨리 '학생연맹(학련)' 제주지부를 조직해 토벌대에 가담했다. 일부 지역에서는 서청이나 경찰에 버금가는 무소불위의 완력을 휘두르며 동료 학생 및 주민들을 괴롭히기도 했다. 또한 과거 좌익활동을 하던 학생이 학련에 들어가 더욱 악랄하게 토벌 진영에 협조하는 과잉충성 양상도 보였으며, 이는 애꿎은 주민 희생으로 나타나기도 했다.

---

156) 주한미육군사령부 일일정보보고(1948. 12. 16.).

4·3사건이 군경 측에 유리하게 돌아가니 학련이 각 중학교마다 '전국학련 ○○분회'를 만들고 좌익 학생들을 잡아다 두들겨 패고 혼을 냈다. 학련에 들어가지 않으면 좌익 학생으로 몰려서 혼이 나게 마련이다.[157]

유격대는 도피자가족으로 해안마을에서 날마다 죽어 나가는 주민들을 구출하기 위해 지서를 공격하고 군부대를 공격했지만 역부족이었다. 결정적으로 1949년 1월 12일 의귀리 전투에서 대패하면서 심각한 전력 손실을 입었다.

이렇게 전세가 기울었다. 주민들이 군경에 협조하지 않는다는 것은 적어도 겉으로 있을 수 없었다. 시절이 바뀌었다. 민중이 유격대의 곁을 떠나면 결정적으로 힘의 약화를 가져올 수밖에 없다. 단순히 유격대의 품에서 떠난 것이 아니라 충돌과 대립 당사자가 되어버렸다. "일주일만 참으면 해방된다!"는 선전선동도 더 이상 먹히지 않았다.

연락병으로 다니는데 관음사 인근의 피난 주민들 틈에서 하룻밤 자다 보면 "내일 해방된다 해도 이건 다 거짓 선전밖에 아니지 않느냐? 이건 거짓말이다. 도저히 자신이 없다. 숨어서 어떻게 싸우겠느냐?" 이런 얘기들이 많았어.[158]

---

157) 현용준, 『한라산 오르듯이』, 2003, 197쪽.
158) 제주4·3연구소, 『이제사 말햄수다』 1권, 1989, 86쪽.

1949년 3월 2일 제주지구전투사령부가 들어서 군경민 합동대토벌과 귀순공작을 병행하면서 유격대는 급격하게 와해됐다. 추위와 굶주림도 입산자들의 동요를 부채질했다. 대부분의 보급로가 막혔으며 계속되는 대규모 토벌로 은신처 혹은 유격대 근거지가 낱낱이 토벌대의 정보망에 잡히기 시작했다. 귀순 권고문이 산에 온통 뿌려졌다. 실제 하산한 사람들을 즉결 처형시키지 않음을 확인하고 지도부는 피난주민들에게 하산을 권고한다.

> 그때는 군인, 경찰이랑 온 사람들이 백록담까지도 올라와서 대토벌을 할 거라는 소문이 돌았지. 간부들도 "큰일났다. 그냥 있으면 다 죽는다. 몇 사람씩 짝을 짓고 피난민들 하고 같이 마을로 내려간다." 이렇게 된 거라. 우린 3명씩 조를 짜고 내려오는디, 나하고 한 조가 된 사람은 도선전부장하고 중앙에서 내려온 오르그라… 우린 귀순하는 것도 아니고 그냥 내려오는 거라. 피난민들은 귀순도 했지만 선전부나 조직부는 귀순이랜 헌 건 없어. 그냥 내려오는 거라.[159]

> 산에서 피신생활 하다가 4월 14일경인가? 일반 부동층은 위에서 명령이 있었어. "일반 부동층은 이제 내려가도 죽이지 않으니까 내려가도록 하라." 하는 명령이 있었고, 그러니까 이제 전부 다 내려보냈어. 내려보내고 활동층만 남아 있었는데, 활동층도 거기 남아 있을 수가 없지. 자체적으로 해결할 수 있는 식량 같은 거 있는 게 아니니까. 부

---

[159] 제주4·3연구소, 앞의 책, 50쪽.

동층 내려보내서 한 2~3일 더 있었는가? 2~3일 더 있다가 "내려가자, 내려가서 식구들이라도 보고 죽어야 되지 않겠느냐." 위에서도 내려가도록 권고를 했고, 그래서 이제 죽을 각오를 다 하고, 바로 내려왔어. 월평사람들만 한 15명이 같이 내려왔어.[160]

그때 주장은 싸우지 말고 피허자고 한 거지. 그때 도당 간부들과 면당 간부들이 모여서 대항해선 안 된다. 피해야 한다고 결정한 거지. 그래서 간부들만 무장을 하고 나머지 사람들은 무장을 다 해체시키고 면당별로 피하라고 한 거야. 그래서 무장을 다 풀고 분산적으로 자기네끼리 안심되는 곳으로 가서 피신을 했어. 그때 식량은 없고 배때기는 고프고 하니 그다지 멀리 피신은 못 가지.[161]

위의 여러 증언에서 확인할 수 있듯이 피난 입산 주민은 물론 자위대 수준의 활동을 하는 비전투원에게는 사실상 하산하라고 하고 유격대원들에게는 "무기를 비장하고 3인 1조로 은신하되 지시가 있을 때까지 활동을 멈추라!"고 지시했다. '귀순'이 아닌 '은신'하며 각자도생하라는 것이었다.

왜 '해산'이나 '귀순'을 택하지 않았을까. 거기엔 하나의 답만 유추할 수 있다. 아직 조국 통일이 이루어지지 않았기 때문이다. 정부 수립 후 막강한 물리력을 앞세운 토벌대의 강경진압작전이 구체화되면서 유격대가 봉기 목표로 내걸었던 '경찰·서청의 탄압 저지'는 넘을 수 없는

---

160) 강○문(남, 1928년생, 제주 월평) 증언.
161) 제주4·3연구소, 『4·3장정』 6, 1993, 85쪽.

〈사진12〉 하산민(강요배 作)

산이 되어버렸다. 경찰지서를 공격하고 서청을 지목해 테러를 가해도 돌아오는 것은 가공할 보복이었다. 감당하고 무너뜨릴 수 있는 수준이 아니었다. 남은 것은 '단독선거 반대, 즉 통일정부수립'이었다. 어떻게 그 목표를 이룰 것인가라는 방법이 무엇이었든 '조국통일'이 유격대에게 남은 유일한 목표가 된 형국이었다. 또한 이런 상황에서 끝까지 결사항전을 외치는 유격대원에게는 해산이나 귀순 지시가 먹히지도 않았을 것이다.

또 하나, 지도부는 왜 유격대원들에게 무장을 해제하라고 했을까. 그것은 불필요한 충돌을 피하면서 유격대원들에게도 자연스럽게 하산을 유도하자는 것으로 해석할 수 있다. 생각해보자. 비무장으로 은신, 도피하다 토벌대의 수색에 걸리면 취할 수 있는 방법은 도망치다 총 맞아 죽거나, 아니면 두 손 드는 것밖에 방법이 없지 않은가. 실제 도당 선전부장이 중앙당 오르그와 함께 하산하고, 활동층도 거리낌 없이 귀순하는 상황은 '은신'하고는 거리가 멀었다. 누가 귀순을 하고 하산을 해도 말릴 수도 없고 이상하지 않은 상황에 다다랐다. 실제 유격대 주요 간부 다수가 귀순하기도 했다.[162]

왜 이런 애매모호한 상황이 벌어지고, 왜 이런 선택을 했을까? 가장 큰 문제는 식량 등 활동에 필요한 가장 기본적인 보급품의 부족이었다. 이때는 피난 입산자들도 마을별로 야산에 은신 중이었다. 그만큼 많은 보급이 필요하나 중산간이 초토화되면서 가까운 보급선을 상실했고, 그나마 마을 인근에 비장했던 식량은 1948년 겨울을 보내면서 유격대, 피난민, 토벌대에 의해 고갈되었다.

둘째, 1949년 3월 2일 제주지구전투사령부의 등장을 들 수 있다. 유재흥 대령의 전투사령부는 1949년 3월 1일을 기해 섬멸전을 계획하여 한 달 동안 대대적인 군사작전을 예고했다.[163] 실제 2연대는 3월 중순 대규모 토벌을 감행했다. 전투사령부는 강력한 토벌과 함께 피난 입산 주민들을 귀순시키기 위한 대대적인 작전을 펼친다. 비행기를 통해 삐라를 살포하는가 하면 귀순한 주민이나 생포한 유격대를 길잡이로 아직 남아있는 주민들을 설득하여 귀순을 권고하기에 이른다. 귀순공작은 피난 입산 주민들만을 대상으로 한 것은 아니었다. 유격대원도 그 대상이 되었다.

---

162) 《조선일보》(1949. 4. 19.).
163) 《경향신문》(1949. 6. 29.).

셋째, 현실적으로 버틸 힘이 없었던 것도 주요 원인이었다. 중산간 초토화와 더불어 피난 입산민의 열악한 생활환경은 한계에 다다랐다. 죽으나 사나 하산할 수밖에 없었다. 그들을 귀순시킬 경우, 유격대의 충원이나 보급 등에 심각한 문제를 가져온다. 그럼에도 하산과 귀순을 권고하거나 지시할 수밖에 없었다.

하지만 '무기를 비장하고 3인 1조 은신, 도피' 지시가 사실상의 하산 명령이라는 해석에 반하는 자료와 증언도 상당수 존재한다. 무엇보다 유격대가 대토벌기와 한국전쟁을 거치면서도 한라산에 존재했다는 사실이 이를 입증한다. 또, "체포된 한 폭도 지도자는 동료들의 현재 (1949년 4월 1일) 정책은 경비대가 철수할 때까지 숨어 있는 것이라면서 그때가 되면 공격을 재개할 것이라고 말했다."[164]는 미군 보고자료가 있다.

무엇보다 이덕구 사령관의 마지막 행적과 그의 발언을 들 수 있다. 북촌리 여맹위원장 일행은 "무장해제하고 단위별로 은신하라."는 지시에 따라 리단위 투쟁위원회로 묶어 다니다 흙붉은오름으로 모이라는 연락을 받았다. 북촌리 투위가 은신해 있던 체오름을 출발해 흙붉은오름으로 갔다. 여기저기서 사람들이 모여들었다. 그때 이덕구 사령관이 말했다.

제가 고문당해서 귀가 한쪽 멀어 그동안 여러분의 입 모양을 보고 말을 알아들었습니다. 우리는 모두 열심히 싸웠습니다. 이제 제주에서는

---

164) 4·3위원회, 『4·3자료집』 5권, 125쪽.

끝이 될 것 같습니다. 그러니 어느 사람이 먼저 죽을지 아무도 모릅니다. 이제는 각자 자기가 맡은 것을 위해 싸울 수밖에 없습니다. 이제 내가 동무들을 지도할 수도, 더 이상 모여 다닐 수도 없습니다. 이렇게 있다가 오늘밤도 어느 친구가 먼저 갈지 모릅니다. 서로 배고프고 춥기는 마찬가지니까 주먹 불끈 쥐고 잡힐 때까지 자기 몫을 위해 싸워주십시오. 제가 죽어도 영혼이 동무들과 최후까지 남아 같이 싸울 것입니다. 마지막 부탁은 먼저 간다는 것을 원통하게 생각하지 말고 우리 뒤에 사람이 있다는 것을 항상 생각하고….165)

결사항전을 역설한 것이다. 그럼에도 도당과 유격대의 와해는 가속화됐다. 대부분의 피난 주민과 지원 세력이 하산했고, 4월 21일 도당 사령부를 급습한 토벌대에 당책 김용관이 사살되고 조직책 등 간부 7명이 검거되면서 당 지도부가, 그리고 6월 7일 이덕구 사령관이 사살되면서 유격대도 사실상 와해됐다.

7. 제주도인민유격대 지도부(사령관) 계보

역대 유격대 사령관 계보는 1대 김달삼 사령관 이후 오리무중이다. 자료나 증언이 없어서가 아니라 일목요연하게 정리할 수 없을 정도로 중구난방이기 때문이다. 『4·3무장투쟁사』에는 2대 사령관이 김대진이라 하나, 대부분의 자료(『제주경찰사』 등)나 증언은 김달삼에 이어 이덕

---

165) 양경인, 『선창은 언제나 나의 몫이었다』, 2022, 60~61쪽.

〈사진13〉 관덕정 광장 앞에 내걸린 이덕구 사령관 시신

구가 사령관을 맡았다고 했다. 이 밖에 신문자료나 육군 보고에도 '총사령', '두목', '군사부책', '수괴' 등의 용어로 사령관 이름이 오르내리나 이들 자료를 엮어 계보도를 작성하기는 불가능했다. 또한 아무리 무장투쟁 시기이지만 도당책(島黨責)에 대한 언급은 그다지 많지 않다. 엄연히 핵심 지도부에 군사부책(사령관)과 더불어 당책이 있었음에도 그러하다. 이를 같이 풀어야 지도부 계보를 면밀히 살펴볼 수 있는데 관련 자료는 부실하다.

아무튼 주어진 자료를 토대로 4·3 시기 남로당 제주도당 책임자와 역대 유격대 사령관 계보를 표로 만든다면 다음과 같다. 다만 추측이 가미됐음을 밝힌다.

〈표3〉 4·3 시기 남로당 제주도당 당책 및 유격대 사령관 계보

구분	시기	도당 책임자	유격대 사령관	출처
1대	4·3봉기~1948.8.(해주대회 참가)	강규찬	김달삼	
2대	~1949.6.	김용관(1949.4.21. 피살)	이덕구	『제주경찰사』316쪽.
3대	~1950.7.	송원병	고승옥	『사암록』43쪽.
4대	~?	허영삼	김의봉	『4·3장정』6, 88쪽.
5대	1951.3. 현재	허영삼	허영삼	『4·3진상보고서』343쪽.
6대	1952.5.16.~1953.5.18.	김의봉 (필자 추정)	김성규	육군 정기 정보보고(『제주4·3사건자료집』5권, 53~62쪽)
	1953.4.15.~1957.3.27.(최후)	김성규 (필자 추정)	김성규	《제주신보》(1957.3.23.), 《조선일보》(1957.3.29.)

○ 가장 정리되지 않는 부분은 김의봉이다.
○ 『4·3장정』6은 1950년 7월 고승옥 등 숙청 이후 김의봉이 군사부를, 허영삼이 캐(당책)를 맡았다고 했다.
○ 그리고 《제주신보》 기사에는 1952년 12월 6일 현재, 김성규가 총사령이며 직전 총사령은 허영삼이라고 적시했다.
○ 김성규 직전 사령관이 허영삼이라는 기사는 미군 보고자료를 토대로 작성한 『4·3진상보고서』내용과도 일치한다. (허영삼의 피살 일자 불명)
○ 또한 김성규가 1952년 12월 현재 사령관이라는 기사는 「육군 정기 정보보고」와도 일치한다.
○ 그런데 《제주신보》(1953.4.17.)에 "4월 15일 적의 '수괴(같은 날 다른 기사에는 '군사총책'이라 함) 김의봉 사살'이라는 기사가 등장한다. 김의봉이 사령관으로 재취임했었는지 알 수 없다.
○ 한편 「육군 정기 정보보고」에는 1952년 5월부터 1953년 5월까지 유격대 사령관은 김성규로 파악하고 있다. (이 보고로는 어느 시점부터 어느 때까지 사령관을 맡았는지는 알 수 없음)
○ 따라서 필자는 1953년 4월에 등장한 김의봉을 '수괴'='당책'으로 추측하여 위 표를 작성한 것이다. 같은 날 기사에 '군사총책' 표현이 등장함에도 이렇게 정리하는 게 억지스럽지만 추정일 따름이다.
○ 이 밖에 유격대 사령관 계보를 김달삼→이덕구→고승옥→허영삼→김의봉→김성규 순으로 보는 견해도 있다. 그런데 이는 위의 근거 자료나 증언에 벗어나는 것이어서 확인하기 어렵다.
○ 쉽게 파악할 수 있을 것 같은 사령관 계보조차 정리가 어려우니 앞으로 밝혀내야 할 과제가 많음을 알 수 있다.

제주도인민유격대의 운영

1. 교육 및 훈련

(1) 교육 및 훈련 내용

　유격대원뿐만 아니라 남로당 조직원들은 입산해서도 상급당 정치부원으로부터 교육을 받았으며, 내용은 규율과 강령, 통일 등 당면과제 등이었다. 또한 기본적으로 저녁 식사 후에는 간부들이 사상 학습을 했는데 "경찰이나 경비대에 잡혔을 때 거짓말을 할 것, 근처의 다른 어떤 사람들과도 접촉하지 말 것" 등 비밀 유지가 중요한 내용이었다.[166] 조천리투쟁위원회 소속으로 입산했던 경험자와 한림면당 연락병 경험자의 증언이다.

---

166) 주한미육군 971방첩대 월간보고(1948.6.16.).

상급당에서 학습을 지도하러 옵니다. 지도하러 올 때 반드시 책자는 구비되어 가지고. 물론 지금처럼 복사된 게 아니고 옮겨 쓴 겁니다. 그걸 학습할 때 돌립니다. 신민주주의 원칙이라든지 모순론이라든지 공부합니다. 인민들한테 바늘 하나 공짜로 얻어오지 않고 반드시 대가를 물어서 가져온다고. 그런 생활을 우리도 여기서 해야 한다는 교양학습도 있었고. 그렇습니다.167)

한글과 한문이 섞여 있는 수첩 같은 자료로 모택동에 관한 내용, 무슨 강령 같은 걸 암기했다.168)

1948년 4월 2일 지인의 꾐에 입산했다 체포된 주민의 증언이 미군보고서에 "체력훈련은 오전 6~7시에 소나무 숲속에 있는 막사 주변을 크게 원을 그리며 몇 바퀴 달리는 것이며, 군사훈련, 총검술이나 그 밖의 다른 훈련은 없다."고 기록됐다.169) 그런데 이 보고에는 그의 일상 업무가 오전 7시부터 오후 5시까지 10여 명과 함께 숯불 지피기, 땔감 모으기인 것으로 보아 취사반 혹은 그와 관련된 보급 업무를 맡았을 것이다. 총기를 가지고 지서 등을 습격하는 유격대와는 분리된 조직이어서 기본적인 체력훈련 외 군사훈련은 없었던 것으로 보인다. 위 보고에는 체포된 다른 주민으로부터 얻은 정보를 싣고 있다. 그는 친구의 안내로 5월 25일 유격대에 합류하여 5월 30일 체포됐는데 "폭

---

167) 김민주(남, 1932년생, 조천 조천, 입산 경험자) 증언.
168) 제주4·3연구소, 『그늘 속의 4·3』, 2009, 153쪽.
169) 주한미육군 971방첩대 월간보고(1948. 6. 16.).

도들은 먹고 쉬는 등 휴식을 취했다. 훈련, 무기교범, 경례는 없었고, 폭도들은 서로를 '동무'라고 불렀다."고 했다. 이 보고에도 그에게 특별 식사를 준비하도록 한 것으로 보아 취사 업무를 맡았을 것으로 보인다.

미군 보고 중 "약 150명의 폭도들이 어승생악(Osungsaeng-ak) 부근에서 훈련을 하고 있고, 폭도들 대다수가 무장하고 있는 노로악(Nora-ak)의 소규모 폭도들과 연락하고 있다는 것을 방첩대로부터 보고 받음."170)이라 했는데 무장을 한 것으로 보아 군사훈련일 가능성이 크다. 또, "9연대 사병들이 입산할 때 즈음, 대정면당 무장부대 전부가 도당에 훈련을 받으러 갔었다."는 증언171)에 비추어 9연대 사병들이 입산하여 유격대에 합류할 즈음에는 각 면당 유격대가 도사령부가 지정한 장소에 가서 군사훈련을 받았을 것으로 추정된다. 이 밖에도 물장오리 근처에 유격대 훈련학교가 존재한다는 미군 보고, 1951년 9월 납치당한 주민이 유격대 교양책으로부터 "폭도가 될 수 있는 훈련을 받았다."는 보도172) 등에 미루어 유격대의 교육과 훈련은 잔여 유격대 시기까지 꾸준히 실시했던 것으로 보인다. 특히 훈련학교에는 9연대 장교 출신이 지휘를 하고 있다는 정보에 비추어 체계적인 군사훈련도 가능했을 것으로 보인다. 다만 군사훈련의 내용을 확인할 수 있는 자료나 증언은 없다.

특이한 것은 "밀림생활에서도 가끔 김성규로부터 공산주의 교육과

---

170) 주한미육군 제6보병사단 제주도 주둔 제9연대 일일보고(1948.7.21.).
171) 제주4·3연구소, 『4·3장정』6, 74쪽.
172) 《제주신보》(1952.12.5.).

한글 공부를 받으며 일기도 적는다. … 입산 당시(17세) 일자무식했었는데 지금은 국민학교 3학년 과정의 한글을 알게 되었다."는, 납치 후 6년간 유격대와 활동하다 1957년 3월 체포된 한순애의 증언[173]에 비추어 사상교육, 일반교양과 더불어 문맹자에게는 한글 교육도 실시했다는 것이다. 한편 남로당은 난민관리책임자를 선정해 피난 입산한 주민들을 통제했는데, 그들에게 토벌대 공격을 받았을 때를 대비해 대피 훈련을 시키기도 했다.[174]

이로 미루어 본격적으로 전투를 담당하는 유격대 외에 연락병, 취사대 등 전투부대를 지원하는 부대는 엄격히 구분하여 생활하고 훈련했다고 파악된다. 또한 피난 입산 주민들에게도 대피 훈련을 시켰으며, 지원부대는 달리기 등 기본 체력훈련을 했고, 전투에 참여하는 유격대는 체력훈련 외 다른 군사훈련도 실시했음을 알 수 있다. 아무튼 유격대는 이러한 군사훈련과 정예요원 선발을 통해 소수의 인원으로 갖가지 유격 전술을 구사하며 '신출귀몰'《동아일보》1948.4.21,《신천지》1948년 7월호) 했다는 평가와 함께 '명사수', '일당백'의 실력을 갖췄었다고 전해진다.

(2) 유격대 훈련장

『제주민중항쟁 I』에는 "1948년 접어들자 애월면 어도리 근처의 '샛별오름' 일대에서 청장년 100여 명이 훈련을 받았다. 경찰이 '샛별오름' 일대에서 이들을 발견 추적하여 1명을 체포했으나 나머지는 한라

---

173) 《제주신보》(1957.3.24.).
174) 김○민(남, 1924년생, 조천 신촌) 증언.

산 속으로 도주하여 자연동굴을 거점으로 무장근거지를 삼았다."175) 는 기록이 있는가 하면, 4·3 관련 유일한 유격대 측 자료인 『투쟁보고서』에도 "1948년 3월 20일경 샛별오름에서 67명이 참가해 합숙훈련을 했다."고 기록176)하고 있어 샛별오름은 초기 유격대의 훈련장으로 쓰였을 가능성이 크다.

한편 어승생오름 인근에도 너른 초지를 이룬 분지가 있다. 특히 어승생오름은 일제강점기 일본군의 군단사령부가 미로처럼 진지동굴을 구축해 최후의 거점으로 삼으려 했었던 곳이다. 국방경비대 제9연대 고문관 찰스 웨슬로스키(Charles L. Wesolowsky)의 1948년 7월 21일 보고에 "약 150여 명의 폭도들이 어승생악 부근에서 훈련을 하고 있다."177)는 내용과 주한미육군사령부 일일정보보고의 1948년 6월 15일 보고에 "어승생악 인근에서 폭도들의 보급소를 발견"했다는 점을 감안한다면, 4·3 발발 초기 남로당 제주도당의 군사부가 어승생오름을 근거지로 인근에서 훈련도 했고 무기를 은닉했었다고 추정할 수 있다.

이 밖에 유격대의 훈련장으로 쓰였다고 추정되는 곳은 남원읍 신례리의 오림반과 제주시 봉개동의 물장오리·테역장오리 인근이다.

『제주4·3유적 Ⅱ』에 의하면 '오림반'은 4·3 발발 초기 유격대의 훈련장으로 추정되는 곳이다. 이곳은 한라산의 천연 밀림 속에 자리한 약 3천여 평의 초지이다. 주변에는 계곡과 동수악, 논고악, 이승이오름 등이 이 너른 분지를 감싸고 있어 더없이 좋은 요새였다.178)

---

175) 아라리연구원, 『제주민중항쟁』Ⅰ, 소나무, 1988, 141쪽.
176) 문창송 편, 앞의 책, 46쪽.
177) 주한미육군 제6보병사단 일일정보보고(1948.7.21.).
178) 제주도·제주4·3연구소, 『제주4·3유적』Ⅱ, 각, 2004, 345쪽.

물장오리·테역장오리 또한 천연적인 요새와 초지로 형성된 너른 분지를 갖고 있는 곳이다. 이곳도 유격대의 훈련장으로 쓰였다고 전해진다. 주한미육군사령부 정보일지의 1949년 4월 1일 보고에도 훈련장으로 물장오리를 지적하고 있다. 뿐만 아니라 물장오리에는 한때 남로당 제주도당 본부가 있었다고 알려졌고 토벌대와 유격대 간의 전투가 벌어진 곳이기도 하다.

이 밖에 한경면 청수리와 대정면 무릉리로 이어지는 '한수기곶' 등지에서 죽창이나 철창을 준비했다[179]는 기록도 보인다. '한수기곶'은 대정읍 무릉리 인향동 동북쪽에 위치한 곶자왈 지대이다. 이곳에는 굴이 많아 4·3 당시 대정면과 한경면 주민들 중 토벌대가 무서워 소개하지 못했던 주민들이 은신처로 이용하기도 했다.

2. 규율

『투쟁보고서』에는 4·3봉기 초기 조직정비 때마다 엄격한 규율 강화를 내세우고 있다. 정치지도원들은 끊임없이 남로당의 목적을 강조했다. 그 목적은 '남로당 행동강령'에 자세히 나온다.

남로당 행동강령
①우리 당은 조선인민의 이익을 진정하게 대표하고 옹호하는 당으로서 조선근로인민에게 민주주의와 개혁실시를 보장할 수 있고 연합국가대열에 동등한 국가의 자격으로서 참가할 수 있는 강력한 민주주

---

179) 《제민일보》 4·3취재반, 『4·3은 말한다』 1권, 1994, 589쪽.

의 자주독립국가의 건설을 과업으로 한다. ②이러한 과업을 실시하기 위하여 조선근로인민의 모든 힘의 단결을 도모하나 그것은 조선에 민주주의 인민공화국을 건설하기 위한 것이며, 이 건설의 보장을 목적으로 모든 권력을 참된 인민정권의 기관인 인민위원회에 넘기기 위하여 투쟁한다. ③조선에서 봉건적 요소를 철저히 제거하기 위하여 일본국과 일본인 및 조선인 지주들에게 토지를 몰수하여 토지 없는 농민과 토지 적은 농민에게 무상으로 나누어 주는 토지개혁실시를 주장한다. ④노동인민에 기본적 민주주의적 권리를 보장하여 노동인민의 실질적 복리를 향상하기 위하여 8시간 노동제 실시와 사무원의 사회보험과 성별, 연령의 차이 없이 남녀노동의 동등 임금제를 위하여 투쟁한다. ⑤강력한 민주주의 국가를 물질적 토대 위에 세울 것을 목적으로 일본 국가와 일본인과 조선민족반역자에게 속한 산업, 광산, 철도, 해운, 통신, 은행과 금융기관, 산업기관 및 문화기관의 국유화를 주장한다. ⑥조선의 모든 국민에게 민주주의적 권리를 보장하고 언론, 출판, 집회, 결사, 특히 정당, 사회단체 조직, 시위, 파업 및 신앙의 자유를 주장한다. ⑦조선인민에게 동등한 정치적 권리를 보장할 것을 목적하고 친일분자와 민족반역자를 제외한 20세 이상의 모든 국민에게 재산유무, 거주, 신교(信教), 성별, 교육정도와 차이가 없이 선거권과 피선거권을 향유하게 하기 위하여 투쟁한다. ⑧여자에게 남자와 평등한 정치적, 법률적, 경제적, 사회적 권리를 주며, 가정생활 풍속관계에서 봉건적 요소를 청산하여 어머니와 아동의 국가보험을 위하여 투쟁한다. ⑨교육기관에서 일본교육제도를 청산할 것과 전 조선인민의 지식정도 향상을 목적으로 인민교육계획의 실시, 모든 국민에게 재산유무, 신앙, 성별의 차이를 불문하고 교육을 받을 권리와 보장을 목적으로 하고 의무적 일반 무료 초등교육, 조선민족문화, 예술, 과학의 발전을 위하여 투쟁한다. ⑩근로인민에게 무겁게 부담되어 있는 일제적 세금제 등의 청산을 목적하고 진보적 세제와 실시를 위하여 투쟁한다. ⑪조선인민공화국의 자유로운 자주독립 존재의 보장을 목적하고 민족군대의 조직과 일반 의무병제의 실시를 주장한다. ⑫연합국 대오에서 세계평화를 위한 투쟁에 적극 참가하기 위하여 모든 인국(隣國)들과 또 다른 평화 애호국들과의 친선을 굳게 할 것을 주상한나.[180]

유격대는 주로 아침 조회 시간에 대원들이 모여 자기비판 시간을 가졌다.[181] 또한 정치지도원들은 '3대 규율, 8항주의, 자유주의배격 11조'를 엄격하게 지키라고 요구했다.[182]

> 1) **3대 규율**: ①일체의 행동은 지휘에 따라서 ②대중으로부터 못 하나 실 한 토막도 취하지 말라 ③지주로부터 몰수한 것은 공공의 것으로 한다.
>
> 2) **8항 주의**: ①말은 온화하게 ②물건을 살 때는 공정하게 ③빌린 것은 반드시 반납할 것 ④파손시킨 것은 변상할 것 ⑤사람을 함부로 매도하지 말 것 ⑥농작물을 황폐시키지 말 것 ⑦부녀자를 희롱하지 말 것 ⑧포로를 학대하지 말 것.
>
> 3) **자유주의배격 11조**: ①어떤 사람이 분명히 잘못 가고 있어도 화평과

---

180) 제주도경찰국, 『제주경찰사』, 1990, 287쪽.
181) 제주4·3연구소, 『4·3장정』 6, 1993, 74쪽.
182) 노민영 편, 『잠들지 않는 남도』, 온누리, 1988, 138~139쪽.

친구관계 때문에 내버려 두는 것 ②무책임한 비판을 하는 것 ③어떤 사태로 인해 개인적인 피해가 없다면 그냥 추세에 맡기는 것 ④간부라고 자기 의견만 고집하는 것 ⑤개인공격을 주로 삼으며 보복하려는 것 ⑥반혁명분자의 말을 듣고도 보고하지 않는 것 ⑦선동·선전하지 않고 당원의 임무를 망각하는 것 ⑧군중의 이익에 해를 주는 행동을 보고도 격분하지 않는 것 ⑨사무에 충실하지 않고 하루를 되는 대로 지내는 것 ⑩노선배연(老先輩然)하며, 대사는 할 능력이 없고 소사는 하기 싫어하는 것 ⑪자기의 착과(錯過)를 알면서 개정하지 않고 또는 자기를 책하되 비판 실망에 그치고 마는 것.

 그 규율은 상당히 엄격했습니다. 규율 적용이란 것이 있어서 그 세포 안에서 집단적으로 회의를 소집해서 지적받습니다. 그런 식으로 징계를 받습니다. 어느 동넨지는 잘 모르겠습니다만, 여동무하고 이성관계가 있어서 규율을 파괴했다고 죽창으로 찔러 죽이는 그런 것이 있었다고 들었습니다.[183]

 하지만 규율의 흐트러짐도 많았다. 습격을 할 때 민가에 들러 술을 마신다거나, 동료의 조그마한 실수가 내부 숙청으로 이어지는 경우도 있었다.[184] 특히 경찰 및 우익인사의 가족과 친척, 어린아이들한테 가한 무분별한 테러와 살해, 그리고 일부 마을 습격 시 무차별 방화와 주민 살상, 약탈은 유격대에 커다란 오점이 되었고, 주민들로부터 등을

---

183) 김민주(남, 1932년생, 조천 조천, 입산 경험자) 증언.
184) 제주4·3연구소, 『4·3장정』 6, 1993, 75쪽, 91쪽.

돌리게 만드는 원인이 되기도 했다. 이는 유격대 내부에서도 불만과 회의감을 들도록 하여 유격대 와해를 재촉하는 요인이 되었다. 더욱이 비교적 안정적이었던 보급선이 초토화 이후 파괴되면서 납치와 약탈이 유격대를 버티게 하는 유일한 수단이 되어버렸다. "인민들 집에 가서는 바늘 하나 훔쳐 오지 않는다."라는 교육과 규율이 처참히 무너진 것이다.

그럼에도 시기는 불분명하지만 납치되어 약 1년간 유격내와 같이 생활했었던 경험자의 "거기 군기(규율)가 철저했다."는 증언[185], 그리고 마지막 유격대원 오원권이 "그곳에서는 질서를 유지하기 위해서 매우 엄격한 규칙을 세우고 있었다."[186]고 밝혔듯이 유격대 소멸까지 규율이 존재했고 지키려 했음을 알 수 있다.

3. 내부 분열 및 숙청

앞서 살펴본 대토벌 이후 백창원, 고승옥 등 간부를 숙청했다는 기록 외 다음 몇 가지 사례를 통해 내부 분열과 유격대 내부의 숙청에 대해 좀 더 살펴보자.

  1952년 봄 허영삼(許永三)에 이어 김성규가 사령관이 된 후 권팔(權八) 등이 탄약을 감추어 온 것이 발각되어 그를 고문했고, 권팔은 원대(原隊)에서 탈출함. 그 후부터 김성규의 폭압에 저항한 유격대 11명이 추

---

185) 제주4·3연구소, 『산에서도 무섭고 아래서도 무섭고 그냥 살려고만』, 2011, 89쪽.
186) 《조선일보》(1957. 4. 15.).

가 이탈하여 권팔과 합류함. 두 그룹 간 지속되는 냉전으로 분파 행동을 하다가 어느 날 충돌, 권팔 일파가 전멸하고 김성규파에도 사상자 발생. 유격대 세력이 급격히 약화, 그 후부터 폭도들의 정신적인 단결은 괴멸하기 시작함.[187]

식량보급 투쟁에 나섰던 특공대원이 할당받은 대두 한 말을 바구니에 담아 오다가 실수로 넘어져서 1/3쯤 주워 담고 나머지는 눈 위에다 흘려버렸는데 본보기로 기관(면당사령부)에서 숙청하기로 하고 중대장이 총살했다. 이에 "우린 개놈들 손에 죽은 것보다 투쟁하다 동지 손에 죽는 것이 더 억울하다!"고 항의하며 대원들이 보초까지 거부하는 등 집단행동에 나서자 도당에서 중대장을 소환했다.[188]

내부 숙청은 조직을 배반하거나 중대한 과오를 저지른 당원이나 유격대에 가하는 형벌이다. 물론 당과 유격대가 나름 정한 규율과 지침, 예를 들면 앞서 살펴본 남로당 행동강령과 3대 규율, 8항 주의 등이 적용될 것이다. 하지만 엄격한 잣대나 규정에 따른 것이 아니고 다수가 찬성하면 통과되는 인민재판식으로 진행됐기 때문에 그 공정성을 기대하기 어렵다. 당연히 억울한 피해도 많았을 것이다. 특히 1950년대 이후 납치되어 유격대에 합류한 주민들이 대열에서 탈출하다 발각되면 "조직을 배신했다."는 이유로 숙청됐다.

---

187) 《제주신보》(1952.12.6.) 신문기사 필자 요약.
188) 제주4·3연구소, 『4·3장정』 6, 1993, 84쪽.

단적으로 비상경비사령부에서 1952년 10월부터 1953년 12월 1일까지 1년 1개월간의 종합전과를 집계한 결과가 신문지상에 보도됐는데, "적의 인적 손실이 80명에 달하고 있는데 생포·귀순자가 36명이고, 토벌대에 의해 사살된 인원이 29명인 데 비해 자체 숙청으로 15명이 살해"됐다.[189] 앞의 권팔 일행 11명이 내부 분열로 몰사했다는데 그 시기는 1952년 봄이므로 이 통계에는 포함되지 않았을 것이다. 유격대 내부에 심각한 인권유린이 있었음을 짐작할 수 있는 대목이다.

그렇다면 위 사례 중 보급투쟁에 나서 콩을 담고 오다 넘어져 흘렸다고 특공대원을 숙청한 혐의로 도당으로 소환된 중대장은 어떤 규율 적용을 받고, 어떤 처벌을 받았을지 궁금해진다.

4. 빗개

빗개는 Picket(소초, 초계병)에서 유래한 용어로 당시 제주도 각 마을에서 군인, 경찰, 서청 등 토벌대의 동태를 파악하여 마을 사람들에게 알리기 위해 마을 곳곳에서 망을 보는 행위로 일종의 보초 역할이다. 주로 대나무 등 기다란 장대를 세웠다가 눕히는 방법으로 토벌대가 마을로 진입하고 있음을 알렸다. 각 마을, 특히 중산간 마을에서는 초토화 전까지 일반적인 모습이었고 대부분 청소년이나 청년들이 역할을 맡았다. 이 신호에 따라 젊은 청년들이 마을을 벗어나거나 인근의 은신처로 피했다. 잡히면 고문과 투옥 그리고 죽음이 기다리고 있었으니.

---

189) 《제주신보》(1953. 12. 3.).

금악리가 희생이 많지만 마을 안에서 집단으로 희생되진 않았다. 그건 '빗개' 때문이다. 밑에서 와서 무조건 잡아가니까 동네 분들이 나뭇가지라도 가져서 신호를 하자고 했다. 그 신호에 따라 피했다. 우리 어린이들도 마찬가지였다. 그래서 마을 안에서 한꺼번에 집단으로 잡혀서 죽는 예는 없었다.[190]

청년층으로 구성된 자위대가 보초를 섰다는 증언도 있다. 제주읍 연동의 경우이다.

회의는 뻔한 것이다. 주로 30세 미만의 청년들이 모여서 보초 서는 관계에 대해 회의를 했다. 회의 끝에는 제비를 뽑았다. 보초 서는 장소를 정하기 위해서였다.
보초는 보통 2인 1조로 간다. 우리가 보초를 서다가 아래에서 토벌이 올라오면, 밑으로 신호대를 비스듬히 내린다. 북쪽으로 올라오면 북쪽으로 비스듬히 내리고, 동쪽에서 올라오면 동쪽으로 천천히, 비스듬히 내린다. 빨리 내리면 알 수가 없기 때문에 천천히 반 정도를 내린다. 이 근방에는 남조봉 한 군데에만 신호대가 있었다.[191]

시간이 지남에 따라 토벌대도 '빗개'의 존재를 알고 적발 시에는 총격을 가해 사망자가 발생하기도 했다. 하지만 중산간 마을이 초토화

---

190) 박○진(남, 1935년생, 한림 금악) 증언.
191) 김○백(남, 1926년생, 제주 연동) 증언.

되고 주민들이 피난 입산하거나 해변마을로 소개함으로써 '빗개'는 설
필요가 없어졌다. 이때부터 산으로 피한 청년들은 피난민이 집단으로
은신한 곳의 보초로 변했고, 해변마을로 내려간 사람들은 민보단에 소
속되어 유격대의 습격을 감시하는 보초로 그 역할이 변했다.

5. 연락병

연락병은 '레포'라 불리기도 하는데, Reporter(기자, 전달자)에서 유래
한 말이다. 4·3 당시 차량이나 통신 등 이동과 연락 수단이 열악했던
남로당은 유격대, 자위대, 세포 등 각 조직과 조직원들의 연결망을 통
해 정보를 주고받았다. 마을과 마을의 연락이 쉬웠던 초토화 전에는
청소년이 주로 담당했고, 밤에도 다닐 수 있었는데 일부 마을에선 여
자들도 역할을 했다.

연락 방법은 주로 문서에 정보나 지시사항 등을 매우 작은 글씨
로 적어 전달하는 방식이었고 연락하는 당사자는 그 내용을 알 수
없었다.

내가 열네 살 때 우리 부락에서 연락병으로 차출됐다. 주로 우리 부
락에서 올리는 문서를 전달하는 일을 했다. 당시는 검은 고무신에 보
릿짚을 깔아서 그걸 잘라가지고, 미농지(얇은 백지)에 비밀문서를 쓴 건
데, 그걸 말아서 보릿짚 속에 끼워서 신고 다녔다. 다른 사람은 확인하
지 못했다. 그렇게 용강리 공회당 앞길에 가면 "새끼손가락에 붕대 감
은 사람이 있다. 그 사람이 있거든 암호를 대라." 어떤 때는 매일, 어떤
때는 이틀에 한 번 다녔다. 경찰이 봐도 14살짜리니까 뭐라 안 했다.

〈사진14〉 눈 속의 연락병(강요배 作)

문서를 받는 사람은 언제나 다른 사람이 나왔다. 같은 사람이 두 번 나오는 일은 없었다.[192]

목적지에 한번에 전달하지 않고 약속된 장소까지만 전달하면 그곳에서 다른 사람이 다음 장소로 연락하는 방식이었다. 때문에 대부분의 연락 담당자는 그 문서의 최종 도착지를 알지 못했다.

연락(접선) 장소는 어디 정해진 데가 없다. 아침 연락 간 사람에게 낮에는 어디로 오라, 낮에 간 사람에게 밤이면 어디로 오라. 내일 아침은 어디로 오라 지시가 내려온다. 그러면 연락이 끊어지지 않는다.[193]

---

192) 제주4·3연구소, 『이제사 말햄수다』 2권, 1989, 219~220쪽, 필자 요약.
193) 제주4·3연구소, 『이제사 말햄수다』 1권, 1989, 113쪽.

중산간 초토화 이후 피난 입산 주민들이 많아지고, 토벌대의 산간 토벌이 강화될 때는 연락병도 마을 자위대에 편성된 청년들이 주로 맡았고 상황도 긴박하게 돌아갔다. 언제나 비밀유지가 핵심이며 들키거나, 들킬 염려가 있을 때 행동요령 등도 숙지해야 했다.

얼른 연락 일도 안 시켜. 잘 아는 사람 밑에서 여러 가지를 배우고 했지. (겨울엔) 눈이 이만큼씩 쌓이고 해서 이틀에 한 번 다니는데 하루에 세 번 보내지. 아침, 낮, 저녁. 저녁에 보낸 사람은 그날 못 돌아오고 뒷날 돌아오지. … 유격대 주둔지에는 재워주지도 않아서 그 주변에 피난온 사람들하고 하룻밤 자기도 했는데, 될 수 있는 대로 그날 돌아올려고 했지. … (조천면당이 있었던 새미오름에서 도당이 있는 관음사로 연락을 다녔는데) 면당이 한번 토벌 당하면 위치를 옮겼어. 서류들을 태워버리기도 하고, 서귀포로 가는 서류도 태웠었어. … (연락원끼리 만나는 접선 장소에) 사람이 미리 나와 있지. 만약 그 장소에 사람이 없으면 그 장소가 불리하다고 알아가지고… 1선, 2선, 3선, 비상선까지 있어. 비상선까지 없으면 일이 잘못된 거라.[194]

---

194) 제주4·3연구소, 앞의 책, 86쪽.

6. 열악한 생활환경과 보급

무장봉기 초기, 서청과 경찰에 대한 공격과 5·10 단독선거 반대 투쟁이 성공을 거두면서 유격대는 한껏 기세를 올렸다. 자연스럽게 보급도 수월했다.

> 난 쌀 1되와 돈 30원을 낸 적이 있어요. 그땐 산 쪽이 옳다 그르다를 떠나서 무서워 안 낼 수 없는 상황이었습니다. 또 9연대가 입산했다는 소식에 일부는 산 쪽으로 마음이 쏠렸던 것도 사실이지요. 이런저런 모임을 통해 쌀·소금·돈을 거둬 산에 올렸고 밤엔 회의도 많이 했어요. 주로 처녀들이 산에 심부름도 다니고 물자를 거뒀습니다.[195]

유격대가 영향력이 셀 때는 중산간 마을의 민가에 오래 머물 수도 있었다. 심지어 해안마을의 민가를 본부로 이용하기도 했다.

> "입산해서 움막 등을 지어 생활한 것이 아니고 집에서 살았다는 말인가?"라고 의아해하는 기자의 질문에 "왜 움막을 지어 사는가?"고 반문하면서 "그 당시 중산간지역은 거의 산 쪽이었으며, 경찰도 내가 있을 동안(8월까지)만 해도 맥을 쓰지 못했다."고 말했다.[196]

---

195) 《제민일보》 4·3취재반, 『4·3은 말한다』 제5권, 1998, 234쪽.
196) 《제민일보》 4·3취재반, 『4·3은 말한다』 제3권, 1995, 169쪽.

초창기에는 유격대가 깊은 산 속에 들어가는 것이 아니라 일부 산간 마을에서는 민가를 근거지로 삼으며 주둔했음을 알 수 있다. 심지어 가장 깊숙한 안전지대에 머물러야 했던 도당 선전부도 1948년 겨울까지 물자나 식량의 부족을 전혀 느끼지 못할 정도로 보급이 탄탄했다.

> 먹을 건 배당이 나와. 보리쌀, 좁쌀, 휴대용 건빵 같은 것도 나오는데, 자기가 갖고 있던 반합으로 해먹지. 사태가 나던 해 겨울까지만 해도 신발 배급도 가끔 나오고, 물자 부족한 줄은 모르고 지냈던 것 같아.[197]

하지만 민가에 머물 수 있는 환경은 그리 오래지 않았고 산 깊은 곳으로 근거지를 옮길 수밖에 없었다. 특히 무장부대는 봉기 때부터 산간에 아지트를 마련했다.

대정면 무릉리(인향동) 출신으로 1948년 5월 25일부터 30일까지 마을 인근 산간의 유격대 본부(도사령부인지, 대정면당인지, 도당 산하 유격대 대대 혹은 중대본부인지 소속은 불명확함)에 머물렀던 문세형으로부터 취득한 정보를 보고한 내용이 미군 보고자료에 있다.

> 폭도부대 야영지에는 뾰족한 초가지붕에 직경 4야드(1야드=약0.91미터-필자), 높이 2야드 규모로 8개의 둥근 바위와 진흙 벽돌로 만들어진 막사가 있었다. 부대 입구에는 1인용 보초탑이 세워져 있었다. 탑은 높이

---

197) 제주4·3연구소, 『이제사 말햄수다』 1권, 1989, 54쪽.

〈사진15〉 억새풀과 소나무 가지로 임시 거처를 만든 주민들(1948.5. 사진. 『4·3진상보고서』)

2야드 정도로 둥글었고, 소총을 겨누고 전방을 관찰할 수 있도록 구멍이 나 있었다. 숙소는 특별한 형태를 갖추고 있지는 않았다. 그리고 이들 숙소 외에 취사용 움막이 있었는데, 이 움막은 나뭇가지를 덮은 몇 개의 기둥으로 만들어졌고 나무 2그루가 지탱해주고 있었다.[198]

중산간이 초토화되고 유격대에게 불리한 상황이 심화되면서 산간에서의 그들의 생활은 더욱 어려워졌다. 산간에 피난한 주민도 마찬

---

198) 주한미육군 971방첩대 월간보고(1948.6.16.).

가지였다. 다음은 당시 생활상을 엿볼 수 있는 증언 등의 자료이다.

- 먹는 것은 각 면별로 산부대나 특경대가 보급투쟁을 했다. 보리쌀, 좁쌀, 메밀 등을 배급 타서 먹었다.[199]
- 유격대가 피신할 때 비상식은 대개 조밥을 주기도 하지만, 며칠씩 일 땐 쌀을 볶아서 보자기에 싸서 차고 다녔다.[200]
- 식량은 종전까지 무장폭도에는 1일 4홉씩 1개월 분을 주고 비무장 폭도에는 1일 1홉 5작씩 10여 일 분을 주었다. 그러나 지금은 고갈되어 순조롭지 못하다.[201]
- 유격대는 될 수 있으면 굴은 피했다. 가끔 빨리 이동하지 못한 기관(면당본부)이나 급박한 상황 아니면 굴을 피했다. 발각될 위험이 크니까.[202]
- 정세가 불리하게 되니까 보급투쟁할 때는 할당량이 있었는데 그중 간단한 것이 소금이라. 만약 대두가 한 말이면 소금은 한 되만 가져와도 해당이 되었지. 산에서는 소금이 아주 귀하니까.[203]
- 폭도들의 의식주는 원시적이었다. 죽과 소금으로 끼니를 이어가는가 하면 말고기로 대용할 때도 있었으며 기거(起居)는 '정글' 깊숙한 곳에 나뭇가지를 깔고 2인이 담요 한 장씩 덮고 자며 비 오는 날에

---

199) 제주4·3연구소, 『제주항쟁』, 1991, 266쪽.
200) 제주4·3연구소, 『4·3장정』 6, 1993, 81쪽.
201) 《자유신문》(1949. 4. 19.).
202) 제주4·3연구소, 앞의 책, 85쪽.
203) 제주4·3연구소, 앞의 책, 83쪽.

는 담요를 지붕으로 삼아 지낸다.204)

- 젊은 사람들이 산의 말이나 소를 잡아서 몇 점씩이라도 나눠줬지. 겐디 좁쌀 한 말이라도 만약 가져가면 똑같이 다 부어야 돼. 밥하면 한 주먹이라도 똑같이 다 나눠서 했지.205)

당시 산에서 난민관리책임자로 활동했다는 증언자도 유격대는 물론 피난 입산 주민들에게도 양식을 균등하게 배급했다고 했다. 특히 피난 입산자들이 "ᄀ래(맷돌)도 져서 오고 곡식도 가져오는데 그걸 자기가 다 먹지 못하고 모두 합해서 골고루 나눠 먹었다."는 것이다.206) 하지만 이와 달리 피난 입산 주민들은 자기대로 비장한 걸 가져다 연명했다는 증언도 있다. 지역마다 상황은 조금씩 달랐겠지만 원칙은 공동 분배로 추정된다. 그렇지 않으면 또 다른 혼란이 불가피하기 때문이다.

어쨌든 1948년 겨울 이후 시간이 지날수록 식량, 주거, 의복 등 기본적인 생활을 영위할 공간과 생필품은 최악의 상황으로 치달았다. 이렇듯 충돌이 잦고 상황이 어려워질수록 마을에 남아 있는 일반주민들은 토벌대와 유격대의 틈바구니에서 신음해야 했다. '낮엔 대한민국, 밤엔 인민공화국'의 시대를 살았던 경험자가 100세 넘어서 증언한 내용이 이를 적절히 대변하고 있다.

---

204) 《제주신보》(1952. 12. 6.).
205) 양경인, 앞의 책, 52쪽.
206) 김○민(남, 1924년생, 조천 신촌) 증언.

제사를 지내려 마련했던 쌀과 곡식을 응원대 경찰과 폭도 양쪽에 내놓았다. 경찰에 내놓는 쌀은 낮에 반별로 공개적으로 내놓았고 폭도에게는 밤에 비밀히 내놓는 차이이다.[207)]

한편 이런 어려움 속에 재귀열로 추정되는 전염병이 발생했다는 기록이 있다. 북촌리 여맹위원장의 증언을 토대로 엮은 논픽션 『선창은 언제나 나의 몫이었다』에 나오는 내용이다.

- 1948년 겨울 언제부턴가 산사람들은 이질에 걸린 것처럼 항문에 피가 나면서 대변을 못 보기 시작했다. 하얀 눈 위에 쥐똥같이 새까만 분비물이 떨어져 곳곳에 피가 흥건했다. 육지 출신 9연대 입산자가 마늘과 무를 먹으면 낫는다고 해서 무와 마늘을 송당마을에서 도둑질해서 먹었더니 항문에서 나던 피가 멈추기 시작했다.[208)]
- 내가 야습당해 죽은 사람들 신을 모아 아지트를 찾아가니 눈이 언 시냇가 바위 위에 신발을 애타게 찾던 부상병들이 느랏느랏(나른하게) 누워 있었다. 모두 입술이 거멓게 타고 몸은 고열에 시달려서 신발을 배급해봤자 일어나 걸을 수조차 없는 사람들이었다. 그들은 죽어가고 있었다. 무슨 병이었을까. 피난민에게는 안 생기는 병이 산부대에게 퍼져 나갔다.[209)]

---

207) 제주4·3정립연구·유족회, 『4·3의 진정한 희생자는!』 제4집, 413쪽.
208) 양경인, 앞의 책, 53쪽.
209) 앞의 책, 57쪽.

위 책의 저자는 재귀열로 의심된다고 했다. 문득 조정래의 『태백산맥』에 1951년 4월부터 발생한 재귀열로 지리산유격대 병력의 3할을 잃었다는 장면이 떠오른다. 제주도인민유격대는 어땠을까? 하지만 이와 관련한 다른 자료는 확인할 수 없었다. 이 책에도 신발 등 보급의 어려움을 읽을 수 있는 대목이 많다.

- 부상당한 젊은이들은 "누님, 누님, 신발 좀 줍서." 애원하였다. 9연대가 가져온 워커나 노획한 신발은 산부대에 먼저 돌아갔다. 하지만 부상으로 낙오된 사람들도 공격이 오면 같이 도망가야 한다. 피난민들은 고무신을 신고 더러는 맨발도 있었다. … 나는 신발을 안 겨주면서 "동무들, 그 신발 신고 끝까지 싸웁시다."라고 격려해주었다. 그러나 실은 '그 신발 신고 저승길이라도 편하게 가라.'는 마음이었다.[210]

7. 유격대 근거지

유격대는 일정한 지역에 머물며 4·3의 모든 시기를 버틴 것이 아니었다. 남로당 제주도당의 근거지는 일반적으로 해안마을의 민가를 여러 곳 전전하다가 1948년 4·3 발발 전후로 중산간 마을로 옮겼고, 토벌이 강화될수록 더욱 깊숙한 산중으로 옮겨 다녔다. 특히 유격대가 거의 궤멸된 1949년 4월 이후의 잔여 세력들은 이렇다 할 진지를 갖

---

210) 양경인, 앞의 책, 55~56쪽.

추지도 못하고 이곳저곳을 전전했을 것이다.

이렇듯 4·3 당시 유격대는 어느 일정한 지역 혹은 일정한 장소에 근거지를 두고 활동을 할 수 없었다. 때문에 일목요연하게 이를 파악한다는 것은 어렵다. 『제주민중항쟁』에서 밝힌 4·3 발발 전후 '자위대의 주요 거점지역'[211]을 살펴보면 다음과 같다.

△ **대정지구**: 세미곶, 남송악(南松岳), 군산, 다래오름, 산방산 등
△ **한림·애월지구**: 샛별오름, 발이매오름, 노루오름, 정물오름, 눈오름 등
△ **제주읍·조천지구**: 관음사, 산천단, 검은오름, 개미목속밭, 천문오름, 바늘오름, 어승생오름 등
△ **중문지구**: 모라리오름, 녹화오름, 법정오름
△ **남원지구**: 남이악(南伊岳), 민오름
△ **성산·표선지구**: 서월악(西月岳), 녹산봉, 영주산, 백약오름 등

또한 주한미육군사령부 정보일지의 1949년 3월 30일~4월 1일 현장보고에는 "반도 부대의 위치가 영림소(교래리 검은오름 주변, 반도 제12군단 100여 명), 성판악(반도 제8군단 100여 명), 평지(반도 제23군단 12명), 돌오름(반도 제3군단 30명)이며, 훈련소는 물장오리 인근에 위치하고 도당사령부는 제주읍 삼의악 주변"이라 파악하고 있다.

이에 미루어 유격대는 전세가 유리할 때는 보급 및 연락이 수월한

---

[211] 아라리연구원, 『제주민중항쟁』 I, 소나무, 1988, 141쪽.

중산간 일대의 마을이나 인근의 천연동굴 혹은 일본군 진지동굴 등을 근거지로 삼고, 전세가 불리해지고 잔여 세력이 미미해졌을 때는 깊은 산중의 이곳저곳을 매일처럼 옮겨 다니며 토벌대의 포위망을 벗어나고자 했던 것으로 여겨진다.[212]

유격대 와해 국면의 도당사령부 근거지에 대해서는 자료마다 약간씩 다르게 나타난다. 『군사』에는 "1949년 4월 20일경 쌀오름(서귀 서홍)에 남로당 도당부가 있었고 토벌대 제2연대 제2대대의 기습으로 당책 김용관을 사살"[213]했다고 했다. 이는 "1949년 4월 2일 쌀오름 도당 근거지 피습으로 당책 김용관 등이 검거"됐다는 『4·3무장투쟁사』[214]의 기록과 위치가 동일하다. 하지만 미육군사령부 일일정보보고(1949.4.1.)에는 "49년 3월 26일 좌표 955-1144 지역의 산악에 위치한 도당사령부를 공격, 폭도 11명을 사살하고 4명을 생포"했다고 하는데, 좌표는 산천단 인근으로 추정된다. 미군보고서에는 사망자나 검거자를 특정하지 않고 있어 같은 피습 내용이라 단정키 어렵다. 또한 무기를 비장하고 각각 은신하던 대규모 토벌 시기임을 감안하면 한 달 사이에 도당사령부를 산천단에서 쌀오름으로 옮겼을 가능성도 배제할 수 없다. 1949년 3월 이후 대규모 토벌 시기에는 "폭도의 위치와 조직은 매일 바뀐다."는 미군 보고(G2-1949.4.1.)와 "아지트를 하루 만에 옮길 때도 있었다."는 증언(『4·3장정』 6, 86쪽)이 이를 뒷받침한다.

---

212) 장윤식, 「한라산의 4·3유적」(제주도·한라산생태문화연구소, 『한라산 총서』 Ⅲ), 204쪽.
213) 전사편찬위원회, 『군사』, 447쪽.
214) 김봉현·김민주, 앞의 책, 235쪽.

이 밖에 『4·3무장투쟁사』는 시기와 편성부대를 특정하지 않았지만 유격대의 지역별 근거지 이동 경로를 다음과 같이 파악하고 있다.[215]

동(쪽)으로는 신촌-교래-당오름-송당-관음사-어승생악-한라산
또한 일부는 노형-연동-월평-봉개-오라-산천단-어승생악-한라산
중부로는 상하가-원동-바리매오름-눈오름-어승생악-한라산
서(쪽)로는 남송악-모록밭-숨부나리곶-창천-산방산-쌀오름 웅악(雄岳)-성판악-한라산

또한 역시 시기를 특정하지 않았지만 금악리 출신 피난 입산자의 증언을 통해 한림면 유격대나 피난민 이동 경로를 파악할 수 있다.

- 한림면당 유격대 주둔지: 샛별오름, 다래오름, 개미오름
- 지역별 근거지: 노리오름(애월면), 돌오름이나 샛별오름(안덕면), 한대오름(한림면)
- 금악리 소개 후 피난 이동경로: 이달봉 서쪽 생쇠물궤→왕이매 쪽 돈지왓→샛별오름, 다래오름 인근 일본군 진지동굴→돌오름[216]

---

215) 김봉현·김민주, 앞의 책, 126쪽.
216) 제주4·3연구소, 『제주항쟁』, 1991, 266쪽.

제3장

제주도인민유격대의
활동

활동일지

유격대의 활동 현황

주요 활동

유격대에 의한 피해

국방경비대와 제주도인민유격대

주요 전투

협상(평화회담)

통일조국을 위하여

활동일지

활동일지는 제주도인민유격대 활동 전반을 살피기 위해 작성되었다. 이를 역으로 해석하면 유격대에 의한 '피해일지'이기도 하다. 일지는 『투쟁보고서』, 『4·3은 말한다』, 《제민일보》, 《제주신보》, 『4·3진상보고서』, 『4·3추가진상보고서』, 『4·3의 진정한 희생자는!』과 미군정보고자료, 제주도 각 마을의 향토지, 공개된 군·경 작전일지 등을 서로 교차 검증하며 작성했다. 이 책을 준비하면서 가장 많은 시간을 할애한 부분이기도 하다. 활동일지를 살펴볼 때 참조 사항은 다음과 같다.

ⓐ 일지 내용은 유격대 활동에 따른 인명 및 재산피해가 발생한 사건 중심으로 작성되었다. 별도 표기가 없으면 행위 주체는 유격대로 해석하면 된다. 또한 인명피해는 없지만 일부 의미 있는 활동이나 사건도 기록했다.

ⓑ 원자료의 작성 주체에 따라 희생을 사망, 사살, 학살, 피살, 살해, 전사, 숙청 등으로 표기하고 있으나 상황에 따라 필자가 수정하

기도 했다. 다만 각주에는 작성자가 쓴 용어를 그대로 표기했다.
ⓒ 각주의 표기 내용은 제시한 자료에 수록, 보고, 보도, 파악하고 있는 내용이다. 출처 괄호 안의 숫자는 페이지, 보고 및 보도일 자이다.
ⓓ 재산피해는 확인되는 것 중 일부를 수록했으나 대부분 생략했다고 봐도 무방하다. (실질적으로 세밀한 조사가 거의 이루어지지 못했다.)
ⓔ 도로 차단, 전신주 절단(통신선 파괴), 마을 안에서의 집회, 시위, 삐라 살포 등 초토화 이전 일반적으로 행해졌던 유격대 혹은 유사 조직의 활동에 대해서는 일부 자료에서 파악되는 것 외에는 서술하지 않았다. 그것은 당시 제주도 마을 곳곳에서 빈번하게 이루어진 중요한 일이지만 일일이 확인하기 어렵기 때문이다.
ⓕ 일지 작성에 가장 기준이 된 자료는 『4·3은 말한다』와 《제민일보》 연재 기사이다. 내실 있는 현장취재와 관계자 증언을 통해 교차검증이 된 상황을 정리했기 때문이다. 때문에 위 두 자료를 출처로 삼을 때는 다른 교차검증 자료가 있어도 표시하지 않은 경우도 있다.
ⓖ 교차검증에서 가장 우선시되는 기준은 희생자 명단이다. 동일인이 자료마다 사망일자나 피해 상황, 특히 가해 주체가 다른 경우도 있어 이를 중심으로 각주에 설명했다. 각기 다른 기록은 진실 하나로 정리되어야 할 것이다. 이 또한 남은 과제이다.
ⓗ 내용과 시기가 유사하나 같은 사안인지 파악이 안 된 경우는 그대로 서술해 중복 우려가 있다. 이 경우 가능하면 각주에 필자의 의견을 보태어 보완의 여지를 남겼다.
ⓘ 미군정보고와 『투쟁보고서』는 날짜나 장소의 오류, 누락이 상당

하다. 출처에 이 자료가 단독으로 기재된 사안은 그 사실 여부, 일시·장소의 정확성 여부를 단정할 수 없다. 그럼에도 수록한 이유는 사실이 아니라고 단정할 수 없거니와, 추가 검증을 통해 보완할 수 있는 여지를 남기고자 함이다. 이는 『4·3은 말한다』와 《제민일보》외 단독으로 출처가 표시된 모든 자료에 해당된다.

ⓙ 피해 내용은 출처 중 맨 앞의 자료를 기준으로 서술했으며, 기준 자료와 다른 자료의 중요한 내용은 각주에 서술했다.

ⓚ 장소, 시기를 특정하지 않은 자료는 활동일지에 생략될 수 있다.

ⓛ 미군정자료나 군경자료에 빈번한데, 1948년 11월 초토화작전 및 그 이후 대토벌기에 하나의 사건, 한 마을이나 지역, 하루의 보고에서 일방적으로 '폭도, 공비 수십 명~수백 명 사살', 토벌대 측 피해가 전혀 없는 교전, 사살한 '폭도', '공비' 수에 비해 총기 등 노획물이 터무니없거나 토벌대 측 피해가 전혀 없는 기록이 많이 보인다. 이는 당시 불가항력 상태의 마을 주민, 중산간 피난 주민, 해변마을에서의 도피자가족 등에 대한 토벌대의 일방적 학살일 가능성이 짙어 유격대의 피해나 교전, 충돌로 파악하지 않았다.

ⓜ 『제주4·3사건추가진상보고서』의 「군인·경찰·우익단체 피해실태」자료도 활용했다. 하지만 피해 날짜나 장소를 특정하지 못하는 경우도 많다. 또한 이 자료는 국가유공자로 확정된 1,091명[217]

---

217) 제주4·3평화재단, 『4·3추가진상보고서Ⅰ』, 670쪽.
218) 제35차 4·3중앙위원회(2024.11.15.) 결정 기준으로 유격대에 의한 희생자 수는 전체 희생자 14,935명 중 1,807명으로 추정함.

에 대한 기록이므로 유격대에 의한 희생자 전부(1,807명 추정)[218]를 포괄하지 못하고 있다. 때문에 대부분 실제 피해 인원보다 적게 기록됐다. 이는 유격대 일지 정리 및 유격대에 의한 피해실태 파악에 한계로 작용했다. 인원이 다른 경우 각주에 표기했다.

ⓝ 1949년 들어서 경찰이나 군인들이 산간 지역 토벌에 나서며 상호 교전에 의한 희생이 많았다. 대부분 유격대나 피난 입산 주민들이 은신해 있는 깊은 산속 즉, 한라산 일대이다. 이에 따라 1949년 봄부터 본격화된 토벌대의 산중 작전 중 전상자의 피해지역을 '□□리'라 표기됐어도 '미상' 지역으로 분류했다. 유격대가 □□마을을 대상으로 벌인 작전이나 활동이 아니기 때문이다. 단, 이 시기 마을 습격에 의한 피해는 지역을 표기했다.

ⓞ 우익단체(민보단 등) 희생자는 크게 마을 안에서 보초경계 중 유격대의 습격으로 희생된 경우와 군경민합동 토벌작전(대부분 맨 앞에 척후병으로 내세우는 총알받이였지만) 중 희생으로 분류된다. 유격대 활동 일지에는 전자의 경우만 수록했다. 왜냐하면 후자인 경우 유격대의 특별한 작전에 의한 것이 아니라 수색 중 벌어진 일상적 상황이기 때문이다. 그럼에도 비교적 큰 상호전투과정에 희생된 사항은 군인이나 경찰의 피해 상황과 더불어 일지에 수록했다.

ⓟ 각 자료의 피해 날짜인 경우, 실제 상황이 벌어진 날인지, (부상 후) 사망한 날인지, 납치에 의한 피해의 경우, 납치된 날인지, 시신을 발견한 날인지 등이 불명확하다. 확인되는 사항은 각주에 표기했다.

ⓠ 많은 자료에서 음력과 양력을 혼용하기 때문에 여러 자료와 비교하는 과정에 어려움이 많았다. 자료를 비교하며 걸러내고자

ⓡ 서두에 밝혔지만 이 책을 펴내며 필자가 모든 4·3 관련 자료를 확인하지는 못했고, 확인하더라도 다른 자료와 중복되거나 신빙성에 심각한 의심이 있는 경우는 필자의 판단에 따라 반영하지 않은 것도 있기 때문에 일지에는 누락이나 출처를 제공하지 못한 자료가 많다. 결국 이 활동일지는 유격대 활동의 흐름을 파악하고자 하는 것으로 여전히 미완이며 향후 보완되어야 할 것이다.

ⓢ 마을향토지 중 『4·3을 말한다』, 《제민일보》 기사 등을 그대로 수록한 경우 출처에 기재하지 않았으며, 일부 인명은 익명 처리했다.

활동일지 정리 시기는 크게 아래의 다섯 시기로 분류했다.

① 무장봉기와 5·10 단선 저지 (1948.2.~5.26.)
② 지하 선거, 남과 북 각각 정부수립 (1948.5.27.~9.9.)
③ 충돌의 격화, 주민 대량 희생 (1948.9.10.~1949.3.1.)
④ 대토벌과 귀순공작, 유격대의 와해 (1949.3.2.~1950.6.24.)
⑤ 한국전쟁 발발, 잔여 유격대의 준동과 소멸 (1950.6.25.~1957.4.2.)

그럼 지금부터 제주도인민유격대의 활동 내용을 살펴보자. 출처의 기호와 약칭, 미군 보고서의 신뢰도 관련 참조사항은 다음과 같다.

△출처

가: 『4·3은 말한다』 1권(《제민일보》 4·3취재반, 1994)

나: 『4·3은 말한다』 2권(《제민일보》 4·3취재반, 1994)

다: 『4·3은 말한다』 3권(《제민일보》 4·3취재반, 1997)

라: 『4·3은 말한다』 4권(《제민일보》 4·3취재반, 1997)

마: 『4·3은 말한다』 5권(《제민일보》 4·3취재반, 1998)

바: 『한라산은 알고 있다. 묻혀진 4·3의 진상』(문창송 편, 1995, 『제주도인민유격대 투쟁보고서』 수록)

사: 《제민일보》

아: 《제주신보》

자: 《조선일보》

차: 《서울신문》

카: 《경향신문》

타: 《동광신문》

파: 〈주한미육군사령부 일일정보보고〉(4·3위원회 자료집 7, 미국자료①)

하: 〈주한미육군 제6보병사단 일일정보보고〉(4·3위원회 자료집 8, 미국자료②)

거: 〈주한미육군 971방첩대(CIC) 월간정보보고〉(4·3위원회 자료집 8, 미국자료②)

너: 〈대한민국 육군 제9연대 일일활동보고서〉(4·3위원회 자료집 8, 미국자료②)

더: 〈육군 정기 정보보고 및 전투상보〉(4·3위원회 자료집 5, 군경자료편①)

러: 『제주4·3사건추가진상조사보고서 Ⅰ』(제주4·3평화재단, 2019, 〈군인, 경찰, 우익단체 피해실태〉 수록)

머: 『제주4·3사건추가진상자료집-4·3 관련 경찰 자료』(제주4·3평화재단, 2019)

버: 『제주항쟁』창간호(제주4·3연구소, 1991)

서: 『제주경찰사』(제주도경찰국, 1990)

어: 『해병전투사』(해병대사령부, 1951)

저: 『4·3의 진정한 희생자는!』창간호(제주4·3정립연구·유족회, 2013)

처: 『4·3의 진정한 희생자는!』2집(제주4·3정립연구·유족회, 2014)

커: 『4·3의 진정한 희생자는!』3집(제주4·3정립연구·유족회, 2015)

터: 『4·3의 진정한 희생자는!』4집(제주4·3정립연구·유족회, 2015)

퍼: 『4·3의 진정한 희생자는!』5집(제주4·3정립연구·유족회, 2015)

허: 『4·3의 진정한 희생자는!』6집(제주4·3정립연구·유족회, 2016)

고: 『4·3의 진정한 희생자는!』7집(제주4·3정립연구·유족회, 2017)

노: 『영원한 우리들의 아픔 4·3』(박서동, 1990)

도: 『제주4·3폭동의 진상은 이렇다』(고재우, 1998)

로: 『되돌아 보는 6·25전쟁과 제주도』(제주특별자치도재향군인회, 2020)

모: 『제주도인민들의 4·3무장투쟁사』(김봉현·김민주, 1963)

보: 『제주사연표』Ⅱ(제주사정립사업추진위원회, 2005)

소: 『KBS제주방송40년』(KBS제주방송총국, 1991)

오: 가시리, 『가시리지 가스름』

조: 감산리, 『감산향토지』

초: 고산리, 『고산향토지』

코: 고성리(애월읍), 『고성리지』

토: 하례2리, 『공천포지』

포: 김녕리, 『김녕리지』

호: 낙천리, 『낙천리향토지』

구: 난산리, 『난산리지』

누: 노형동, 『노형동 4·3이야기』

두: 도순리, 『도순마을지』

루: 동명리, 『동명향토지』

무: 명월리, 『명월향토지』

부: 박용후, 『모슬포』

수: 법환리, 『법환향토지』

우: 삼달리, 『삼달리지』

주: 삼양동, 『삼양동지-삼양·도련』

추: 색달리, 『색달마을지』

쿠: 서홍동, 『서홍리지 서홍로』

투: 성읍리, 『성읍마을』

푸: 수산리(애월읍), 『수산리지』

후: 신풍리, 『냇가의 풍년마을』

그: 아라동, 『아라동지』

느: 애월리, 『애월』

드: 연동, 『연동향토지』

르: 영락리, 『영락리지』

므: 영평동, 『가시나물』

브: 오등동, 『오등동향토지』

ㅅ: 오라동, 『오라동향토지』

ㅇ: 용흥리, 『용ᄆᆞ루』

ㅈ: 월평동(제주시), 『다라쿳』

ㅊ: 이도2동, 『이도2동지』

ㅋ: 장전리, 『장전마을지』

ㅌ: 중문동, 중문향토지『불란지야 불싸지라』

ㅍ: 토평동, 『토평리지』

ㅎ: 판포리, 『널개오름을 등진 섬마을』

끼: 평대리, 『평대리지』

니: 하도리, 『하도향토지』

디: 하례1리, 『하례마을』

리: 하원리, 『하원리향토지』

미: 한동리, 『한동리지 둔지오름』

비: 화북동, 『화북동향토지』

시: 화순리, 『화순리지』

△ 약칭

- 우익=대동청년단원, 서북청년단원, 독립촉성국민회, 지서 협조원, 경찰 사환 등
- 선관=선거관리위원, 유격=유격대원, 국경=국방경비대, 행불=행방불명

△ 미군 보고서[219]

원문의 각종 정보보고서의 정보 내용 말미에 표시된 (A-1)~(F-6) 등급은 정보 제공원과 정보 내용의 신뢰성을 나타내는 기호로서 번역문에서도 그대로 표기했다. 이들 기호의 뜻은 다음과 같다.

- 정보 제공원(Source)

    A. 완전히 믿을 수 있음(completely reliable)

    B. 대체로 믿을 수 있음(usually reliable)

    C. 상당히 설득력이 있음(fairly reliable)

    D. 대체로 믿을 수 없음(not usually reliable)

    E. 믿을 수 없음(improbable)

    F. 판단할 수 없음(cannot be judged)

- 정보(Information)

    1. 다른 제공원에 의해서 확인됨(confirmed by other source)

    2. 사실 가능성이 높음(probably true)

    3. 사실 가능성이 있음(possibly true)

    4. 사실 여부가 의심스러움(doubtfully true)

    5. 사실 가능성이 희박함(improbable)

    6. 판단할 수 없음(cannot be judged)

---

[219] 4·3위원회, 『4·3자료집』 7권(미국자료편①), 범례.

1. 무장봉기와 5·10 단선 저지(1948.4.3.~5.26.)

제주도인민유격대는 남로당 제주도당의 계획에 따라 1948년 4월 3일 토요일 새벽 2시, 제주도 곳곳의 오름마다 봉화를 올리고 12개 경찰지서를 습격하며 무장봉기를 감행했다. 경찰, 서청의 폭압을 물리치고 5·10 단독선거를 막는 것이 목적이었다. 이때부터 유혈 충돌이 시작되었다.

4월 3일 봉기부터 5·10 단선 거부에 이어 5월 26일 미군정장관이 북제주군 선거의 무효를 선언하기까지 55일 동안의 활동을 살펴보자. 유격대가 봉기 목표를 실현하기 위해 활동을 집약적으로 분출한 시기이기도 하다.

〈표4〉 유격대 활동일지(1948.4.3.~5.26.)

월일	지역	내용	출처
1948년			
2.26.		UN소총회, 남한만의 단독선거 의결	
3.6.	조천 조천	조천지서에서 조천중학원생 김용철 고문치사 사건 발생	아(48.3.12.)
3.14.	대정 하모	모슬포지서에서 청년 양은하 고문치사 사건 발생	아(48.3.16.)
3.15.		남로당 제주도당 무장반격전 방침 결정	바(17)
3.18.	제주 도련	마을 습격. 우익 7명 부상, 가옥 3 소각	바(34)
3.28.		남로당 제주도당, 봉기 일시 결정(4월 3일 02시~04시)	바(17)
3.29.	한림 금릉	청년 박행구, 경찰·서청에 잡혀 피살	가(575)
4.3.	남원 남원	남원지서 습격. 경찰 1명, 우익 1명 살해, 우익 2명 부상, 무기 탈취	나(26), 바(58~59)
	애월 구엄	마을 및 신엄지서 습격. 우익 가족 5명 살해, 10명 부상, 경찰 1명 중상, 유격 2명 사망	나(29~30), 바(40~41)

월일	지역	내용	출처
4.3.	애월 애월	애월지서 습격. 경찰 1명 부상	바(42), 서(332)
	한림 한림	마을 및 한림지서 습격. 경찰 1명 전사, 2명 부상, 우익 6명 부상, 유격 1명 체포	나(32), 바(46~47)
	제주 화북	화북지서 습격. 경찰 1명, 경찰 가족 1명, 우익 1명 살해, 지서 전소	나(33), 바(34), 비(146), 고(370)[220]
	제주 외도	외도지서 습격. 경찰 1명 전사	나(33), 바(35)
	조천 조천	조천지서 습격. 퇴각	나(34), 바(62)
	구좌 세화	세화지서 습격. 경찰 2명 부상	나(35), 바(60)[221]
	대정 보성	대정지서 습격. 경찰 1명 부상	나(38), 바(51)[222]
	대정	대청단장 자택 습격. 우익 1명 부상	나(38), 바(52)
	성산 성산	성산지서 습격. 퇴각	나(39), 바(59)
	제주 삼양	삼양지서 습격. 퇴각	바(34), 서(326)
	조천 함덕	마을 및 함덕지서 습격. 경찰 2명, 우익 4명 납치	서(327), 바(62),[223] 나(41)[224]
	제주 이호	비무장 시위대 40명 대청사무실 피습 시위, 사무실 파손	나(67)
	제주 도두	마을 습격. 대청단장, 단원 1명 납치 살해	노(222)
	한경 조수	마을 습격. 우익 1명 살해	러(671)
4.4.	조천 조천	조천지서 습격. 경찰 2명 부상, 유격 1명 사망	나(35), 바(63)
	제주 영평	마을 습격. 대청단원 1명 살해	나(66), 바(35) 그(231), 므(201)
	제주 월평	마을 습격. 경찰 가옥 파괴	바(35)

---

220) 폭도 습격. 김장하 순경(제주 출신)과 임신 8개월의 부인, 친척(12세) 희생.
221) 서북계 경찰 1명 사살.
222) 경찰 1명 사망.
223) 40명이 경찰 자택 습격했으나 실패. 서청 숙소 습격. 4명 살해.
224) 경찰 2명 행불.

제3장 제주도인민유격대의 활동

월일	지역	내용	출처
4.5.	애월 애월	애월지서 2차 습격, 피해 없음	바(42)
4.6.	제주 이호	마을 습격. 대청단원 2명 살해	나(67), 바(36), 파(48.4.8.), 러(671)[225]
	제주 봉개	대청단장 자택 습격. 우익 1명, 우익 가족 3명 중상, 경상 3명	파(48.4.8.), 아(48.4.8.)
	제주 도두	마을 습격. 선관위원장, 대청대원과 그 가족 납치 살해	노(222)
4.7.	한경 저지	지서 및 마을 습격. 우익 3명, 유격 1명 사망, 지서 전소	나(68), 바(48)[226]
	애월 장전	마을 습격. 우익 2명 살해	바(42)
4.8.	성산 성산	성산지서 습격. 유격 1명 사망	나(68), 파(48.4.13.)
	한림 한림	마을 습격. 유격 1명 사망	나(68), 하(48.4.9.)
	조천 조천	조천지서 2차 습격. 경찰 2명, 유격 2명 사망	바(63)
4.9.	애월 금덕	마을 습격. 우익 1명 살해	바(42), 허(281)[227]
4.10.	애월 장전	마을 습격. 우익 2명(대청단장, 총무) 살해	다(89), 바(42), 크(160), 허(291)[228]
	안덕 덕수	마을 대청단원 습격. 우익 1명 부상, 가옥 1 소각	바(55)
	애월 애월	애월지서 습격. 경찰 1명, 우익 1명 부상	하(48.4.10.)
4.11.	제주 오라	경찰 가족 습격. 경찰 가족 1명 살해	나(70), 바(36), 스(279)
	애월 광령	구엄지서 소속 토벌대가 광령리 습격. 이후 천안악 전투. 경찰 3명 전사	바(42), 파(48.4.13.)
	애월 애월	마을 및 지서 습격. 경찰 1명 전사, 부상 1명, 우익 1명 부상, 지서 일부 파괴	바(43)

---

225) 4월 3일 1명(양남호), 4월 6일 1명(이도연) 사망.
226) 4월 8일로 기록.
227) 5월 8일 금덕리 대동청년단장 희생과 동일할 것이라고 유족이 추정함.
228) 폭도 습격. 주민 3명 사망.

월일	지역	내용	출처
4.11.	애월 신엄	마을 및 지서 습격. 경찰 전사 1명, 대청 사망 2명	파(48.4.13.)
4.12.	애월 금덕	마을 습격. 우익 1명 살해	러(761)
4.13.	제주 화북	경찰, 유격대 은거지 습격 전투. 경찰 1명 전사	나(71), 바(36), 러(653)[229]
	조천 함덕	경찰, 유격대 은거지 습격 전투. 경찰 1명 전사(B-2)	하(48.4.14.)
	애월 신엄	수송차량 습격. 우익 1명 사망	러(671)
4.14.	제주 외도	외도지서 습격. 유격 1명 사망	바(36)
	조천 교래	경찰기동대 습격. 경찰 2명 전사	바(63)
	조천 조천	조천지서 3차 습격. 경찰 7명 전사, 서청 2~3명 행불	바(63), 파(48.4.16.)[230]
4.15.	조천 대흘	마을 습격. 우익 1명 살해, 가족 1명 납치 후 석방	바(63), 파(48.4.19.),[231] 러(671)[232]
	대정	경비대 해안초소 습격. 피해 없음	파(48.4.20.)
	미상	CHUHAN RI(963-1150) 경찰 가족 살해, 가옥 소실	파(48.4.24.)
4.17.		제주도 전역 경찰 전화선 절단, 전신주 36개 파괴	파(48.4.20.)
	조천 선흘	마을 습격. 우익 3명 살해	나(71), 바(64),[233] 러(671),[234] 커(272)
	제주 삼양	경찰-유격대 전투. 유격 군조직책 체포, 사망	바(36), 나(100)

---

[229] 4월 12일 경찰 임선길 전사.

[230] 경찰 1명 피살.

[231] 4월 16일 정오부터 다음 날 정오 사이에 대동청년단원 2명이 조천리 동남방 약 2마일 지점(964-1155)에서 피살.

[232] 4월 16일 부영호 사망.

[233] 4월 16일 밤 반동 1명 숙청.

[234] 4월 15일 고평지, 4월 26일 부동선 희생.

월일	지역	내용	출처
4.17.	조천 신촌 (추정)	SINCHOD(좌표 미상) 공격. 경찰 부친 1명과 민간인 부부 살해. 교사 1명 부상, 민간인 2명 납치, 마을 교량 파괴	파(48.4.20.), 바(64)[235]
	제주 외도	유격대와 교전 중 경찰 1명 부상	러(654)
	안덕 동광	마을 습격. 주민 1명 살해	머(319)
4.18.	조천 신촌	경찰 가족 습격. 1명 살해	나(71), 바(64), 파(48.4.20.)
	애월 곽지	마을 습격. 경찰 가족 1명 살해	나(72), 바(43), 파(48.4.21.), 러(671)[236]
	제주 도평	마을 습격. 투표소 기습. 선거기록 탈취	파(48.4.22.)
	제주 삼양	삼양지서 습격. 유격 1명 사망	바(36)
	애월 금성	마을 습격. 민간인 1명 살해	바(43)
	대정 보성	대정지서 습격. 경찰과 교전	바(52)
	미상	CHINEM RI(964-1151) 경찰지서 공격. 사상자 없음	파(48.4.22.)
4.19.	조천 신촌	투표소 기습. 투표소 전소, 서류 탈취	파(48.4.22.), 바(64)
	제주 외도	외도지서 습격. 경찰 1명 부상, 지서 반파괴	바(36)
	제주 노형	마을 습격. 경찰과 교전 유격 4명 사망	파(48.4.23.)
		제주읍 동·서·남쪽을 잇는 전화선 및 전주 절단(B-2)	하(48.4.20.)
	제주 봉개	도련리 주민 납치 살해	러(671)
4.20.	애월 장전	마을 습격. 주민 1명(면서기) 살해	다(89), 크(160)
	조천 선흘	방목지에서 주민 1명 살해	러(671)
	제주 월평	마을 습격. 주민 2명 살해	바(37)
	대정	모슬포(925-1116) 경비대 진지 접근, 경비병 발포로 퇴각	파(48.4.21.)
	안덕 광평	선거관리위원 회의 중 습격, 선거서류 일체 탈취	머(228)

---

235) 신촌리 반동 진장섭(교원), 김문봉과 부인 외 3명 숙청. 김영아(교장) 부상.
236) 4월 19일 박영도 사망.

월일	지역	내용	출처
±4.20.	조천 함덕	마을 습격. 우익 2명 살해	바(64~65)
4.21.	제주 (이호, 내도)	4월 21일 정오부터 다음 날 정오 사이에 제주읍 이호리와 내도리 선거관리위원회 사무소 습격. 모든 선거기록 탈취	파(48.4.23.)
	구좌 송당	4월 21일과 22일 밤 사이 마을 공격. 유격 1명 사망, 1명 체포	하(48.4.26.)
	대정 동일	마을 습격. 선관위원 1명 살해, 선거서류 탈취	나(73), 바(52), 파(48.4.23.)
	대정 상모	대정면사무소 습격. 직원 2명 살해	나(465), 파(48.4.23.)
	조천 북촌	선거사무소 습격. 선거 서류 탈취	나(465), 파(48.4.27.)
	애월 구엄	신엄지서 2차 습격. 경찰 1명 부상	바(43)
4.22.	제주읍	제주읍 동부지역 전화선 절단, 전신주 일부 파괴	하(48.4.23.)
4.23.	제주 도남	웃동네 습격. 경찰의 처와 젖먹이 아들 살해	츠(217), 하(48.4.23.)
4.24.	제주	제주읍 동쪽으로 서귀포(좌표 미상)까지 모든 전화선 절단(A-1)	파(48.4.26.)
	제주	제주비행장 이륙하던 C-47기 1대 저격수 2명으로부터 저격 (F-6, 신뢰도 알 수 없음)	파(48.4.26.)
	제주	미군정청 내 PX 건물 파괴	파(48.4.26.)
	조천면(바농오름 추정)	CHIM-AK Mountain(965-1145) - 밤 사이에 지서를 공격하는 동안 전화선을 절단하던 민간인 2명을 경찰이 사살(B-2)	하(48.4.28.)
4.26.	제주 삼양	삼양리 습격, 유격 1명 사망	파(48.4.27.), 러(671)[237]
4.27.	제주 외도	쌀 공출 호송 경찰 습격. 경찰 1명 전사, 부상 1명	바(44)
	애월 신엄	한림면 선거관리위원 이동 중 습격. 피해 없음	파(48.5.1.)
	제주 영평	도로 파괴	하(48.4.28.)
	미상	SO-DONG(958-1149), 경찰과 유격대 교전. 유격 1명 체포(A-1)	하(48.4.28.)

---

[237] 민보단 1명(김병생) 납치 살해.

월일	지역	내용	출처
4.27.	대정 동일	우익 인사 1명 살해	바(52)
4.28.		유격대 사령관 김달삼-9연대장 김익렬 회담	나(132)
	제주 화북3	'황새왓'(화북 3구) 습격, 선관위원 1명 납치, 38일 후 시신 발견	나(74), 바(37), 러(671)[238]
	제주 노형2	노형2구, 유격대-경찰 전투. 경찰 3명 부상	바(37)
	대정 상모	면사무소 습격. 우익 사망 1명, 부상 1명, 남로당원 1명 사망	바(52)
	대정 안성	마을 습격. 우익 1명 중상	바(52)
	제주 내도 애월 하귀	내도리와 하귀리에 도로 장애물 설치, 전화선 절단(B-2)	하(48.4.29.)
	대정 신평	유격대와 교전 중 경찰 1명 전사	러(654)
	제주 삼양	마을 습격. 우익 1명 살해	러(672)
4.29.	제주 오라	마을 습격, 우익 2명(대청단장과 부단장) 납치	나(150), 러(675.)[239]
	제주 오라	대청단원 가족 납치, 우익 가족 1명 살해, 1명 부상	나(154), 파(48.5.1.)
4.30.	조천 함덕	대청 단원 1명 납치	파(48.5.1)
	대정 신평 (추정)	SINTENG RI에서 선관위원 1명 살해	파(48.5.1.), 머(244)[240]
	/	서귀포와 모슬포 사이에서 송전선 및 전화선 절단	파(48.5.4.)
	미상	WOLTANG-NI(958-1148) 습격. 대청단원 2명의 집 방화(B-2)	하(48.5.3.)
4월 하순	안덕 동광	마을 습격. 경찰 가족 1명 살해	바(55)
	조천 신흥	경찰 가옥 습격. 가옥 1 소각	바(65)
	조천면	우익인사 습격. 우익 1명 살해	바(65)

---

238) 영평리 선관위원장(오두헌).
239) 10월 21일 박두인(대청) 납치 살해.
240) 4월 31일로 보고.

월일	지역	내용	출처
5.1.	제주 오라	입산자 가옥 방화와 상호 교전. 경찰 가족 1명, 주민 1명 사망	나(154), 바(37), 파(48.5.3.)[241]
	제주 도평	마을 습격. 선관위원 1명 살해, 우익 1명 납치	나(213), 파(48.5.3.)[242]
	제주 화북3	화북3구 습격. 우익 1명 살해	바(37)
		제주읍 동부, 서부 곳곳에서 경찰 전화선, 우편 통신선 절단	파(48.5.3.)
	대정 신평	마을 습격. 우익인사 1명 살해	바(52)
	대정 영락	마을 습격. 우익인사 1명 살해	바(52)
	중문 상예2	전주 8본 절단	머(319)
5.3.	미상	귀순자 200여 명을 인솔하는 9연대 병사와 미군을 향해 유격대가 공격. 유격대 5명 사망	나(184~185)[243]
	애월 애월 (추정)	애월면 공격	파(48.5.5.)
	구좌 하도 (추정)	HAEDO-RI(948-1152) 공격	파(48.5.5.)
5.4.	조천 함덕	함덕리 대동청년단원 2명 납치	파(48.5.6.)
	대정 하모	모슬포지서에 다이너마이트 투척, 불발	파(48.5.6.)
	제주 도두	도두리 부근에서 전화선 복구 중인 경찰 공격. 경찰 응사로 유격 1명 부상, 체포	파(48.5.6.)
	중문 중문	중문면 대청 사무소에 다이너마이트 투척	머(320)

241) 피살자는 남자 2명, 여자 4명으로, 그중 여자 1명은 교살되었고 다른 1명은 칼에 찔려 죽었다. 여자 2명 이외에도 10살 소녀가 4월 30일 오라리에서 피살되었다.
242) PYUNG-NI(좌표미상)의 선거관리위원장 피살.
243) 4·28협상 결과 귀순행렬을 두고 벌어진 사건으로, 경찰은 경찰과 미군을 이간시키려는 유격대의 공격이라 하고, 김익렬 연대장 측은 경찰의 귀순방해공작으로 판단함.(『4·3은 말한다』 2권, 1994, 185쪽)

월일	지역	내용	출처
5.5.	제주 화북	마을 습격. 선관위원 1명, 주민 2명 살해	나(213), 바(38), 파(48.5.6.), 비(148)
	제주 내도	마을 습격. 주민 1명 살해	나(214), 파(826), 저(234)[244]
	대정 보성	마을 습격. 우익 1명 살해	바(53)
	대정 영락	마을 습격. 우익 1명, 우익 가족 2명 살해	바(53)
	제주 삼양	마을 습격. 대청단원 2명 살해	파(48.5.6.)
	제주 봉개	유격대와 교전 중 경찰 1명 전사	러(654)
5.6.	대정 무릉	무릉지서 습격, 유격 1명 사망	다(61), 파(48.5.7.), 바(53)[245]
	제주	유격대-경찰 전투, 경찰 2명, 유격 2명 사망	바(38)
	중문 대포	대포리 지경 전주 4본 절단	머(319)
	애월 수산	마을 습격, 대동청년단장 납치 살해	사(99.4.2.)
5.7.	애월 장전	유격대-경찰 전투 유격대 1명 부상 후 사망, 경상 1명.	나(262), 바(44),[246] 크(160), 하(48.5.7.)[247]
	제주 노형	유격대와 교전 중 경찰 1명 부상	러(654)
	애월 광령	마을 습격. 우익(애월 수산) 1명 살해	러(672)
	제주 화북	마을 습격. 우익 4명 살해	바(38)
	제주 삼양	삼양리 우익 5명(1구 1명, 2구 2명, 3구 2명) 살해	바(38)
	제주 도련	도련 1구 습격, 우익 2명 살해	바(38)
	조천 함덕	함덕지서 습격. 경찰 2명 살해	바(66)

244) 4월 18일 폭도 습격. 신현집 살해.
245) 5월 4일로 기록.
246) 경찰 10명 사망, 12명 중상 추측이라 하나 과장일 가능성 많음.
247) 오후 6시 경찰과 유격대 교전으로 경찰 1명 피살, 5명 부상(B-2).

월일	지역	내용	출처
5.8.	제주 오등	마을 습격. 선관위원장 등 우익 8명 살해, 부상 1명, 납치 1명, 주민 2명 살해	나(215~6), 바(38), [248] 노(129)
	제주 아라	마을 습격. 선관위원 1명, 우익 가족 1명 살해	나(216), 바(38), 노(114)
	애월 신엄	도로 파괴(B-2)	하(48.5.9.)
	안덕 창천	마을 습격. 보초경계 중인 우익 1명 살해	러(672), 나(232)[249]
	조천 함덕	경찰 1명 부상	바(66)
	애월 금덕	애월 동10리 대동청년단장 납치 살해	허(279)[250]
5.9.	한림 금악	마을 습격. 선관위원 1명, 우익 1명 납치 살해	다(44)
	한림 수원	이장 집 습격. 투표함, 선거인명부 탈취	버(257)
	제주 도두	선거보이콧 거부 주민 1명 희생	다(46)
	구좌 송당	마을 습격. 선관위원 1명, 우익 1명 살해, 가옥 소각	다(55), 바(60), 파(834)
	구좌 동복	마을 습격. 우익 1명 살해, 가옥 1 소각	바(60)
	조천 선흘	유격대와 교전 중 경찰 1명 전사	러(654)
	제주 외도	마을 습격. 주민 3명 살해	사(99.4.30.), 러[251]
	제주 도련	마을 습격. 1명 납치, 봉개 지경에서 살해	러(672)
	애월 신엄	방목지에서 주민 1명 살해	러(672)
	한림 상명	저지리 청년회장, 청수리 출신 교장 납치 살해	러(672), 커(327)
	애월 고성	금덕리 우익 1명 납치 살해	러(672)

248) 5월 7일 죽성리(竹城里)에서 반동 3명 숙청.
249) 5월 10일 응원경찰대의 오인 사격으로 사망(대청 부단장 김○인).
250) 4월 9일 금덕리 희생과 동일 추정.
251) 『4·3추가진상보고서 Ⅰ』: 고용권-5월 8일 한라산에서 피살(672쪽), 고창휘 11월 6일 행불(675쪽), 부상 1명(654쪽).

월일	지역	내용	출처
5.10.	제주읍	제주읍사무소 선거 방해 수류탄 투척	바(38)
	안덕 광평	선거사무소 습격. 투표 보이콧	바(55)
	표선 가시	투표소 습격. 선관위원 1명, 주민 2명 살해, 경찰 경비 아래 투표 실시	나(227), 바(58), 오(73)
	성산 수산	투표소 습격. 주민 3명 살해, 향사 소각	나(230), 바(59), 푸(46)
	구좌 덕천	선거사무소 습격. 투표함 파괴, 가옥 1 소각	바(61)
	중문 하예	선거사무소 습격. 투표함 파괴	바(56)
	중문 상예	마을 습격. 우익 2명, 우익 가족 1명 살해, 명부 탈취	나(231)
	중문 색달	투표소 습격. 투표 방해	추(71)
	서귀 토평	투표소 습격. 선거 관련기록 탈취	프(164)
	제주 봉개	마을 습격. 구장 1명 살해	러(672)
	제주 도두	마을 습격. 우익 4명 살해	바(38)
	조천 대흘	대흘 1구에서 투표함 수송 서청 3명 및 서청 교원 1명 살해	바(67)
±5.10.	애월 고성	이장 자택 습격. 선거문서 탈취	코(74)
	한림면	5월 10일 밤 한림면 공격. 경찰과 경비대 합동작전으로 퇴각. 유격 25명 체포(B-2)	파(48.5.14.)
5.10.~12.	구좌 송당	송당리 지역을 45차례 습격. 대동청년단원 2명 살해, 주택 5채 소실	파(48.5.14.)
5.11.	제주 도두	마을 습격. 선관위원 1명, 우익 2명 납치 살해	다(46), 바(38), 러(673)[252]
	구좌 하도	마을 습격	바(61)
	구좌 상도	마을 습격. 우익 2명 살해, 가옥 1 소각	바(61)
	구좌 평대	구좌면사무소 소각	바(61), 기(99)
	구좌 한동	마을 습격. 주민 2명 살해, 부상 2명	바(61), 미(123)

---

252) 5월 15일 구장(선관위원장) 김해만 납치 살해.

월일	지역	내용	출처
5.11.	구좌 월정	마을 습격. 가옥 1 소각	바(61)
	애월 하가	선거위원장 자택 습격. 선거서류 탈취	허(48)
	미상	HAMBOK(940-1144) 인근 경찰관 2명 납치(B-2)	파(48.5.14.)
5.12.	조천 조천	마을 습격. 주민 2명 살해	다(25)
	애월 하귀	마을 습격. 경찰과 교전. 유격 2명 사살	파(48.5.14.)
	미상	KAN OON DONG(931-1124) 습격. 민간인 1명 살해(B-2)	파(48.5.14.)
	구좌 세화	세화지서 공격(B-2)	파(48.5.14.)
5.13.	조천 함덕	함덕지서 습격. 경찰 4명 전사, 실종 3명, 주민 1명 살해, 1명 부상, 지서 전소	다(25~28), 바(67~69), 파(48.5.15.)[253]
	한경 저지	마을 및 지서 습격. 경찰 1명, 우익 1명, 우익 가족 1명, 주민 1명 살해, 가옥 100여 채, 학교 소각	다(32~34), 바(48), 파(48.5.21.)[254]
5.14.	한림 한림	한림지서 습격. 경찰 1명 살해, 유격 4명 사망	다(38~39), 바(49~50), 파(48.5.17.)[255]
	한림 상명	마을 습격. 경찰 부친 주택 방화	파(48.5.21.)
	한림 명월	마을 습격. 우익 가족 1명 살해, 우익 가족 3명, 공무원 3명, 주민(협재리) 1명 납치 살해	다 (39~40), 바 (49), 파(48.5.21.),[256] 무(232), 러(673)[257]

253) 폭도 300명이 함덕리를 공격. 경찰 1명 피살, 5명 실종, 민간인 2명 피살. 버스에 수류탄 투척해서 경찰 1명과 버스운전사 부상. 지서 전소(B-2).

254) 폭도 기습으로 경찰 1명, 주민 6명 피살, 주민 1명 실종, 7명 납치. 식량과 의류 탈취, 지서와 주택 130채 방화(B-2).

255) 폭도들이 5월 14일 오후 1시 습격. 폭도 5명 사살. 폭도들은 다음 날 오후 3시에 재차 한림을 공격하여 경찰 1명 살해, 주택 방화(미군정 보고, B-2).

256) 폭도들이 5월 14일 오후 4시 명월리 공격. 선거후보의 아내에게 총격을 가하고 후보의 집을 방화.

257) 한림면 금악, 명월, 한림리에서 임창현(전 한림면장), 임보국(교사), 임순준, 진갑출, 진윤종, 진홍종, 박수석(협재), 강공오, 김태화 등 9명 사망.

월일	지역	내용	출처
5.14.	한림 동명	마을 습격. 경찰 가옥 방화	다(40), 루(597)
	한림 금악	마을 습격. 우익 1명, 주민 2명 살해, 주민 1명 부상, 가옥 7채 소각	다(42~43), 바(49)
	제주 도두	마을 습격. 우익 부자(父子) 납치 살해	다(46), 러(673)
	성산 수산	마을 습격. 주민 3명 살해	러(673)[258]
5.15.	조천 함덕	함덕지서 경찰 1명 유격대 합류	바(70)
	제주 화북	마을 습격. 경찰 1명, 주민 1명 납치 살해	러(673)
	애월 수산	마을 습격. 면사무소 직원 납치 살해	러(673)
	조천 조천	양천동 우익인사 일가 7명 납치 살해	도(36), 바(71),[259] 러(673)[260]
5.16.	조천 조천	조천지서원 3명 유격대 합류	바(70)
	애월 수산	마을 습격. 경찰 반격으로 유격 1명 사망	파(48.5.18.)
	한림 한림	선관위원 일가 5명 납치 살해	도(37)
	한림 귀덕	마을 습격. 주민 1명 살해	러(673), 사(98.9.18.)[261]
5.17.	안덕 광평	국경이 유격대 기습. 유격 1명 사망	바(84)
	제주 오라	11연대 군인 유격대와 교전 중 1명 전사	러(635)
	제주 도두	마을 습격. 우익 가족 6명 납치 살해	다(47), 파(48.5.24.)[262] 노(210)[263]

---

258) 고용언, 김태근, 김태현 사망.
259) 5월 17일경, 조천리 양천동 반동 7명 숙청.
260) 5월 12일 1명(고순택) 납치 피살.
261) 5월 11일 토벌대에 의해 사망(현○순).
262) 여성 7명, 남성 3명 납치. 여성 중 1명 심하게 구타당한 시체로 발견(C-3).
263) 『해방 30년사』(225쪽)를 근거로 5월 19일 윤간, 매음 등 잔혹 행위를 당하다 학살당했다고 기록.

월일	지역	내용	출처
5.18.	대정 영락	마을 습격. 우익 일가 4명 살해	다(57)
	제주 화북	마을 습격. 우익인사 습격. 1명 살해	바(39), 러(673)[264]
	애월 금성	마을 습격. 주민 1명 살해	사(98.10.9.), 러(671)[265]
5.19.	대정면	경찰 가족 5명 살해	파(48.5.26.)[266]
	애월 납읍	마을 습격. 주민 1명 납치 피살	러(673)
5.20.		9연대 탈영사건, 장병 43명 탈영 입산	다(106~114), 바(53), 파(48.5.24.)[267]
	대정 보성	9연대 탈영병 대정지서 습격. 경찰 4명, 급사 1명 사망, 경찰 2명 부상	다(114~118), 바(53), 파(48.5.24.)
	표선 표선	마을 습격. 경찰공격으로 퇴각(B-2)	파(48.5.25.)
	남원 위미	전화선 절단	파(48.5.28.)
	제주 이호	경찰과 교전. 유격 2명 부상, 2명 체포, 소총 등 피탈	하(48.5.20.)
5.21.	표선 표선	마을 습격 및 교전. 민간인 1명, 유격대 4명 사망(B-2)	파(48.5.25.)
	대정 보성	대정지서 습격. 지서 소각	다(128), 바(53), 러(654)[268]
	남원 남원	경찰 토벌대 작전. 유격 1명 사망	바(85)
	제주 오등	오등리에서 교전. 유격 4명 사망, 1명 체포. 경찰 1명 부상(B-2)	파(48.5.25.)

---

264) 5월 17일 주민 1명(김용언) 납치 살해.
265) 4월 19일 양재길 자택 습격 살해.
266) 5월 19일 자정 모슬포 인근 '용동'의 경찰 가족 5명 살해.
267) 경비대원 41명이 개인 병기와 장비, 실탄 5,600발을 가지고 탈주. 5월 21일 새벽 4시 탈주병 30명이 대정지서 공격, 경찰 3명과 사환 1명을 살해하고, 지서장에게 부상을 입혀 납치.
268) 경찰 전사 1명, 부상 1명.

월일	지역	내용	출처
5.22.	안덕 상창	마을 습격. 우익 1명 살해	다(74), 러(673)[269]
	안덕 창천	마을 습격. 우익 2명 살해	다(74), 러(673)[270]
		9연대 탈영병 중 20명 체포, 소총 19정, 실탄 3,500발 회수	다(129), 파(48.5.26.)
	대정 보성	대정지서 습격. 경찰 5명 전사, 1명 부상	러(655)
	대정 일과	마을 습격. 우익인사 1명 살해	바(53)
	한경 저지	마을 습격. 주민 1명 납치 살해	러(673)
	중문 도순	마을 습격. 보초경계 중이던 주민 1명 살해	러(673)
5.23.	대정 상모	면사무소 습격. 문서 탈취	바(53)
	안덕 화순	안덕지서 습격. 경찰 1명 부상, 전화선 절단(B-2)	파(48.5.26.)
	한경 고산	고산지서 습격. 유격대 3명 사망(B-2)	파(48.5.24.)
	중문 상예	마을 습격. 주민 1명 납치 살해	다(75), 바(56)
	중문 색달	마을 습격. 주민 1명 납치 살해	다(75), 바(56), 러(673)[271]
	중문 도순	마을 습격, 주민 2명 살해, 1명 납치, 유격대 15명 사망	파(48.5.26.)
	구좌 하도, 상도	마을 습격, 주민 7명 살해	바(61)
	대정 일과	마을 습격, 우익 1명 살해	러(673), 고(316)
5.24.	안덕 화순	안덕지서 습격(B-2). 면사무소 방화	파(48.5.27.), 바(55),[272] 시(277)[273]

---

269) 5월 20일(오항주) 사망.
270) 5월 20일(강기송, 오남주) 사망.
271) 5월 24일 강보찬(대청단장) 납치 피살.
272) 경찰 6명 즉사, 반동 1명 숙청, 면사무소, 대청사무소 소각.
273) 안덕면사무소 소실.

월일	지역	내용	출처
5.24.	남원 남원	남원면사무소 방화(B-2)	파(48.5.27.)
	서귀 서홍	마을 습격. 주민 5명 살해	다(71~72), 바(57),[274] 파(48.5.27.),[275] 쿠(73)[276]
	한림 한림	5·10단선 출마자 양병직 자택 습격. 유격대 1명 체포	바(39)
	대정 신평	경찰 1명 전사(B-2)	파(48.5.27.)
	남원 태흥	전주 50본 절단	머(307)
5.26.		딘 군정장관, 제주도 북제주군 갑·을 선거구 선거무효(6월 23일 재선거) 포고문 발표	
	대정 무릉	인향동 인근에서 유격대-경찰 전투. 경찰 전사 14명, 부상 11명	바(53~54)
	서귀 서홍	마을 습격. 주민 1명 살해	다(72)

274) 서홍리 반동 6명 숙청, 1명 부상, 물품 다수 탈취.
275) 5월 25일 새벽 폭도들이 서홍리 마을 공격. 주민 3명이 피살되고 3명은 부상(B-2).
276) 주민 5명 희생, 뒷날 1명 추가 희생, 부상자 1명.

이 기간은 무장봉기를 위한 준비와 그들이 내세운 봉기의 목적인 '극악반동 숙청과 단선단정 반대'를 위해 활동을 집중한 시기이다.

1948년 3월 15일부터 4월 2일의 준비기간 동안 남로당 제주도위원회는 무장투쟁의 결정을 놓고 지도부 간 이견이 분출되는 등 긴박한 시기였다. 격론 끝에 3월 15일 무장봉기를 결행하기로 합의한 남로당은 조직적으로는 '유격대'와 '자위대'를 꾸리고, 무장투쟁에 필수적인 병기 준비와 정보 수집에 주력했다. 준비는 극비합법적(極秘合法的)으로 진행됐지만 여의치 않았다. 무장투쟁의 수위를 놓고도 지도부 간의 합일된 생각이 없는 등 조직적·계획적인 준비가 철저하지 못한 상태에서 무장봉기 방침이 결정됐다.

하지만 봉기일을 결정하고 행동에 나선 유격대는 4월 3일 경찰지서와 서청 숙소 등을 집중 공격하며 탄압에 대한 저항의지를 분명히 하였고, 이후 5·10단선 저지를 위해 선거업무에 협조하는 우익단체원, 선거관리위원을 공격했다. 또한 선거 관련 서류를 탈취하기 위해 면사무소, 마을의 선거관리소를 습격하는가 하면, 일부 마을에서는 선거를 피해 주민들을 입산하게 하는 등 선거방해 활동을 적극 시행했다. 결국 5월 26일 딘 군정장관이 제주도의 2개 선거구(북제주군 갑·을)의 투표 무효를 선언함으로써 제주도는 5·10단선을 거부한 유일한 지역으로 역사에 기록되었다.

또한 4월 3일 봉기와 더불어 '4·28평화회담', '오라리 방화사건', 9연대 병사들의 집단 탈영 등 4·3 발발 초기 많은 의미를 지닌 사건이 이 기간 중에 있었다. 이에 대해서는 주요 활동에서 다시 한번 거론할 것이다.

이 시기 지역별 활동 현황은 〈표5〉와 같다.

〈표5〉 지역별 활동 현황(1948.4.3.~5.26.)

구분	습격[277]	교전[278]	계
제주읍	39	22	61
애월면	20	12	32
한림면[279]	11	3	14
한경면	2	3	5
대정면	16	13	29
안덕면	8	2	10
중문면	7	1	8
서귀면	3	-	3
남원면	1	1	2
표선면	2	1	3
성산면	2	2	4
구좌면	12[280]	3	15
조천면	16	9	25
미상	4	4	8
계	144	75	219

---

277) 마을 습격에 의한 민보단·우익단체원·경찰 가족·주민 살해·납치, 관공서 습격 등.
278) 지서 습격. 토벌작전 중인 군·경과의 직접 전투. 경찰주둔소, 군부대 습격 등.
279) 현재 한경면은 당시 한림면에 속해 있었으나 편의상 분리하여 서술함.
280) 미군정보고서는 5월 10일~12일 유격대가 송당리를 45차례 공격했다고 했으나 이를 1회로 간주함.

2. 지하 선거, 남과 북 각각 정부 수립(1948.5.27.~9.9.)

5·10선거가 무산되면서 일정 정도 목적을 달성한 유격대의 활동이 현격히 줄어든 시기이다. 이 시기 활동의 핵심은 해주인민대표자대회 참가자 결정을 위한 지하선거(백지날인)였다. 9연대 병사 집단 탈영과 박진경 연대장 암살 등 굵직굵직한 사건도 이 시기에 발생했다. 제주도 2개 선거구 투표 무효선언 이후 남과 북에 각각 정부가 수립될 때까지 약 100일간의 유격대 활동 상황은 〈표6〉과 같다.

〈표6〉 유격대 활동일지(1948.5.27.~9.9.)

월일	지역	내용	출처
5.27.	구좌 하도	마을 습격, 우익 3명, 우익 가족 1명 살해	다(84~85), 바(61), 니(227)
	대정	국경, 대정면 유격대 아지트 습격. 유격대 무기, 보급품 압수	바(84)
	조천 선흘	국경 포위 작전. 유격대 간부 2명 체포	바(86)
5.28.	대정 무릉	무릉2구 습격. 우익 3명(여성 포함) 살해	바(54)
5.29.	제주 도련	마을 습격. 경찰 가족 5명 살해	라(43~44), 러(673)[281]
5.31.	표선 세화	세화2구 전주 9본 절단	머(325)
6.5.	애월 하귀	마을 습격. 교사 1명 납치 살해	러(673)
6.6.	한림 금악	유격대-저지지서 경찰 전투. 경찰 2명 전사	바(50)

---

[281] 1명(백자인) 사망.

월일	지역	내용	출처
6.7.	제주 오등	국경, 유격대 아지트 습격. 유격 3명 피검	바(85), 파(48.6.7.)[282]
	애월 신엄	유격대와 교전 중 경찰 1명 전사	러(655)
6.10.	중문 도순	마을 습격. 우익 1명 살해	바(56), 파(48.6.12.), 두(171)
		미군정장관 제주도 재선거 무기연기 포고문 발표	파(48.6.12.)
6.12.	제주 도련	마을 습격. 주민 6명 납치	파(48.6.14.)
	한림 금악	저지지서 경찰과 유격대 교전. 유격 3명 사살, 경찰 3명 부상	하(48.6.12.)
6.13.	제주읍	국경, 제주읍 유격대 아지트 습격. 군도(軍刀) 5, M1 탄환 850발, 99식총 4정, 지뢰 5개 등 압수	바(85)[283]
6.14.	한라산	경비대가 어승생악 인근 유격대 보급소에서 일본도 5개, 대검 4개, 천막, 등사기 1대, 화폐 55만 원 등의 물자 압수(B-2)	파(48.6.15.), 러(635)[284]
	제주 회천	표선리 출신 우익 1명 살해	바(39)
6.15.	안덕 창천, 상창	창천리, 상창리 습격. 각 마을 우익 1명 살해	바(55)
6.16.	조천 북촌	포구 정박 경찰 공격. 경찰 2명 사망, 주민 13명 납치, 이후 전원 구출	다(93~96), 바(71), 파(48.7.6.)[285]
6.18.		11연대장 박진경 대령 암살	다(195~220)
	조천 선흘	국경 작전으로 유격대 도사령부 간부 1명 피검	바(86)
	애월 하귀	마을 습격. 유격 1명 사망(B-2)	파(48.6.22.)
	중문 중문	중문지서 공격. 교전 중 유격 1명 사망(C-3)	파(48.6.25.)
6.19.	대정 무릉	이도종(한경 고산 출신) 목사 납치 피살	러(673), 바(54)[286]

282) 폭도 1명 사살.
283) 6월 14일 어승생 상황과 유사하지만 노획 물품에 차이 있음.
284) 이 작전 중 6월 15일 11연대 소속 하사관 1명 전사.
285) '경찰 2명 사망, 4명 납치'로 보고.
286) 무릉리에서 고산리 출신 반동 목사 숙청.

월일	지역	내용	출처
6.19.	대정 무릉	무릉지서 습격	파(48.6.22.)
6.20.	대정 구억	마을 습격. 우익 형제 납치 살해	다(60), 러(673),[287] 바(54)[288]
6.21.	조천 대흘	국경, 대흘리 아지트 습격. 무기, 탄환 압수	바(86), 파(48.6.22.)
6.23.	안덕 감산	감산리 주둔 경찰, 곡산악(?) 인근 유격대 근거지 2곳 기습. 유격대 2명 사살, 5명 생포. 소총 1정, 실탄 134발 등 압수(B-2)	파(48.7.9.)
6.25.	대정 구억	마을 습격. 우익인사 2명 살해	바(54)
6.27.	조천 조천	경비대 작전으로 조천리 인근에서 애월 경비대원 9명 체포	파(48.6.29.)
6.28.	중문	경찰, 유격대 아지트 습격. 유격 1명 사망	바(57)
6.29.	한라산	경찰, 납치 억류된 경비대원 2명 구출. 어승생악 인근의 유격대 보급품 은닉처 안내. 소총 5정, 수류탄 11개, 실탄 800발 등 압수(B-2)	파(48.7.1.), 바(84)[289]
6.30.	제주읍	미군 활주로 침입 시도. 미군 1명 부상(A-1)	파(48.7.8.)
7.1.	서귀 서귀	유격대와 교전 중 경찰 1명 피해	러(655)
7.2.		경비대 7명 탈영 입산	마(339), 파(48.7.6.)[290]
	대정 일과	마을 이장 피살(B-2)	파(48.7.6.), 러(673)[291]
7.4.	대정	국경, 대정 유격대 아지트 습격. 해경·국경 탈출병 각 1명 피검	바(84)
7.9.	제주 월평	우익 인사(스파이) 습격. 2명 살해	바(39)

---

[287] 6월 29일 대정 보성에서 윤자홍(구장) 납치 피살.

[288] 6월 25일 구억리 반동 2명 숙청.

[289] 국경(國警)에게 서귀포 주둔 부대 아지트를 포위 습격당했으나 유격대의 피해는 없음(같은 사건인지는 불명확-필자).

[290] '7월 2일 탈영한 경비대원 11명'으로 보고.

[291] 김병길 구장 9연대 탈영병에 피살.

월일	지역	내용	출처
7.15.		남로당, 해주 인민대표자대회 참가 지방대표 선출을 위한 '연판장운동'(지하선거, 백지날인) 전개 시작	
8.1.	구좌 김녕	김녕지서 습격. 우익 1명 희생	파(48.9.3.), 포(374)
8.2.	안덕 서광	백지날인 받던 청년 2명 경찰이 사살	다(249), 파(48.8.10.)[292]
		유격대사령관 김달삼 등 5명 해주대회 참석 위해 북한으로 출발	파(48.8.10.)
8.4.	한림 귀덕	유격대-서청 교전. 서청 1명 부상	파(48.8.10.)
8.6.	한라산	토벌작전 중 한라산 일대에서 11연대 군인 1명 전사	러(636)
8.15.		대한민국 정부 출범	
8.18.	서귀 상효	마을 습격. 주민 5명 부상	하(48.8.22.)
	한림 옹포	경찰 순찰차 기습. 경찰 1명 희생	파(48.8.24.)
8.19.	한림 협재	경찰과 교전. 지하선거 단속 경찰 1명 희생	다(252), 파(48.8.28.)
8.21.~25.		김달삼 등 6명 북한 해주에서 열린 '남조선 인민대표자회의' 참가	
8.22.	서귀 서홍	마을 습격. 대청단원 살해	다(73)
8월	애월 소길	마을 습격. 경찰 우익 가족 2명 살해	사(99.1.22.)
9.1.	한라산	토벌작전 중 한라산 일대에서 3사단 군인 1명 전사	러(636)
9.2.	구좌 김녕	백지날인 신고하려던 주민 1명 살해	마(29)
9.5.	구좌 한동	유격대와 교전 중 경찰 1명 전사	러(655)
9.9.		북한 '조선민주주의 인민공화국' 수립 선포	

---

292) 폭도 50명과 서광리 인근에서 교전. 폭도 2명 사살, 경찰 1명 부상(C-4).

4월 3일 봉기 이후 5·10선거 무효선언(5월 26일)까지 55일간의 활동은 그 이후 남북 정부 수립까지 105일 동안의 활동보다 무려 6배 정도 차이가 있다. 5·10단선 저지라는 명분을 일부 달성한 이후 유격대의 마을 습격과 우익인사에 대한 테러가 현저하게 줄어든 것이다. 특히 경찰지서 습격은 5월 24일 안덕지서 이후 8월 1일 김녕지서 습격까지 미군 보고에만 있는 2회 빼고는 없다. 이 외에는 지하선거 과정에서 불거진 몇 차례의 충돌뿐이었다. 소강 국면을 맞이한 것이다. 이는 박진경 연대장의 토끼몰이식 대량 검거작전 등의 영향도 있었지만 그보다는 남로당이 해주인민대표자회의 대의원 선출을 위한 지하선거에 몰입했기 때문으로 보인다.

이 시기 간헐적으로 발생한 습격과 교전의 대부분도 지하선거와 관련한 충돌이었다. 또 백지날인을 주도하던 청년이 피습당해 사망하거나 경찰과 교전이 있었던 것으로 미루어, 당국에서도 지하선거를 적극적으로 단속했던 것으로 판단된다.

박진경 연대장 암살과 김달삼 사령관 등 남로당 제주도당 최고 간부들의 해주인민대표자회의 참가도 이 기간 동안 있었던 일이다. 이에 대해서는 뒤에 살펴보고자 한다.

이 시기 지역별 활동 현황은 〈표 7〉과 같다.

〈표7〉 지역별 활동 현황(1948.5.27.~9.9.)

구분	습격	교전	계
제주읍	4	1	5
애월면	1	3	4
한림면	-	5	5
한경면	-	-	-
대정면	5	1	6
안덕면	2	1	3
중문면	1	1	2
서귀면	2	-	2
남원면	-	-	-
표선면	-	-	-
성산면	-	-	-
구좌면	2	2	4
조천면	1	-	1
미상	-	2	2
계	18	16	34

3. 충돌의 격화, 주민 대량 희생(1948.9.10.~1949.3.1.)

'통일독립정부 수립!', 해방 이후 제주도민이 줄기차게 요구했던 외침이자, 남로당 제주도당이 무장봉기를 강행하면서까지 이루려 했던 그 시대 목표였다. 하지만 꿈은 물거품이 되어 1948년 8월 15일 남쪽에 대한민국 정부가, 9월 9일 북쪽에 조선민주주의 인민공화국 정부가 수립되었다. 유격대는 그 이후에 어떤 활동을 했을까? 또 무엇 때문에 그러한 활동을 했을까?

이 시기(1948.9.10.~1949.3.1.)는 기간도 길거니와 4·3사건의 전개과정에서 인명희생 대부분이 발생한 시기이다. 또한 10월 17일 "제주도 해안선 5km 이상의 산간지역을 적성지역으로 간주한다."는 송요찬 9연대장의 포고령, 11월 17일 이승만 대통령의 계엄령, 중산간 초토화 및 주민 소개령, 제주 주둔 군부대의 연대 교체 등 주민 대량 희생의 계기가 되는 토벌대의 여러 가지 조치가 있었다. 외부적으로는 제주도 진압을 위한 파병을 거부한 여순사건이 1948년 10월 19일 발발하여 4·3사건 전개에 커다란 영향을 미쳤다. 약 4개월(173일) 동안 유격대의 활동을 정리하면 〈표8〉과 같다.

〈표8〉 유격대 활동일지(1948.9.10.~1949.3.1.)

월일	지역	내용	출처
9.12.	조천 대흘	주민 1명 납치 살해	러(674)
9.14.	제주 노형(월산)	주민 1명 납치 살해	누(87)
9.15.	중문 하원	마을 습격. 도순리 대청원 살해	라(32), 두(172), 러(675)[293]
9.16.	남원 신흥	마을 습격. 구장 살해	차(48.9.22.), 러(674)[294]
9.17.	구좌 김녕	김녕지서 습격. 피해 없음(C-2)	파(48.9.28.)
	구좌 한동	마을 습격. 구장 살해	러(674), 처(280)
	성산 시흥	마을 습격. 주민 2명 살해(C-2)	거(48.10.18.)

---

293) 11월 8일 보초경계 중 문두천(대청) 사망.
294) 8월 15일 신흥리 구장(김태후) 자택 습격 살해.

월일	지역	내용	출처
9.18.	성산 고성2	고성 2구(신양리) 습격. 우익 2명 희생(C-2)	라(31), 거(48.10.18.)
	안덕 서광	주민 12명 납치, 석방(C-2)	파(48.9.28.)
9.25.	구좌 김녕	마을 습격. 우익 1명 희생(C-2)	라(30), 파(48.9.30.)
9.26.	제주 화북	마을 습격. 주민 1명 납치 살해	러(674), 라(101)[295]
9.28.	안덕 상창	마을 습격. 주민 1명 밭에서 살해	러(674)
	대정 보성	마을 습격. 주민 1명 자택에서 살해	러(674)
10.1.	중문 도순	도순지서 습격	라(35)
	제주 도남	마을 습격. 우익 1명, 우익 가족 1명, 경찰 가족 1명 살해(B-2)	라(33), 파(48.10.2.)
	중문 중문	유격대와 교전 중 경찰 2명 전사	러(655)
	한라산	유격대와 교전 중 경찰(총경) 1명 전사	러(655)
10.2.	중문 중문	유격대와 교전 중 경찰 1명 전사	러(655)
	구좌 김녕	유격대와 교전 중 경찰 1명 부상(C-2)	파(48.10.8.), 라(36)
10.6.	중문 색달	유격대와 경비대 교전. 경비대원 1명 전사, 4명 부상(C-2)	파(48.10.8.), 러(636),[296] 자(48.10.15.)[297]
10.12.	구좌 행원	월정리 민보단원 행원리에서 피살	러(674)
10.14.	조천 신촌	마을 습격. 주민 1명 살해	러(674)
	조천 대흘	조천면 반공청년단장 부자(父子) 납치 살해	고(385)
10.15.	한경 고산	마을 습격. 민보단 4명 납치, 전원 탈출	초(352)
10.19.		여수 주둔 14연대 제주도 파병 거부. 여순사건 발발	
	중문 회수	마을 습격. 보초근무 중이던 주민 1명 살해	러(675)
10.20.	대정 신평	마을 습격. 구장 납치 피살	러(675)

---

295) 10월 30일 토벌대에 의해 희생(강○원 외 4명).
296) 10월 5일과 6일, 2명의 군인 전사로 보고.
297) 군인 전사 1명, 중상 3명, 소요군중 89명 사망.

월일	지역	내용	출처
10.22.	한경 낙천	마을 습격. 보초근무 중이던 주민 3명 납치	호(141)
10.23.	조천 함덕	함덕지서 습격	라(92)
	조천 조천	조천지서 습격(C-3)	라(92), 파(48.11.1.)
	조천 조천	9연대 장병 탑승 차량 공격. 부연대장, 사병 2명 부상(A-2)	파(48.10.25.)
	제주읍	경비대 제주읍 남동쪽(962-1153) 포격(A-1). 유격대 제주읍 경비대 구역으로 총격(A-2)	파(48.10.25.)
	서귀면	총격 발생. 도로 차단, 전화선, 전신주 절단(A-2)	파(48.10.27.)
10.24.		이덕구 유격대 사령관, 경비대와 경찰에 호소문 발표	모(166)[298]
	애월 수산	전화선 보수 중인 경찰 공격. 경찰 1명 희생	라(83)
	제주읍	제주읍 인근(950-1152)의 경비대 및 민간인 목재 수집 분견대 공격. 경비대 1명 부상, 민간인 1명 피살, 1명 부상(A-2)	파(48.10.27.)
	구좌 송당	마을 습격. 우익 가족 1명 희생	마(25), 러(674)[299]
	조천 신흥	전화선 보수하던 경찰 공격. 경찰 1명 희생(C-3)	파(48.11.1.)
10.25.	애월면	애월면 간선도로(930-1147)에서 버스 1대 습격. 1명 사망, 1명 부상(B-2)	파(48.10.27.)
10.26.	남원 남원	마을 습격. 남원면장 살해	라(92), 러(676)[300]
	애월 고성	마을 습격. 경찰 가족 1명 살해	라(83)
	구좌 덕천	마을 습격. 우익 주민 1명 희생	마(29)
10.27.	애월 애월	도로 차단, 애월지서 습격. 경찰 2명 전사, 6명 부상, 유격 1명 부상	라(84)
	제주읍	세무서 수류탄 투척. 피해 없음(A-1)	파(48.11.3.)

298) 『4·3무장투쟁사』에는 정부에 선전포고문과 호소문을 발표했다고 하는데, 호소문만 있고 선전포고의 내용은 없다(필자).
299) 마을 습격으로 10월 17일 조합장(고두천) 사망.
300) 11월 26일 유격대 남원리 습격. 신례 출신 양기형(향방대) 살해.

월일	지역	내용	출처
10.27.	구좌 하도	마을 습격. 우익 주민 1명 살해	라(114), 니(228)
	애월 용흥	대낮 제사집 돼지추렴 현장 습격. 주민 납치 살해	으(122)
10.28.	제주 삼양	삼양지서 습격. 경찰 3명, 유격 3명 사망, 경찰 5명 부상	파(48.10.30.), 라(92), 러(656)[301]
	애월 용흥	마을 습격. 경찰·경찰보조원 2명 희생	라(114)
	조천 신흥	마을 습격. 경찰 가족 4명 희생	라(115)
	제주 도두	유격대와 경비대 교전. 유격 2명 사망(A-3)	파(48.11.3.)
	서귀 서홍	마을 습격. 경찰 부친 살해	파(48.11.3.)
	제주 화북	마을 습격. 교전 중 경찰 1명 전사	러(656)
	애월 장전	마을 습격. 교전 중 경찰 1명 전사	러(656)
	안덕 서광	마을 습격. 주민 1명 살해	러(675)
	안덕 상창	마을 습격. 주민 1명 살해	고(334)
10.29.	애월 고성	9연대-유격대 교전. 유격 2명 사망	라(87), 파(48.11.1.)[302]
10.31.	제주 노형 (월산)	속칭 '검은소냇가'에서 주민 7~8명 살해	누(88)
11.1.		제주도 적화음모사건(경찰프락치사건) - 사전 발각. 관련자 83명 검거, 20명 즉결 처형	라(134), 파(48.11.3.)[303]
	제주 삼양	마을 습격. 교전 중 경찰 1명 부상	사(99.8.28.)
	한라산	토벌작전 중 한라산 일대에서 군인 1 전사	러(637)
	서귀 서호	마을 습격. 교전 중 경찰 1명 부상	러(656)

301) 경찰 1명 사망.
302) 10월 29일 경비대 소속 순찰대가 KOHUNG-NI(971-1146)에서 집회를 하고 있던 폭도 약 200명을 기습. 폭도들과 순찰대 사이에 8시간 동안 교전. 폭도 4명 사살, 20명 생포, 경비대 측 사상자 없음으로 보고.
303) 연루자 75명 체포로 보고함.

월일	지역		내용	출처
11.2.	한림	한림	한림 주둔 경비대 6중대 습격. 경비대원 14명 희생	라(238)
	성산	수산	마을 습격. 우익 주민 1명 희생	라(116), 러(675)
	애월	소길	마을 습격. 일반 주민 3명 살해	라(298)
11.4.	한경	산양	청수2구 습격. 경찰 가족 2명 살해	라(116)
	조천	조천	조천면사무소 방화	라(324)
	제주읍		제주읍과 화북리 사이에서 경찰 차량순찰대 습격. 사상자 없음	파(48.11.6.)
	제주읍		제주읍에서 경비대에 잡혀 있던 포로 14명 탈출. 카빈 1정 탈취. 이 중 6명 검거(A-2)	파(48.11.6.)
	구좌	김녕	김녕지서 습격. 경계 중이던 민보단 2명 살해	러(675)
11.5.	중문	중문	중문지서 및 중문리 습격. 방화. 경찰 5명, 군인 1명 전사. 면사무소, 중문중학교 방화	라(246), 파(48.11.8.),[304] 서(313)[305]
	안덕	화순	안덕지서 습격	라(244)
	남원	의귀	마을 습격. 구장 납치 살해	러(675), 라(294)[306]
	제주	도평	마을 습격. 주민 1명 납치 살해	처(338)
11.6.	제주	이호	마을 습격. 보초경계 주민 1명 사망	러(675)
	서귀	상효	마을 습격. 보초경계 주민 1명 사망	러(675)
	표선	세화	마을 습격. 이장 부부 살해	터(428)
11.6.~7.	쌀오름		쌀오름전투. 경찰 1명, 민간인 3명, 유격 6명 사망	처(296)
11.7.	서귀	서귀	서귀포 습격. 민가 방화. 경찰 3명, 주민 1명 사망. 서귀포수력발전소 방화 시도. 경비대 1명 부상, 직원 1명 납치, 유격 1명 사망	라(276~284), 파(48.11.8.)[307]

---

304) 폭도 습격. 경비대원 1명, 경찰 2명 사망. 폭도 50명 사살, 경찰 9명 부상(A-2).
305) 11월 3일 '중문 어두운마루 전투'로 표기.
306) 11월 6일 유격대에 주민 김계춘 희생.
307) 지서 1개소와 건물 약 7동을 공격하고 방화. 사상자 수 모름(A-2).

월일	지역	내용	출처
11.7.	서귀 토평	서귀포 습격 이후 토평리 민간인 부부 납치 살해, 주민 수십 명 동반 입산	마(164)
	애월 용흥	마을 습격. 우익 가족 1명 희생	라(115)
	조천 조천	교전 중 경찰 1명 부상	러(657)
11.9.	구좌 송당	마을 습격. 주민 1명 희생	마(25)
11.10.	남원 태흥	태흥 1구 습격. 우익인사 4명 희생	마(117), 러(675)
	대정 무릉	마을 습격. 경찰 가족 2명 희생	마(348)
	구좌 세화	월랑봉(982-1147)에서 경비대와 전투. 유격 21명 사망. 수류탄 12발과 기타 장비 피탈	파(48.11.15.)
11.11.	조천 조천	마을 습격. 일가 7명 살해, 방화	라(327), 파(48.11.12.)[308]
	조천 신흥	마을 습격. 경찰 친척 6명 희생	라(116)
	애월 신엄	마을 습격. 가옥 방화, 우익 가족 3명 희생	라(298), 파(48.11.12.)[309]
	안덕 창천	유격대에 납치된 청년단장 돌오름에서 사망	러(765)
	중문 강정	보초경계 중인 자경대원 살해	러(765)
11.12.	애월 납읍	경찰 가족 1명 살해, 주민 1명 납치 살해, 1명 부상	사(98.11.6.), 러(675)
	중문 도순	마을 습격. 강정 출신 주민 살해	러(676)
11.13.	애월 고내	마을 습격. 주민 3명 희생, 1명 부상, 가옥 1채 방화	사(98.11.13.), 러(674)[310]
	제주 오등	오등리 근처에서 유격대 4명 사살(C-2)	파(48.11.16.), 라(337), 브(113)[311]

308) 오전 7시 폭도들의 공격으로 주택 약 30채가 소실, 경찰 1명 피살(C-3).
309) 폭도들이 주택 약 80채 방화. 경찰은 폭도 80명이 사살된 것으로 보고.
310) 10월 13일 자택 습격으로 교사(김봉원) 사망.
311) 날짜를 특정하지 않아 동일 상황인지 불분명하나 군인 13명, 공비 3명 사망으로 수록함.

월일	지역	내용	출처
11.15.	대정 신도	마을 습격. 구장 일가 4명, 경찰 가족 1명 살해	마(354)
	조천 신촌	마을 습격. 주민 1명 살해, 1명 부상	터(400)
11.16.	대정 하모	마을 습격. 우익 주민 2명 희생	마(319), 러(676)
	제주 영평	마을 습격. 대청 가족 5명 희생	사(99.8.13.), 므(177)[312]
11.17.	구좌 종달	마을 습격, 민보단원 1명 납치	마(56)
	중문 도순	마을 습격. 주민 1명 희생	마(209)
11.18.	구좌 한동	마을 습격. 일가 4명 희생	마(42)
	안덕 동광	마을 습격. 주민 1명 희생	마(251)
	조천 북촌	경비대 수송 트럭 습격. 경비대원 2명 전사, 2명 부상	파(48.11.23.)
11.19.	구좌 월정	마을 습격. 주민 4명 희생, 공회당 방화	마(42), 노(157)
	구좌 종달	마을 습격. 민보단원 3명, 주민 1명 희생	마(56), 러(676)
	구좌 평대 (탈전동)	마을 습격, 방화	처(271)
	구좌 송당	마을 습격. 조합장 1명 희생	마(25)
	안덕 감산	마을 습격. 주민 2명 희생	마(282)
	대정 보성	대정지서 습격. 경찰 피해 없음. 유격 3명 사망. 주택 3채 소실	파(48.11.23.)
	조천 함덕	교전 중 경찰 1명 전사	러(657)
	한림 명월	마을 습격. 어음리 민보단원 사망	러(676)
11.20.	대정 동일	마을 습격. 일가족 2명 희생	마(334)
	표선 가시	주민 1명 납치 피살	러(676)
	제주 노형 (월산)	마을 습격. 주민 11명 살해	누(87)
11.21.	한림 상명	마을 습격. 일가 8명 살해	사(98.6.26.)

---

312) 주민 7명 희생.

월일	지역	내용	출처
11.21.	한경 조수	마을 습격. 면사무소 직원 살해	러(676), 호(140), 사(98.5.15.)[313]
11.22.	남원 의귀	마을 습격. 남군청 직원 살해	러(676)
11.23.	남원 태흥	태흥 2구 습격. 주민 5명 살해	마(118), 퍼(305)[314]
	제주 영평	읍내 소개 후 식량 가지러 갔던 주민 2명(모녀) 살해	므(196)
11.25.	안덕 감산	마을 습격. 주민 1명 희생	마(284)
	안덕 상창	마을 습격. 주민 1명 살해	러(676)
	대정 무릉	2구 평지동 습격. 주민 5명 희생	마(350), 퍼(318)[315]
11.27.	제주 이호	2구 전직 구장 지목 살해	사(99.6.11.)
11.28.	남원 태흥	남원리 습격 이전 태흥리 습격. 주민 4명 살해	마(119), 처(293, 296)[316]
	남원 남원	마을 습격. 주민 30여 명 희생, 가옥 방화	마(123), 파(48.11.30.)[317]
	남원 위미	마을 습격. 주민 30여 명 희생, 가옥 방화	마(130)
	조천 함덕	주민 1명 서우봉에서 살해	러(677), 라(420)[318]
11.29.	안덕 창천	마을 습격. 일가 2명, 상창리 주민 2명 희생	마(275), 고(338)[319]
11.30.	제주 도련	명도암 출신 주민, 도련 '선반질'에서 살해	허(312)

313) 11월 22일 새벽 유격대 습격으로 경찰 가족 1명 희생, 학교 등사판 도난.
314) 폭도 습격. 주민 7명 희생.
315) 폭도 습격. 좌기동, 인향동 포함 주민 7명 살해.
316) 11월 29일 폭도 습격. 오영식, 김상은 사망, 1명 총상.
317) 새벽 6시 무장 약 200명과 비무장폭도 500명이 남원리와 위미리를 공격. 주택 250채 방화, 민간인 50명 사망, 민간인 70명과 경찰 3명 부상. 폭도 30명 사살, 3명 체포. 경찰 1명 부상.
318) 11월 28일 서우봉에서 토벌대에게 피살(김○화).
319) 11월 30일 폭도 습격. 창천리에서 강희중 피살.

월일	지역	내용	출처
12.1.	대정 보성	마을 습격. 주민 1명 희생	마(308), 러(675)[320]
	제주 이호	마을 습격. 보초경계 중 주민 1명 살해	러(677)
12.2.	조천면 (바농오름)	9연대 제2대대, 침악(965-1145) 부근에서 유격대와 교전. 군인 1명 전사, 1명 부상. 유격 28명 사살. 총기 등 다수 노획	너(48.12.3.)
12.3.	구좌 세화	마을 습격. 무차별 방화, 주민 48명 살해	마(49)
	구좌 평대	마을 습격. 민보단장 살해	마(46)
	구좌 하도	마을 습격. 공회당 방화	마(52)
	안덕 감산	마을 습격. 주민 4명 살해	마(286)
	한림 금릉	마을 습격. 무차별 방화, 식량·의류 탈취, 주민 5명 살해	사(98.7.10.)
	제주 노형	마을 탈취. 식량 탈취, 주민 1명 살해	누(90)
12.4.	구좌 종달	마을 습격. 민보단원 7명 살해(세화리 습격 연장)	마(57), 러(677)[321]
	표선 세화	2구 습격. 주민 3명 살해	마(106), 러(677),[322] 터(429)[323]
	표선 표선	세화2구 이어 한지동 습격. 주민 3명 살해	마(106), 러(677)[324]
	제주 화북	지서 습격. 교전 중 경찰(화북지서장) 전사	러(657)
12.5.	중문 강정	강정 2구 월산마을 습격. 주민 1명 살해, 1명 납치	마(197)
	제주 화북	주민 1명 살해(거로)	사(99.8.13.)
	제주 삼양	보초경계 중 주민 1명 납치 살해	러(677)
	제주 도련	마을 습격. 보초경계 주민 2명(삼양 한청, 봉개) 납치	러(677)
	남원 신흥	보초경계 중 주민 1명 살해	러(677)

320) 11월 1일 조사옥 납치 피살.
321) 12월 3일 6명-윤용선, 이태화, 현임생, 장군보(하도), 현기생(동복), 오경봉- 사망, 1명(함두천) 부상.
322) 8명 사망-전사규, 최대순(표선), 함관일, 함두옥, 고승열, 고승지, 김동곤, 강유생(오조).
323) 폭도 습격. 주민 7~8명 살해, 세화1구 주민(강복순) 1명 납치 살해.
324) 12월 5일 폭도 습격으로 사망(강희평).

월일	지역	내용	출처
12.5.	서귀 동홍	보초경계 중 주민 1명 살해	러(677), 퍼(320)[325]
12.6.	안덕 덕수	마을 습격. 주민 10여 명 살해	마(291), 러(678)[326]
12.7.	안덕 감산	마을 습격. 주민 1명 살해	마(287), 러(671)[327]
	구좌 하도	마을 습격. 민보단 1명 사망	러(678), 저(266)
	제주 이호 (뱃개)	마을 습격. 보초경계 주민 4명 사상	누(88~89)
12.9.	남원 위미	마을 습격. 주민 1명 살해	러(678)
12.10.	제주 일도	마을 습격. 민보단 1명 부상	러(678)
	중문 하원	마을 습격. 민보단 2명 살해, 2명 납치 살해, 1명 중상, 유격 1명 생포 후 사망	리(326), 러(678)
12.11.	중문 강정	강정2구 내팟마을 습격. 주민 8명 살해	마(197)
	한림 한림	한림3구(진동산) 습격. 보초 서던 주민 2명 살해	사(98.8.28.), 터(434)[328]
	애월 상가	마을 습격. 경찰·우익 가족 2명 살해, 민보단 2명 살해	사(98.11.20.)
	중문 도순	마을 습격. 자경대원 1명 살해	러(678)
12.12.	제주 용강	용강리에서 납치한 화북리 주민 살해	러(678)
	중문 강정	마을 습격. 주민 1명 살해	러(678)
12.13.	중문 회수	마을 습격. 주민 1명 살해	마(225)
	구좌 평대	마을 습격. 경계 중인 주민 1명 살해, 1명 부상	처(271)
12.14.	성산 난산	마을 습격. 주민 2명 살해, 1명 부상	마(77)

---

325) 11월 25일, 폭도 습격으로 오용관 사망.
326) 12월 12일 덕수리 자경대원(장재선), 12월 13일 서광리 출신 김한년, 송규창 보초경계 중 피살.
327) 4월 12일, 폭도들의 상창리 초소 습격으로 강정옥(감산) 사망.
328) 1948년(1949년-필자) 2월 11일 폭도 습격. 2명(송병하, 문관백) 살해, 식량 탈취.

월일	지역	내용	출처
12.14.	한림면	9연대 제1대대 금악(949-1143) 부근에서 적 10명과 포격전, 적 8명 사살, 무기 노획, 제1대대 장교 1명 중태	너(48.12.15.)[329]
12.15.	서귀 호근	마을 습격. 주민 7명 살해, 식량 탈취	마(175), 러(677, 678)[330]
	제주 아라	경비대, 관음사 지역(960-1140)에서 유격대와 교전. 유격대 8명 사살. 무기 노획. 경비대 장교 1명 부상	파(48.12.17.)
	한림면	9연대 제1대대, 금악(949-1143)에서 포격전. 군인 1명 전사, 4명 부상. 적 16명 사살, 노획 무기 없음	너(48.12.17.)
12.16.	서귀 토평	마을 습격. 주민 2명 살해	마(167)
	제주 도두	유격대와 교전 중 경찰 1명 전사	러(657)
	한경 한원 (두모2구)	마을 습격. 주민 14명 살해, 식량 탈취	러(679), 커(322, 324), 사(98.6.19.)[331]
12.17.	중문 하원	마을 습격. 보초 근무자 5명 살해	리(377)
12.18.	조천 북촌	마을 습격. 경찰후원회장, 이장 부부 살해	라(439)
	조천 선흘	토벌작전 중 민보단 1명 사망	러(679)
	제주 화북	마을 습격. 주민 1명 납치 살해	러(679)
	서귀 호근	마을 습격. 초소근무 중 주민 1명 살해	퍼(333)
12.19.	성산 수산	마을 습격. 주민 17명 살해	마(72)
	애월 신엄	신엄지서 습격. 구엄리 집중 공격. 민보단 2명 살해	사(99.2.12.), 파(48.12.21.)[332], 러(657)[333]

[329] 12월 15일 관음사 상황과 매우 유사함. 다만 좌표가 다르게 보고됨.
[330] 12월 5일 호근리 보초경계 중 1명 사망(김여권).
[331] 12월 15일 밤 12시 폭도 습격. 주민 13명 사망.
[332] 주택 30채를 불태우고 경찰 1명과 민간인 10명을 살해. 9연대 장교 1명과 사병 9명 전사, 1명 부상(9연대 일일보고. 48.12.22.에도 비슷한 규모 보고).
[333] 유격대 습격 교전 중 경찰 1명 사망, 1명 부상.

월일	지역	내용	출처
12.19.	애월 구엄	마을 습격. 주민 23명 살해, 가옥 17채 전소	사(99.2.19.)
	제주 화북	화북2구(거로) 습격. 대청 등 3명 살해	사(99.8.13.)
	구좌 평대	마을 습격. 주민 1명 살해	러(679)
	표선 표선	마을 습격. 주민 1명 살해	러(679)
	안덕 창천	마을 습격. 자경대원(상창리) 1명 살해	러(679)
12.21.	조천 조천	마을 습격. 우익 가족 3명 살해	라(425)
12.22.	구좌 동복	마을 습격. 주민 1명 납치 살해	러(679)
	남원 위미	마을 습격. 한청 단원 1명 살해	러(679)
12.23.	제주 도남	마을 습격. 민보단 2명, 주민 2명 사망	사(99.7.9.), 츠(217), 러(675)[334]
12.24.	구좌 동복	마을 습격. 민보단장과 동생 살해	마(33)
	남원 의귀	마을 습격. 주민 1명 납치 살해	러(679)
12.25.	성산 신풍	마을 습격. 보초 서던 주민 9명 살해, 유격 1명 사망	마(84), 후(146)
	안덕 창천	마을 습격. 주민 2명(1명 감산리 출신) 살해, 유격 2명 생포	마(276)
	서귀면	서귀면 남로당 간부 송태삼 토벌대에 사살	마(171)
12.26.	제주 화북	마을 습격. 주민 1명 살해	러(679)
12.27.	대정 영락	상동(돗귀목) 습격. 2명 부상, 식량 탈취, 가옥 방화, 우마 피해	르(228)
12.28.	남원 남원	마을 습격. 보초경계 중인 주민 1명 사망	러(680)
	중문 하원	마을 습격. 보초근무자 1명 사망, 1명 부상	리(377)
	중문 강정	경찰학교 수료자 등 주민 20여 명 납치, 다수 행불	커(290)
	조천 신촌	마을 습격. 주민 1명 살해, 1명 납치 행불	커(278)
12.29.	구좌 동복	마을 습격. 민보단 3명 사망	마(34), 러(683)[335]
	안덕 창천	마을 습격. 주민 2명 살해, 도피자가족 수용소 주민 동반입산	마(276)

334) 11월 11일 보초경계 중 민보단 3명(허석봉, 고연방, 김유생) 사망.
335) 1949년 1월 27일(48년 12월 29일의 양력) 민보단 1명(김경봉) 사망.

월일	지역	내용	출처
12.29.	안덕 감산	창천리와 동시 습격. 주민 1명, 경찰 1명 사망	마(287), 조(113)[336]
	제주 이호	마을 습격. 민보단장 살해(노형리 소개민)	사(99.6.18.)
12.30.	제주 이호	마을 습격. 보초경계 중 주민 1명 사망	러(680), 커(261)
	애월 상가	마을 습격. 보초경계 중 주민 2명 사망	러(680), 터(364)[337]
	제주 화북 (거로)	마을 습격. 주민 1명 살해, 1명 부상(2일 후 사망)	커(392, 393)
12.31.	남원 위미	마을 습격. 주민 3~4명 살해	마(130)
	애월 하귀	마을 습격. 주민 2명 살해(개수동)	사(99.3.19.)
	애월 상가	마을 습격. 보초경계 중 주민 1명 살해	러(680)
1949년			
1.1.	제주 도두	마을 습격. 가옥 방화, 주민 6명 살해	사(99.6.25.), 파(49.1.5.)[338]
	제주 오라	오라리 주둔 2연대 공격. 유격 20명 사망, 경비대 27명 부상 (오등리 전투)	파(49.1.5.), 러(639)[339]
	남원 하례	마을 습격. 민보단원 1명 중상	커(217)
1.3.	한림 협재	마을 습격. 주민 5명 살해	사(98.7.10.), 파(49.1.7.)
	제주 삼양	마을 습격. 주민 10명 살해, 거석동 일대 방화	사(99.8.28.), 러(657)[340], 러(680)[341]
	제주 도두	마을 습격. 주민 1명 납치 살해	러(680)

---

336) 도피자가족수용소(향사) 습격, 방화.
337) 폭도 습격. 보초근무자 2명 외 주민 3명 지목 살해.
338) 주민 10명 피살, 수 명 부상, 주택 26채 소실되고 많은 식량과 의복 약탈.
339) '제주읍 오등리에서 군인 4명 전사', 「2연대 주둔기」에는 10명 전사 기록'으로 보고.
340) 주민 외 경찰 1명 사망.
341) 보초경계 주민 등 18명 살해.

월일	지역	내용	출처
1.3.	제주 이호	마을 습격. 주민 1명 살해	러(681), 퍼(356)
	조천 신촌	마을 습격. 보초경계 중 주민 1명 사망	러(681), 커(276)[342]
	남원 하례	마을 습격. 주민 27명 무차별 살해, 향사·학교 방화	마(153), 디(125),[343] 러(680)[344]
1.4.	제주 화북	유격대와 교전 중 경찰 1명 전사	러(657), 허(333)
	제주 아라	유격대와 교전 중 경찰 1명 전사	러(657)
	조천 신촌	마을 습격. 보초경계 중 주민 6명 사망	러(681), 허(337)
	애월 상가	마을 습격. 보초경계 중 주민 1명 사망	러(681), 허(284)
	표선 세화	마을 습격. 보초경계 중 민보단 3명 사망	터(428), 커(318, 420),[345] 러(681)[346]
1.5.	대정 신도	마을 습격. 주민 5명 살해	마(358), 처(302)[347]
	제주 삼양	마을 습격. 주민 1명 살해	러(681)
	제주 도두 (다호)	마을 습격, 보초근무 주민 1명 사망	누(91)
	남원 신흥	마을 습격. 보초경계 중 주민 1명 사망	러(681)
1.6.	성산 삼달	마을 습격. 주민 5명 살해	마(82), 우(135)
	제주 외도	국민학교 방화. 외도2구 일가 3명 지목 살해	사(99.4.30.)
	남원 신흥	마을 습격. 보초경계 중 주민 1명 사망	러(681)

---

342) 폭도 습격. 주민 11명 살해.
343) 폭도 습격. 주민 28명 사망.
344) 1월 3일 주민 사망 20명, 부상 1명으로 기록.
345) 폭도 습격. 현태헌, 현웅대 등 5명 살해. 증언자는 1948년 12월 4일 세화리 습격도 이날 상황을 잘못 파악한 것이라 함.
346) 1월 3일 보초경계 중 3명(김승준, 현철규, 현태헌(민보단장)) 사망.
347) 2월 4일(음 1.7.). 폭도 습격. 민보단 7명 사망.

월일	지역	내용	출처
1.6.	제주 월평	2연대와 교전. 군인 7명 전사(월평리 전투)	즈(85), 러(640)[348]
1.7.	안덕 감산	마을 습격. 도피자가족 수용소 동반입산	마(288)
	남원 신흥	마을 습격. 보초경계 중 주민 1명 사망	러(681)
1.8.	제주 화북	국민학교 방화. 주민 1명 살해	사(99.8.13.)
	중문 중문	중문지서 습격. 경찰 1명 전사	러(657)
	애월 하귀	마을 습격. 보초경계 중 주민 2명 사망	러(681), 저(232)
	성산 신풍	신산리 의용대원 신풍리 경계 중 사망	고(331)
1.9.	애월 신엄	마을 습격. 주민 1명 납치 살해	러(681)
1.11.	대정 상모	산이수동 습격. 주민 1명 살해	마(328)
	제주 외도	외도지서 습격. 경찰 1명 납치 살해	러(657)
	애월 하귀	하귀1구 습격. 소개 주민 1명(고성리 구장) 살해	사(99.4.16.), 처(324)[349]
1.12.	남원 의귀	2연대 2중대 습격. 군인 4명, 유격대 다수 사망(의귀리 전투)	마(140), 파(49.1.14.)[350]
1.13.	표선 성읍	마을 습격. 주민 34명 무차별 살해	마(89), 투(215),[351] 러(300)[352]

[348] '비문에는 1949.1.2.~4.13.까지 월평리전투' 기록됨. 『4·3추가진상보고서』(640쪽)에는 「2연대 주둔기」를 근거로 1월 6일 전사자 7명(박구한, 최복규, 윤성중, 정판옥, 배순옥, 김동영, 신영근)을 적시, 월평리 전사자 추모비에는 7명 인원 수는 동일하나 이 중 정판옥 일등중사가 빠지고 민용식 이등상사가 전사자로 새겨짐(『제주4·3유적Ⅰ』(2003, 243~244쪽).

[349] 고성리장 김두경, 광령1리 고치준, 하귀1리 특공대장 강석주 희생. 동귀리 민보단장 정달수는 20일 후 폭도들에 희생.

[350] 경비대원 2명 피살되고 10명 부상, 폭도 51명 사살. 또한 경비대는 폭도들로부터 M-1 소총 4정, 99식 소총 10정과 카빈 소총 3정 탈취.

[351] 주민 36명 희생.

[352] 부상자 포함 49명 희생.

월일	지역	내용	출처
1.13.	서귀 서호	마을 습격. 주민 1명 살해, 1명 부상	마(178)
	한경 판포	마을 습격. 주민 11명 살해, 1명 부상	사(98.6.19.), 호(81)[353]
	제주 이호	마을 습격. 창고 수용 중인 소개민 동반 입산	사(99.6.11.)
	애월 어도	마을 습격. 보초경계 중 주민 3명 납치 피살	러(682), 커(233)
1.15.	애월 어도	구멀동 습격. 주민 11명 살해	사(98.10.30.)
	한라산	영실 입구 인근에서 토벌대 길 안내하던 서홍리 대한청년단장 고수만 살해	쿠(74)
	서귀 서홍	유격대와 교전 중 경찰 1명 부상	러(657)
	제주 해안	입산 거부 주민 1명 살해	누(128)
1.16.	대정 상모	면사무소 습격. 면 직원 2명, 민간인(기독 장로) 1명 살해, 부상 1명	부(146~147)
	한림 귀덕	마을 습격. 경찰과 주민 10명 사망, 유격대 6명 사살	파(49.1.19.)
	조천 북촌	속칭 '개여물 동산'에서 군부대 차량 기습. 군인 4명, 민간운전사 1명 전사	고(52), 러(641)[354]
1.16.~17.	애월 하귀	보초경계 중인 민보단원 1명 살해	러(682)
	구좌 종달	보초경계 중 민보단원 4명 살해	러(682), 허(258)[355]
	중문 하원	보초경계 중 민보단원 3명 살해	러(682), 마(208)[356]
1.17.	조천 북촌	군차량 기습. 군인 2명 전사	나(367), 러(641),[357] 고(52)[358]

353) 주민 9명 희생, 부상 5명.
354) 1월 16일 함덕리 대대본부에서 월정리 부대로 향하던 군인 차량을 유격대가 기습하여 군인 4명 전사.
355) 1월 17일 밤 폭도 습격으로 모두 6명 희생.
356) 1950년 2월 4일 보초근무 중 김병두, 강유손, 김달수 등 사망.
357) 1월 17일 월정리에서 함덕 대대본부로 향하던 군 차량 습격. 2연대 군인 4명 전사.
358) 폭도 기습. 군인 4명 전사.

월일	지역	내용	출처
1.17.	구좌 종달	마을 습격. 보초근무 민보단원 1명 살해, 1명 부상(1.22. 사망)	처(258, 264)
1.18.	애월 곽지	마을 습격. 주민 5명 살해	사(98.10.9.), 러(683)[359]
	애월 애월	마을 습격. 모녀(母女) 살해, 아들 박보현(학생) 중상	느(219)
1.19.	안덕 덕수	유격대와 교전 중 경찰 1명 전사	러(657)
	애월 용흥	제삿집 습격. 주민 희생 없음, 가옥 방화	으(122)
	조천 신촌	마을 습격 교전. 유격대 15명 사살, 주민 2명과 경찰 1명 사망, 주민 1명과 경찰 1명 부상	파(49.2.4.),[360] 러(657, 683)
	구좌 동복	마을 습격. 민보단장 살해, 1명 부상	러(683)
	제주 외도	마을 습격. 보초경계 중 민보단원 1명 피살	누(91)
1.20.	미상	TATU(920-1120) 습격. 주민 2명 살해, 7명 부상, 4명 납치	파(49.2.4.)
1.21.	애월 곽지	마을 습격. 주민 1명 살해	사(98.10.9.), 러(683)[361]
1.22.	구좌 평대	보초경계 중 민보단원 1명 피살	러(683)
	중문 하원	마을 습격. 주택 4동 전소	리(378)
	제주 이호 (가물개)	마을 습격. 소개 주민 모녀 살해	누(92)
1.23.	애월 곽지	마을 습격. 주민 1명 살해	사(98.10.9.)
1.24.	애월 수산	수산봉(931-1147) 인근 순찰 중인 경찰 습격. 경찰 5명과 주민 8명 피살. 경찰의 무기 탈취당함, 안덕면 직원 사망	파(49.2.4.), 러(657)[362]
	제주 이호	보초경계 중 민보단원 1명 피살	러(683), 누(92)

359) 폭도 습격. 김희석·현영호(납읍), 고승완 등 주민 3명 사망.
360) 경찰 사망 1명.
361) 보초경계 주민 3명 희생(장우석, 진희문(납읍), 양재수(어음)).
362) 애월면 고내리에서 경찰 사망 1명.

월일	지역	내용	출처
1.26.	제주 외도	마을 습격. 민보단 3명 살해, 식량 탈취	사(99.4.30.), 러(680)363
1.29.	안덕 화순	유격대의 매복 공격으로 군인 6명 전사	마(297), 시(276)
	애월 하가	마을 습격. 민보단 1명 납치 살해	사(99.1.15.), 러(683)364
	제주 외도	유격대와 교전 중 경찰 1명 전사	러(658)
	대정 구억	유격대와 교전 중 경찰 1명 부상	러(658), 고(350)
1.31.	애월 수산	마을 습격. 주민 1명 살해	사(99.4.2.), 처(327)
	애월 상가	보초경계 중 민보단원 1명 피살	러(683)
2. 초	한림 협재	마을 습격. 민보단 3명 살해	버(275)
2.1.	조천 신촌	신촌 서쪽 성문 보충 중인 주민 1명 납치, 살해	허(335)
2.3.	구좌 평대	초소경비 중인 대청단원 1명 살해, 2명 중상	노(58), 러(683)
2.4.	구좌 김녕	군 트럭 2대 김녕 인근에서 유격대에 피습. 군인 15명 전사, 2명 부상. 교전으로 경찰 1명, 주민 1명이 피살되고 유격 1명 사살. 유격대가 99식 총 150정 탈취	파(49.2.8.), 머(393),365 처(317)366
2.5.	애월 하가	국민학교 방화	사(99.1.15.)
2.6.	애월 어도	마을 습격. 민보단 1명 살해	러(683)
2.7.	구좌 하도	하도리 월출동 습격. 유격 1명 사망	머(408)
2.8.	표선 성읍	마을 습격. 주민 2명 살해, 경찰 1명 부상	마(91), 러(683)367
2.9.	한경 고산	마을 습격. 경찰 1명, 주민 1명 살해, 주민 1명 부상	초(355), 저(333)

---

363) 1월 2일 보초경계 중 사망(강시언).
364) 1월 28일 소방대장(김길현) 납치 살해.
365) 구좌면 동복리 양측 도로, 군인 12명, 경찰 1명 전사, 운전수 2명 중상, 여자 1명 사망, 1명 중상, 경상 3명.
366) 북촌리 도로변, 군인 23명, 경찰 1명 전사, 군인 4명 부상.
367) 보초경계 주민 1명(고영숙) 사망.

월일	지역	내용	출처
2.9.	구좌 평대	구좌면사무소 일대 피습. 민보단원 2명 사망, 4명 부상, 면사무소 방화 등	머(422)
	구좌 상도	마을 습격. 민보단 1명 살해	러(683), 머(423)[368]
	남원면	경찰, 남원면(960-1130)에서 유격대 기습. 12명 사살. 교전 중 경찰 1명과 주민 2명 피살	파(49.2.12.)
2.11.	중문 상예	마을 습격. 주민 2명 살해	마(238), 러(684)
2.13.	애월 상가	마을 습격. 민보단 1명 살해	러(684)
2.16.	제주 도두	경찰, 마을 습격한 유격대와 교전. 유격대 34명과 주민 6명이 피살되고 유격대 2명 생포, 주민 16명 부상. 경찰 측 사상자 없음(경찰보고)	파(49.2.19.)[369]
2.17.	제주 외도	마을 습격. 특공대원 2명 살해	사(99.4.30.)
2.18.	제주 도두	마을 습격. 보초 서던 주민 10명 살해	사(99.6.25.), 러(680)[370]
2.19.	제주 도두	유격대와 교전 중 경찰 1명, 주민 2명 사망	러(658, 684), 누(92~93)
	제주 이호	마을 습격. 민보단 1명 살해	러(684), 누(92)
2.22.	제주 삼양	마을 습격. 주민 4명 사망, 경찰 1명 부상	사(99.8.28.)
2.23.	재주 외도	마을 습격. 보초경계 중인 민보단 1명 살해	러(684)
2.27.	제주 삼양	마을 습격. 보초경계 중인 민보단 1명 살해	러(684)
2.28.	제주 삼양	지서 습격. 보초경계 중인 민보단 1명 부상	러(684)

---

368) 구좌면 하도리 동동 및 면수동 학교 부근으로 내습.
369) 다른 기록이나 증언 없음. 토벌대에 의해 2월 12일과 14일 도두리에서 대규모 도피자가족 학살이 있었던 점(《제민일보》 99.6.25.)에 비추어 이를 유격대 습격에 의한 피해로 보고한 것으로 추정함.
370) 1월 2일 보초경계 중 사망(고영옥).

월일	지역	내용	출처
2.28.	애월 어도	마을 습격. 보초경계 중인 민보단 4명 살해	러(684)
	한림 귀덕	애월 어도리 출동 중 귀덕4구 속칭 '멀왓'에서 매복한 유격대에 군인 1명, 주민 1명 사망	사(98.9.4.), 러(684)
3.1.	제주 오라	유격대와 교전 중 경찰 1명 전사	러(658)

    김달삼 초대 사령관이 제주도를 떠나는 이해하기 힘든 상황 속에서 남쪽에 대한민국 정부가 수립되었다. 이어 북쪽에도 정부가 수립되면서 분단은 현실이 되어버렸다. 정부 수립 이후 10월 중순까지는 큰 충돌이 없었다. 유격대도 초창기 격렬하게 활동했던 4월에서 5월에 비하면, 이렇다 할 움직임이 없었다. 6월부터 조성된 소강 국면의 연장으로 봐도 무방할 정도였다.

    왜 그랬을까? 이렇다 할 전략 전술이 마련되지 못했던 것 같다. 김달삼 사령관과 당책 등 핵심 간부들의 해주대회 참가도 부랴부랴 떠난 듯하다. 대정면당책을 역임했던 이운방은 김달삼 사령관이 "이렇게 일을 크게 벌여놓고 왜 제주를 떠나 해주대회에 가려는가?"라는 질문에 대답을 하지 못했다고 했다. 무엇을 어떻게 할 것인지 정하지 못했다는 것이다. 아무튼 유격대는, 남로당 제주도당은 김달삼이 돌아오기를 바라고 기다렸던 것일까? 남과 북에 공식적으로 정부가 수립되는 상황에서도 제주지역 상황은 비교적 조용한 상태였다.

    그런데 느닷없이 송요찬 9연대장이 10월 17일 "해안선 5km 이외의 사람은 모두 적으로 간주해 총살한다."는 포고령을 발포한다. 10월 19일 제주도 진압을 거부하는 여수 주둔 14연대의 여순사건이 발발하며 제주도 상황도 바뀐다. 유격대가 활동을 강화했고 군은 적극적 진압을 펼친다. 이전까지 군을 회피하며 충돌과 피해를 줄였던 유격대도 군과 직접 충돌을 피할 수 없게 됐다. 이전 상황과는 매우 다른 형국이었다. 10월 24일 이덕구 유격대 사령관은 군인과 경찰들에게 "침략자! 미제를 이 강토에서 쫓겨내기 위하여! 매국노 이승만 악당을 반대하기 위하여! 당신들은 총뿌리를 놈들에게 돌리라!"는 호소문을 발표했다.371) 이에 대한 화답인가? 11월 17일 이승만 대통령은 계엄령을 선포했다. 이후 강경진압작전이 노골화되면서 4·3 희생 내부분이 이 시기에 발생했다.

유격대도 대규모 마을 습격과 무차별 살상을 가하는가 하면, 도피자가족 수용소나 군 주둔지, 경찰지서에 수감된 주민들을 구출하기 위한 습격도 여러 곳에서 벌였다. 1948년 10월 고성리 전투 이후 12월 바농오름, 관음사 전투 등 군부대와의 교전도 잦았으며, 1949년 1월 의귀리 전투로 막대한 전력 손실을 입었다. 이후에도 군 수송차량을 직접 공격해 무기를 탈취하는 등 조직을 보위하려는 적극적인 활동을 했으나 토벌대의 막강한 무력 앞에는 역부족이었다. 더군다나 군경의 이른바 '동부8리작전'372) 등의 무차별 토벌작전과 북촌리 학살 등으로 중산간 마을 주민과 피난 입산자뿐만 아니라 해변마을 주민과 소개민들이 대거 희생되며 점점 유격대 지원 세력이 줄어들 수밖에 없었다. 반면 토벌대의 무분별한 학살로부터 벗어나고자 입산하여 유격대에 가담하는 경우도 있었지만 전력에 큰 영향을 미치지는 못했다.

---

371) 김봉현·김민주, 앞의 책, 1963, 166쪽.
372) 제주4·3연구소, 『제주4·3유적 I』, 2003, 191쪽.

이렇듯 토벌대의 청야작전(淸野作戰)으로 제주 섬은 그야말로 초토화 됐다. 집도 사람도, 소와 말, 밭과 들판의 돌담, 산중의 나무들까지…. 형용할 수조차 없는 학살과 만행이 도민들을 압살했다. 통일조국의 열망이 파탄 나면서 유격대도 서서히 혁명의 대의가 무뎌지고 "인민 살상을 함부로 하지 말라!"는 지침도 무너지기 시작했다. 남원면 남원리와 위미리·하례리, 구좌면 세화리, 표선면 성읍리 등에서 유격대의 무차별 학살과 방화가 이어져 '무엇이 인민을 위한 봉기인지'를 의심케 하기도 했다. 자연스럽게 주민들의 유격대에 대한 적대감이 빠르고 강하게 확산됐다. 이를 활용해 토벌 당국은 민간인을 유격대 토벌에 동원함으로써 죽창을 든 제주도민끼리 싸우는 꼴을 만들었다. 결과는 참혹하고 비참했고 후유증은 현재까지 지속되고 있다.

한편 미군 보고서에 따르면 1948년 11월 21일부터 12월 20일까지 1개월 동안 "1,335명의 적을 사살하고 498명을 생포했다."고 했다.373) 하지만 노획 성과를 보면 총기 등은 99식 소총 포함 34정에 불과하며, 담요 등 생필품이 많았다. 이후 1949년 4월 대토벌기까지 토벌대의 전과보고 중에는 '수십 명, 수백 명의 폭도, 공비'가 하루 혹은 하나의 작전에 사살됐는데, 보잘것없는 노획물 그리고 토벌대 피해가 전혀 없는 보고가 상당수다. 이는 대부분 중산간마을 초토화 국면에서의 일방적인 주민 사살이거나, 피난 입산한 주민을 학살한 결과로 보이며 유격대 일지 정리 시에도 생략했다. 유격대의 활동이나 피해가 아니기 때문이다.

---

373) 〈대한민국 육군 제9연대 일일활동보고서〉(4·3위원회, 『4·3자료집』 8권, 69~78쪽).

이 시기 지역별 활동 현황은 〈표9〉와 같다.

〈표9〉 지역별 활동 현황(1948.9.10.~1949.3.1.)

구분	습격	교전	계
제주읍	47	21	68
애월면	32	6	38
한림면	6	5	11
한경면	7	-	7
대정면	12	2	14
안덕면	17	3	20
중문면	18	6	24
서귀면	8	4	12
남원면	20	2	22
표선면	8	-	8
성산면	7	1	8
구좌면	31	5	36
조천면	15	12	27
미상	1	3	4
계	229	70	299

4. 대토벌과 귀순공작, 유격대의 와해(1949.3.2.~1950.6.24.)

1949년 3월 2일 제주지구전투사령부(사령관 유재흥 대령)가 설치되면서 4·3의 전개상황은 커다란 전환기를 맞는다. 즉, 토벌대가 군·경·민(軍警民)이 합세한 대규모 토벌을 전개하는가 하면 한편으론 "귀순하면 생명을 보장한다!"는 삐라를 살포하는 등 적극적인 귀순공작을 펼쳤기 때문이다. 유격대는 동력을 상실하고 토벌대의 대규모 토벌에 속수무책으로 당할 뿐이었다. 결국 당과 유격대 지도부는 피난 입산한 주민들에게 하산할 것을 권했고, 연락·보급 등을 담당했던 유격대 지원세력에게도 하산을 지시했다. 대부분의 당 간부도 피살되거나 검거되고 이덕구 유격대 사령관이 1949년 6월 7일 사살당함으로써 유격대는 와해 국면을 맞이한다.

1949년 3월부터 한국전쟁 이전까지 나타난 유격대의 활동을 살펴보자.

〈표10〉 유격대 활동일지(1949.3.2.~1950.6.24.)

월일	지역	내용	출처
1949년			
3.7.	애월 애월	토벌대 애월리(930-1140) 인근 유격대 공격. 유격 2명, 군인 2명, 주민 1명 사망. 유격 10명 체포(한국군 보고)	파(49.3.12.)
3.9.	한라산	애월면 노루오름 전투, 토벌대 36명 사상	모(235)
3.12.	안덕 덕수	마을 습격. 주민 1명 살해, 가옥 방화	마(294), 러(678)[374]
3.23.	조천 선흘	유격대에 납치됐던 함덕초 교사 살해	처(377)
3.26.	제주 (산천단 추정)	토벌대가 유격대 도당사령부(좌표 955-1144) 기습. 유격 11명 사살, 4명 포로	파(1949.4.1.)
4.6.	성판악	군경토벌대가 성판악 유격대 은신처 기습. 유격 3명 사살, 24명 체포. M-1 소총 3정, 카빈 소총 5정, 일본제 소총 22정 노획 (C-3)	파(1949.4.7.)

---

374) 48년 12월 13일 보초경계 중 서광리 출신 1명(진병길) 사망.

월일	지역	내용	출처
4.7.~8.	거문악	거문악 인근에서 반란군과 30시간의 전투. 게릴라 18명 사살, 15명 체포. 총기 28정 노획	파(1949.4.11.)
4.14.	조천 선흘	거문오름에서 토벌작전 중인 함덕 민보단 중대장 살해	터(406)
4.19.	대정 영락	마을 습격. 주민 1명 살해	러(685)
4.21.		제주전투사령부 '남로당 제주 당수 김용관 사살, 조직부장 등 최고 간부 7명 생포' 발표	카(49.4.26.), 보(65)
4.26.	애월 광령	수산리 민보단장 하귀2리에서 납치 후 광령리 유신동에서 사살(3개월 후 발견)	터(367)
5.13.	조천 함덕	유격대와 교전 중 경찰 1명 전사	러(658)
5.16.	구좌 김녕	경찰 운송차량 습격. 경찰 3명 전사	러(658)
5.23.	애월 신엄	유격대와 교전 중 경찰 1명 전사	러(658)
5.30.	중문 도순	주민 1명 살해	마(212), 두(171)
6.5.	조천 함덕	유격대와 교전 중 경찰 1명 전사	러(658)
	한라산	유격대와 교전 중 경찰 1명 전사	러(658)
6.7.	견월악	이덕구 사령관 사살(작은가오리 인근, 623고지), 수행원 1명 체포	타(49.6.11.), 파(49.6.15.)
10.1.	중문 중문	유격대와 교전 중 경찰 2명 전사	러(659)
10.2.	제주비행장	군법회의 사형수 249명(9연대 탈영병 20명 포함) 총살	파(49.10.6.)
10.9.	안덕 상천	유격대와 교전 중 경찰 1명 전사	러(659)
10.29.	대정 보성	유격대와 교전 중 경찰 1명 전사	러(659)
11.17.	중문 도순	마을 습격. 대청단원 1명 살해	러(683)
12.29.	중문 하원	마을 습격. 주민 4명 살해	마(207)
1950년			
2.4.	중문 하원	주민 4명 살해	마(208)
2.5.~6.	안덕면	돌오름 인근에서 유격 8명 사살, 8명 생포, 군인 1명 전사	어(21), 러(644)
2.10.	서귀 동홍	미악산 인근에서 유격대와 교전 중 경찰 1명 전사	러(659)

월일	지역	내용	출처
3.10.	중문면	해병대 수색전. 881고지 중턱 유격대 야전병원 기습해 병원장, 도당부서기장 사살	어(21)
3.15.	한라산	해병대 수색전. 1394고지 유격대 아지트 기습, 1명 사살, 3명 부상	어(22)
3.17.	한라산	해병대 수색전. 1394고지와 오백장군 지대 유격대 아지트를 기습하여 2명 사살	어(22)
3월 하순	한라산	해병대 수색전. 한대오름 인근 유격대 회합 장소를 기습해 7명 사살	어(21~22)
3.22.	한라산	해병대 수색전. 돌오름 서남쪽 500m 지점에서 유격대와 교전 격퇴	어(22)

　　당시 9연대 선임하사였던 이기봉(李基鳳)은 "산간 벽지에 있는 사람을 전부 해안지대로 내려오라고 해가지고 안 내려오는 사람은 전부 공비로 인정을 했다."고 증언했다.[375] 하지만 유재흥 제주도지구전투사령관은 "산중에는 피난민 2만 명 가량과 무장공비 230명 가량이 있다는 보고를 받았고"[376] 1949년 3월 이후 귀순공작을 펼쳤다. 이때부터 한라산에 남아있는 사람들이 모두 무장을 한 유격대가 아님을 인정한 것이다. '폭도'가 아닌 '국민'으로⋯ 아니 '비무장 폭도'로.

　　귀순공작은 군·경·민이 동원된 대토벌과 병행했다. 하지만 이 시기 토벌 또한 유격대, 피난민을 가리지 않는 무분별한 토벌이었다. 당시 국방부에서 정기적으로 발표한 전국 각지의 반도진압작전 종합전과

---

375) 4·3위원회, 『4·3진상보고서』, 2003, 297쪽.
376) 4·3위원회, 앞의 책, 326쪽.

중 1949년 3월 전과를 보면 사살 821명, 포로 999명으로 합치면 1,820명이지만 노획품은 무기 35정, 실탄 30발 등 터무니없었다. 대부분 도피 입산한 불가항력 상태의 민간인 희생이었다.

이 기간에 이렇다 할 유격대의 활동은 눈에 띄지 않는다. 간헐적으로 있었던 마을 습격은 식량이나 의류 확보를 위한 것으로 추정된다. 이에 반해 유격대를 수세로 모는 토벌대의 조직적 토벌은 강화됐다.

1949년 4월에서 늦으면 5월 중에 피난 입산 주민 내부분이 귀순하고 하산한 것으로 추정된다. 따라서 그 이후 남은 사람들은 하산을 거부하며 잔류를 택한 유격대였다. 하지만 그들에게는 인원도, 보급도, 남아 있는 것이 없었다. 시시각각 좁혀 오는 토벌대를 피하는 데 급급했고, 수색 중인 토벌대와 어쩔 수 없는 상황에 맞닥뜨리면 상호 교전이 벌어졌다. 그중 노루오름 전투는 주민들 사이에서 비교적 널리 알려지기도 했다.

1949년 4월 7일 제주도를 방문한 국방부장관에게 유재홍 사령관은 "며칠 전 귀순한 적비(赤匪)의 주요 간부 다수가 귀순하였는데 그들의 진술에 의거 40~50명의 무장폭도가 남아있다."고 보고했다.[377] 그리고 1949년 6월 7일 유격대를 이끌었던 이덕구 사령관이 경찰에 사살됨으로써 제주도인민유격대는 사실상 와해된다. 이후 거의 종적을 감췄던 유격대는 6개월 후 1950년 2월 4일 중문면 하원리를 습격하면서 그들의 존재를 알렸다.

---

377) 《조선일보》(1949. 4. 19.).

이 시기 지역별 활동 현황은 〈표11〉과 같다.

〈표11〉 지역별 활동 현황(1949.3.2.~1950.6.24.)

구분	습격	교전	계
제주읍	-	2	2
애월면	1	2	3
한림면	-	-	-
한경면	-	-	-
대정면	1	1	2
안덕면	1	2	3
중문면	4	2	6
서귀면	-	1	1
남원면	-	-	-
표선면	-	-	-
성산면	-	-	-
구좌면	-	1	1
조천면	1	3	4
미상	-	8	8
계	8	22	30

5. 한국전쟁 발발, 잔여 유격대의 준동과 소멸(1950.6.25.~1957.4.2.)

유격대의 기나긴 침묵은 한국전쟁 발발 1개월이 지난 7월 25일 하원리 습격으로 깨졌다. 이때부터 어느 정도 전열을 재정비한 상태의 조직적 활동을 보이기도 했다. 하지만 토벌대의 적극적인 진압작전과 귀순공작이 이어지며 끝내 소멸의 길에 접어들었다. 한국전쟁 발발 이후부터 1957년 4월 2일 최후의 유격대원 오원권이 생포될 때까지 약 6년 9개월 정도의 활동 상황은 〈표12〉와 같다.

〈표12〉 유격대 활동일지(1950.6.25.~1957.4.2.)

월일	지역	내용	출처
1950년			
7.25.	중문 하원	하원리 습격. 민가 99동 방화	리(379), 로(353)
8.6.	중문 강정2	순찰 중인 한청 대원 3명 살해	아(50.8.11.), 러(686)[378]
	중문 색달	녹하지에서 유격대와 교전 중 경찰 1명 부상	러(659)
8.24.		제주도비상경비사령부, 경찰 전투 신선대 창설	
	표선 가시	유격대와 교전 중 경찰 1명 전사	러(659)
8.26.	한라산	경찰토벌대, 이스렁오름(한라산 서남록 1588고지)에서 유격 3명 사살	아(50.8.29.)
8.28.	조천 와흘	유격대와 교전 중 경찰 1명 전사	러(660)
	남원 남원	유격대와 교전 중 경찰 1명 부상	러(660)
9.9.	안덕 상천	유격대와 교전 중 경찰 1명 부상	러(660)
9.12.	한라산	경찰, 한라산 진동산 부근 교전. 유격 4명 사살, 3명 부상(경찰 피해 없음)	아(50.9.16.)
9.15.	서귀 서호	유격대와 서호목장에서 교전 중 경찰 2명 전사	러(660)
10.1.	한라산	유격대와 교전 중 경찰 1명 전사	러(660)
10.4.	제주 이도	유격대와 교전 중 경찰 1명 부상	러(660)
10.9.	안덕 상천	돌오름 인근에서 유격대와 교전 중 경찰 2명 부상	러(660)
10.13.	조천 대흘	조천지서 경찰, 대흘2리(고분다리) 인근에서 유격 2명 생포	아(50.10.17.)

---

378) 8월 6일 순찰 중 교전. 강정생(중문), 양종국 사망.

월일	지역	내용	출처
10.27.	한림 금악	금악리 지경에서 유격대와 교전 중 경찰 1명 전사	러(660)
10.28.	제주 도련2	맨촌 습격. 축우 1, 의류·식량 탈취, 가옥 6채 방화	주(167)
11.6.	제주 아라	유격대와 교전 중 경찰 6명 전사	러(660), 퍼(330)
11.9.	조천 와흘	경찰초소 습격. 경찰 9명 전사, 1명 부상	러(660)
11.20.	중문 색달	녹하지오름에서 유격대와 교전 중 경찰 1명 전사	러(660)
12.23.	제주 이호	유격대와 교전 중 경찰 1명 전사	러(660)
12.27.	구좌 동복	동복지서 습격. 경찰 2명 전사, 1명 부상	러(660)
12.29.	조천면	산악지대 유격대와 교전 중 경찰 1명 전사	러(660)
12.31.	한림 금악	정물오름 수색작전 중 경찰 1명 부상	러(660)
	남원 위미	유격대 습격. 민보단장 살해	커(215)
1951년			
1.27.	한라산	어승생악에서 해병대와 유격대 20명 교전. 유격 3명 사살	어(23)
1.28.	제주 연동	축성 이후 마을 습격. 경찰지서장 전사, 1명 부상, 유격 1명 사망, 식량 탈취	드(136), 러(660)[379]
1.29.	한라산	사라악 인근 유격대 30명과 해병대 교전. 유격 3명 사살	어(23)
2.7.	조천 조천	마을 습격. 교전 중 경찰 1명 전사	러(660)
2.10.	한라산	해병대, 사라악과 명도암 중간의 유격대 아지트 습격. 교전 중 유격 15~20명 사살, 해병대 11명 전사	어(23)
2.11.	남원면	산악지대 교전 중 경찰 1명 전사	러(660)
	제주 봉개	토벌작전 중 군경 11명 전사	허(293), 러(660)[380]
2.18.	남원 신례2	공천포 습격. 가옥 24채 전소, 식량 탈취, 주민 2명 살해, 1명 납치 중 구출	토(143)
2.19.	남원 위미	마을 습격 유격대와 교전 중 경찰 1명 전사	러(660)

---

379) 1월 27일 습격 교전. 경찰 1명 사망.
380) 명도암 군경합동작전 중 경찰 1명 사망.

월일	지역	내용	출처
2.20.	남원 신흥	마을 습격 유격대와 교전 중 경찰 1명, 주민 2명 사망	러(661), 러(687)
2.22.	한라산	수악 인근에서 유격대 40명 해병대와 교전. 유격 5명 사살	어(23)
3.13.	제주 이호 (2구)	마을 습격. 경찰대와 20분 교전, 주민 12명 살해, 12명 납치, 우마 10두, 의류 식량 탈취	더(51.3.16.),[381] 로(381)
3.16.	한라산	논고악, 보리오름 일대 유격대 아지트 2개소 습격. 유격 2명 부상	아(51.3.18.)
3.22.	서귀 법환	마을 습격. 경찰 1명, 민보단 1명 희생, 2명 부상. 무차별 공격 가옥 방화, 식량, 의복 탈취	수(122), 아(51.3.25.),[382] 러(661, 687)[383]
4.2.	한림 상명	유격대와 교전 중 경찰 1명 전사	러(661)
	안덕 광평	병암(병악-필자) 인근에서 경찰 1명 전사	더(51.4.4.)
4.3.	조천 조천	조천면사무소 습격. 숙직 직원 1명 살해	터(404)
4.8.	성산 난산	마을 습격. 난산교 소초, 주민 1명 부상	구(172), 러(687)
4.21.	조천 함덕	마을 습격. 교전 중 경찰 1명, 민보단 1명 사망	러(661), 러(687)
	안덕 감산	마을 습격. 향방대장 1명 살해	러(687)
4.25.	안덕 상창	주민 호위 중인 경찰 습격. 경찰 1명 전사	러(661)
4.27.	안덕 창천	마을 습격. 교전 중 경찰 1명 전사	러(661)
5.1.	중문 하원	마을 습격. 여자 한청단장 납치, 행불	리(379)
5.3.	한림 상명	토벌 작전 중 경찰 1명 전사	러(661)
5.15.	안덕 상창	유격대와 교전 중 경찰 1명 전사	러(661)
5.16.	제주 봉개	유격대와 교전 중 경찰 1명 전사	러(661)
5.26.	안덕 감산	마을 습격. 교전 중 경찰 1명 부상	러(661)
5.30.	안덕 상창	유격대와 교전 중 경찰 1명 전사	러(661)

---

381) 상당한 피해를 준 사건인데 근거자료는 육군 정기보고가 유일하다. 『되돌아 보는 6·25전쟁과 제주도』에도 수록됐으나 육군 보고자료를 원용한 듯하다.
382) 폭도 습격. 지서주임 1명, 민간 1명 살해, 가옥 60채 방화, 유격 4명 사살.
383) 3월 23일, 경찰 1명 사망, 1명 부상.

월일	지역	내용	출처
6.1.	안덕 광평	유격대와 교전 중 경찰 1명 전사	러(661)
	안덕 상창	유격대와 교전 중 경찰 1명 전사	러(661)
6.7.	조천 선흘	선흘리 잔포 인근에서 경찰과 교전. 유격 7명 사망, 민간인 1명 납치, 3명 중상	더(51.6.7.)
6.9.	한라산	토벌작전 중 경찰 1명 전사	러(661)
8.1.	안덕 상창	마을 습격. 교전 중 경찰 1명 전사	러(661)
9.3.	안덕 상천	상천리 석봉원에서 교전 중 경찰 1명 전사	러(661)
9.19.	한라산	물장오리 전투, 경찰 28명 전사	서(313), 러(661)[384]
9.27.	한라산	어승생악에서 교전 중 경찰 1명 전사	러(661)
10.24.	서귀 토평	돌오름('수악'인 듯—필자) 주둔 제1훈련소 대원 습격. 무기 탈취	머(658), 더(51.10.26.)[385]
11.9.	애월 상귀	마을 습격. 소 4두, 식량 탈취 도주하다 고성리 지경에서 경찰과 교전 도주, 총기 1정, 헬멧 등 뺏김	코(77)
11.14.	안덕 상창	토벌작전 중 경찰 1명 전사	러(662)
11.16.	한라산	어승생악에서 교전 중 경찰 1명 부상	러(662)
12.3.	구좌 한동	마을 습격. 교전 중 경찰 1명 전사	러(662)
12.6.	구좌 송당	경찰, 대천동 토벌작전 중 교전. 경찰 9명 부상	러(662)
1952년			
1.2.	중문 중문	21시 50분, 속칭 '베릿포' 지경 습격. 유격 1명 사망, 경찰 3명 전사	아(52.1.6.), 러(662)[386]
1.3.	조천 와흘	01시 30분, 와흘주둔소 습격. 경찰이 격퇴	아(52.1.6.)

384) 물장오리에서 교전 중 경찰 1명 사망, 1명 부상. 『제주경찰사』는 1948년 6월 24일로 기록했으나, 같은 책에 인솔자 임영관의 전사일자를 1951년 9월 19일로 표기(342쪽).
385) 서귀면 물오름 파출소 서북방 1km에서 공비 20명에게 파습되어 경찰 전사 3명, 부상 1명, 무기 일부 피탈.
386) 색달리 마을 습격. 교전 중 경찰 3명 전사.

월일	지역	내용	출처
1.21.	한라산	경찰, 거문악 수색 중 속칭 '괴편리'('궤펜이-산란이'인 듯-필자)에서 50명 잔비와 전투. 유격 2명 사살, 10명 부상, 경찰 1명 경상. 유격대 아지트 파괴(궤펜이 전투)	아(51.1.26.)
2.1.	남원 한남	한남리 주둔소에서 교전, 경찰 1명 전사	러(662)
3.12.	조천 함덕	함덕 속칭 '가시나물'에 6명의 무장 잔비 침입, 주민 9명 납치 도주. 함덕지서원의 추격으로 남녀 6명 탈환	아(52.3.14.)
	제주 외도	외도 '절물' 부락에 3명의 잔비 습격. 식량 및 금품 탈취 도주	아(52.3.14.)
3.14.	한경 고산	고산 월성사 습격. 양식 탈취, 주민(보살)1명 납치, 연화동 인근에서 구출	초(356)
4.13.	한라산	경찰, 어후악 인근 60명 가량 잔비와 전투. 2명 사살	아(1952.4.15.) 러(662)[387]
4.16.	한라산	경찰, 성널오름 인근 잔비 2명(병원책임자, 간호사) 생포, 1명 사살	아(52.4.19.)
4.23.	제주 영평	영평리 남방 4km 지점(BN745030) 습격. 나물 캐던 주민 5명 납치, 경찰 2명 전사	아(52.4.26.), 더(52.4.25.), 러(662)[388]
5.2.	애월 납읍	마을 습격. 식량 의류 탈취	아(52.6.5.), 더(52.5.16.)[389]
5.25.	중문 도순	육군훈련소 벌목작업장 인솔 병사 습격. 군인 전사 4명, 중상 2명, M1 4정, 동실탄 192발 탈취	더(52.5.29.)
5.30.	한라산	경찰, 조천면과 남원면 경계에서 잔비 20명과 교전. 1명 사살, 무기 노획	아(52.6.2.)
5.31.		제주도의회 '하산(下山) 권고문' 발표	아(52.6.5.)

---

[387] 한라산 교전 중 경찰 1명 부상(동일 사항 여부 불명확).
[388] 주민 인솔 중 교전, 경찰 1명 사망.
[389] 5월 12일 24시 폭도 50명 내습으로 보고(각각 다른 사건일 수도 있으나 가능성 희박).

월일	지역	내용	출처
6.13.	애월 하귀	마을 습격. 유격대 탈출한 1명 생포, 총기 압수	아(52.6.15.)
6.14.	조천 신촌	유격대 25명 0시 5분경 동수동 습격. 식량 탈취	아(52.6.15.)
6.14.	제주 삼양	동수동 습격. 유격대. 30명 삼양리 원당봉 인근에서 경찰과 교전. 경찰 3명 전사, 민간인 1명 피살, 유격 1명 사망	아(52.6.15.), 러(662)[390]
6.20.~21.	한라산	견월악 토벌작전 중 경찰 7명 전사, 2명 부상	러(662), 서(343)
7.3.	제주 영평	제주읍 부근 연평리('영평리'-필자) 습격 교전. 유격 8명 사살	보(86)
7.3.	제주 봉개	토벌작전 중 경찰 1명 전사	러(662), 러(688)
7.10.	한림 명월	고림동 습격. 주민 수명 납치. 그중 3명 탈출(7.26., 8.9., 8.13.) 귀순	아(52.7.30., 8.12., 8.16.)
7.15.	구좌 덕천	상덕천 부근 밀림에서 유격 1명 생포	아(52.7.17.)
7.22.	구좌 종달	마을 습격. 주민 3명 납치, 우마 12두 탈취	더(52.7.4.)
8.1.	남원 의귀	마을 습격 교전. 유격 9명 사망(시신 확인 2), 무기 피탈, 주민 다수 납치. 납치됐던 주민 의귀리 2명(8.11.), 한남리 1명 (8.13.) 귀순	아(52.8.5., 8.12., 8.16.)
8.10.	애월 소길	마을 습격 교전. 유격 3명 사살, 부상 10명, 무기 노획	아(52.8.12.), 더(52.8.12.)
8.24.	한라산	성판악 토벌작전 중 경찰 1명 부상	러(663)
8.27.	한림 한림	강구동 습격. 주민 1명 납치, 식량 탈취	아(52.8.29.)
9.10.	제주읍	제주읍(BN782006)에서 행군 중인 육군 하사관 후보생 142명을 유격대가 습격. 군인 4명 전사, 부상 1명	더(52.9.13.)
9.15.	제주 이도	01시 30분, 유격대 40명(납치조 6명) 제주방송국 습격. 숙직 직원 3명 납치, 살해	소(25), 더(52.9.18.)[391]
9.20.	조천 함덕	유격대 32명 습격 교전. 유격 1명 귀순	더(52.9.23.)

390) 교전 중 경찰 4명 전사, 11명 부상.
391) 9월 16일, 공비 5명 습격. 직원 3명 납치.

월일	지역	내용	출처
9.20.	미상	미상 장소(BM9308) 습격. 상이군인 1명 납치, 말 1필, 일용품 탈취	더(52.9.23.)
9.24.	제주 도두	경찰, 도두지구에서 유격 1명 생포	아(52.9.27.)
	한라산	경찰, 어후악 동방에서 유격 1명(여) 사살, 1명 부상	아(52.9.27.)
9.24.	미상	소개 부락(BM7609)에 11지대, 12지대 유격대 30명 습격. 주민 납치 시도하다 불응하자 1명 살해	더(52.9.26.)
9.26.	제주 건입	사라봉(BN1172)에 유격대 5명 습격. 등대수 여자 3명 납치 중 경찰 추격하자 도주	더(52.9.29.)
9.27.	구좌 하도	하도국민학교(BM0309)에 유격대 10명 습격. 물품 탈취, 주민 1명 살해, 2명 납치	더(52.9.30.)
10.4.	제주 이도	동문 외곽성 전투. 경찰 4명 전사	보(90), 러(663)[392]
	제주 건입	유격대 30명 경비초소 습격. 지원 출동하던 5명(경찰 4, 해군 1) 전사, 해군 부상 1명, 해군 지프차 1대 전소	더(52.10.6.),[393] 러(663)
10.13.	성산 고성	유격대 20명 마을 습격. 경비원 1명 살해, 소 2두 등 탈취	더(52.10.15.)
10.15.	제주읍	유격대 6명 제주읍 제2조병창 화약고 습격	더(52.10.18.)
10.24.	애월 광령	유신동 정기 부근에 야외추곡투쟁 중인 유격대를 경찰이 습격. 상호 교전. 유격 2명 사망, 1명 생포	아(52.10.26.)
10.31.	서귀 서귀	유격대 10명 서귀포발전소 습격. 방화	자(52.11.3.)
11.1.		제주도경찰국, '100전투경찰사령부' 창설	
11.8.	조천 북촌	북촌파견소 습격한 유격대와 교전 중 경찰 1명 부상	러(663)
11.12.	애월 애월	애월 한담 습격. 주민 2명 납치, 소 등 탈취	아(52.11.14.)
11.15.	안덕 감산	마을 습격. 특무대원 1명 살해	보(92)

392) 외곽성 습격, 교전. 경찰 4명 부상.
393) 육군 보고서에는 지역을 '삼암리(삼양리)'라 했으나, 『4·3추가진상보고서』(663쪽)에서는 국가유공자 조사를 통해 '고으니마루(건입리와 화북리 경계)에서 발생한 사건으로 파악.

월일	지역	내용	출처
11.20.	구좌 김녕	서김녕리 습격. 보초 근무자 8명 살해, 부녀 초소 9명 납치(이후 5명 살해), 유격 2명 사살	고(285~286), 러(688)[394]
11.26.	조천 선흘	민간인 5명이 유격 1명 생포	아(52.11.28.)
12.11.	중문 강정	강정1구 습격. 식량·의류 탈취	아(52.12.13.)
12.24.	한라산	적악 서북방 말채오름('말찻오름'-필자) 부근에서 유격대 20명이 경찰과 교전. 유격 4명 피살(여성 1 포함)	아(52.12.26.)
12.31.	안덕 감산	마을 습격. 보초경계중 민보단 1명 사망	러(688)
1953년			
1.2.	안덕 서광	남송악 토벌작전 중 경찰 1명 전사	러(663)
1.6.	조천 선흘	거문악 토벌작전 중 경찰 1명 전사, 1명 부상	러(663)
1.8.	남원 위미	마을 습격 및 방화. 초소 근무 주민 4명 살해, 1명 부상	퍼(282)
1.24.	중문 중문	유격대 20명 마을 습격 교전. 경찰 2명, 협조원 2명 전사, 유격 5명 사살	아(53.1.26.), 러(663)[395]
1.25.	한라산	중문리 습격 여파로 한라산 일대 수색 중이던 경찰과 교전. 유격 30명 중 5명 피살	아(53.1.27.)
1.26.	한라산	붉은오름과 새오름 사이에서 유격대 50명 경찰 수색대와 교전. 유격 사망 4명, 생포 1명, 축우, 식량 등 압수	아(53.1.27.), 더(53.1.28.), 러(663)[396]
1.31.	중문 월평	마을 습격. 우마 등 탈취	아(53.2.1.)
2.5.	한라산	속칭 '영실기암' 동남방 약 1km 지점에서 경찰 전투대와 교전. 의류품, 천막 등 피탈	아(53.2.7.)
3.4.	한림 금악	목탄작업 중인 주민 1명 납치	더(53.3.5.)
3.21.	조천 교래	교래리 하동 밀림 속에서 약 15명의 유격대와 경찰 교전. 유격 3명 피살(남 2, 여 1), 총기 등 피탈	아(53.3.23.)

---

394) 주민 2명 사망.
395) 마을 습격. 교전 중 경찰 3명 사망.
396) 붉은오름 토벌작전 중 경찰 1명 부상.

월일	지역	내용	출처
4월	한라산	육군 무지개부대와 경찰 100부대의 합동토벌작전 중 경찰 1명 전사	러(663)
4.15.	조천 와흘	경찰 와흘리 부근 산록에서 약 20명 유격대와 교전. 유격대 사령관 김의봉 등 3명 피살. 무기 등 노획	아(53.4.17.)
4.23.	한림면	신탄 작업 중인 농민 8명 납치, 축우 탈취	더(53.4.23.)
4.26.	한라산	경찰전투대 유격대와 교전. 유격 4명 피살, 생포 1명(여), 총기 등 노획	아(53.4.28.~4.29.)
4.27.	한라산	경찰전투대 서부지구 밀림 속에서 유격대와 교전. 유격 1명 피살, 카빈총 1정 노획	아(53.4.29.)
5.5.	안덕면	안덕면 창천리(BM540850) 북방 양민 3명 납치, 농우 5두 탈취. 경찰 납치자 2명 구출	더(53.5.5.)
5.17.	애월 납읍	납읍리 동남방 도로상에서 주민 2명 납치, 우마 탈취	아(53.5.20.)
	제주 아라	관음사 인근(도남리 남방)에서 양민 3명 납치	더(53.5.18.), 아(53.5.19.)[397]
5.23.	조천면	유격대와 교전 중 경찰 1명 부상	러(663)
5.24.	구좌 종달	방목 중인 주민 2명과 농우 6두 납치 후 천자봉 방면으로 도주	더(53.5.25.)
5.25.	표선 가시	경찰전투대 백록중대와 대록봉 서방에서 교전. 유격 1명 사살	아(53.5.26.)
5.29.	한라산	한라산 서부지구에서 약 20명의 유격대와 경찰 교전. 유격 1명 피살, 피랍자 4명 탈출	아(53.5.31.)
6.10.	제주 아라	관음사 토벌작전 중 경찰 1명 부상	러(663)
6.17.	중문면	유격대와 교전 중 경찰 1명 부상	러(663)
7.7.	한라산	약 13명의 유격대, 남송악 서방 밀림지대에서 경찰과 교전. 유격 1명 피살, 총기 등 피탈	아(53.7.10.)

---

397) 관음사 천조봉 인근 고사리 채취 주민 1명 납치.

월일	지역	내용	출처
7.14.	한림 동명	동명리 속칭 '병두선'에 약 9명 유격대 습격. 야간 경비 중이던 주민 1명 살해	루(601), 아(53.7.16.), 러(688)
7.19.	조천 북촌	약 8명 유격대, 동부락 습격. 주민 3명 납치, 식량 탈취	아(53.7.21.), 더(53.7.20.)
7.24.	제주 오라	유격대 7명 마을 습격. 식량 탈취, 도주 중 경찰과 교전. 유격 1명 피살	아(53.7.26.)
8.9.	제주 영평	제주읍 연평리(영평리-필자) 인근 유격 2명 사살	보(109)
8.26.	한라산	경찰, 성판악 인근에서 유격 1명 사살, 2명 구출 발표	보(110)
11.2.	중문 중문	베른내(성천포-필자) 민가 습격. 유격 2명 사망	트(186)
	한라산	경찰전투대 다래오름 부근에서 약 8명의 유격대와 교전. 2명 사살(남, 여 각 1). 총기 등 압수	아(53.11.3.)
11.13.	중문 월평	유격대 습격으로 경찰 1명 전사	보(114)
11.15.	안덕 화순	약 6명의 유격대가 주민 납치 기도. 경찰이 추격하여 총기 노획	아(53.11.17.)
11.17.	중문면	유격대와 교전 중 경찰 1명 전사	러(663)
11.25.	구좌 평대	산간지역에서 목동 1명 납치, 축마 26두 탈취	아(53.11.27.)
11.27.	한라산	어후악 동부지구에서 경찰과 교전. 유격 1명 피살, 1명 생포, 무기 피탈. 11.25. 납치 주민 경찰이 구조. 축마 25두 경찰이 탈환	아(53.11.28.)
12.3.	제주 아라	5명의 유격대 습격. 방목 우마 탈취, 주민 1명 납치 살해	아(53.12.5.)
12.5.	중문 하원	하원리 밀림에서 상호 교전. 경찰이 유격대 무기 노획	아(54.1.15.)
12.6.	한라산	100사령부, 돌오름 동쪽 500m 지점에서 유격대와 교전. 1명 사살	아(53.12.8.)
12.23.	한라산	거문악 동쪽 밀림지대에서 경찰과 유격대 6~7명 교전. 유격 1명 피살, 총기 등 피탈	아(53.12.24.)
12.31.	한라산	경찰, 한라산 릉구악 밀림에서 변창희 사살,[398] 무기 노획	아(54.1.15.)

---

398) 오보인 듯함. 57년까지도 생존 잔비 명단에 있음. (《제주신보》1957. 3. 23.).

월일	지역	내용	출처
		1954년	
1.7.	남원 태흥	잔비 3명 습격. 식량, 의류 탈취	아(54.1.8.)
1.13.	중문 중문	마을 습격 유격대와 교전 중 경찰 1명 전사	러(663)
2.13.	서귀면	유격대 4명 서귀포와 중문리 사이 부락 습격 기도 중 경찰에 발각, 도주. 1명(여) 귀순.	아(54.2.16.)
2.28.	중문 중문	유격대와 교전 중 경찰 1명 전사	러(663)
8.25.	한라산	한라산 토벌작전 중 경찰 1명 전사	러(663)
9.21.		한라산 금족지역 전면해제	
		1955년	
5월 하순	제주 연동	가정집 3곳 식량 탈취	드(136)
7월 하순	제주 연동	가정집 식량 탈취	드(136)
11.13.	서귀 신효	유격대 2명 습격. 운동화 두 켤레 탈취	자(55.11.14.)
11.19.	한림 귀덕	귀덕리 4구(속칭 한교동) 유격대 4명 민가 습격. 식량 탈취	아(55.11.22.)
		1956년	
4.3.	구좌 송당	체오름에서 유격대 3명 경찰과 교전. 부사령관 정권수 피살. 2명(오원권, 변창희) 도주. 잔여 유격대 4명	아(56.4.5.)
9.14.	제주 연동	4명의 유격대 연동 습격. 식량 탈취	아(56.9.15.)
9.30.	안덕 서광	남송악 토벌작전 중 경찰 1명 전사	러(664)
		1957년	
3.21.	한라산	경찰, 제주시 월평동 견월악 지경에서 한순애(여) 생포	아(57.3.23.), 므(178)[399]
3.27.	한라산	한라산록에서 유격대 사령관 김성규, 대원 변창희 피살	자(57.3.29.)
4.2.	구좌 송당	마지막 유격대 오원권 생포	아(57.4.3.)

---

399) "가시나물 사람 김환희와 양중환이 상잣에 노루를 잡으러 갔다가 여비 한순애(여, 30대)를 생포하여 경찰에 넘겼고…"라 기록.

긴 기간이었던 이 시기는 잔여 유격대가 부활을 꿈꾸다 소멸의 길로 접어든 시기이다. 입산 활동 경험자인 김민주는 "1949년 4월까지는 무장대라고 할 수 있으나 그 이후는 잔비다. 1949년 6월 이후 산에 남아 있는 사람들은 이미 질서 있는 게릴라라고 보기 어렵다. 이때는 거의 무질서한 폭도에 가깝다고 본다."고 증언했다. 400)

과연 그러한가? 은신 도피 속 주민 납치와 약탈, 방화·살해가 주요 활동이었으므로 그러한 평가가 있을 수 있다. 하지만 1949년 6월 이전이라고 이러한 행태가 없었나? 일부 마을에서는 오히려 무차별 방화와 학살이 대규모로 자행되지 않았나? 문제는 투쟁목표가 온전히 유지되었는가와 조직적이며 규율이 훼손되지 않았는가 등을 살펴봐야 하는데 잔여 유격대의 목표가 그 이전 목표였던 '자주적 통일정부 수립'과 달라졌다는 증거는 없다. 다만 모든 정황이 그 목표실현을 위한 활동보다는 생존이 우선인 열악하고 초라한 상황에 처해졌을 뿐이었다.

그런데 앞서 살펴봤듯 잔여 유격대는 밀림 속 은신과 도피 생활 속에서도 목표를 이루기 위한 교육과 훈련을 진행했으며, 질서를 유지하기 위해 매우 엄격한 규칙을 세우고 있었다는 마지막 유격대 오원권의 증언을 통해서도 '무질서한 폭도'가 아님을 확인할 수 있다. 유격대가 행한 주민 강제 납치와 약탈, 무차별 방화·살해는 시기를 불문한 유격대의 과오일 따름이었다. 잔여 유격대 시기 활동을 몇 대목으로 나누어 살펴보자.

---

400) 4·3위원회, 『4·3진상보고서』, 2003, 343~344쪽.

(1) 다시 모인 유격대와 조직력

1950년 7월 25일 하원리를 습격한 유격대는 가옥 99동을 전소시키며 대대적인 공격을 감행했다. 이어 8월 6일 중문면 강정리를 습격해 한청대원 3명이 희생된 사건이 신문지상에 소개되더니 교전 소식도 이어졌다. 궤멸된 줄만 알았던 유격대가 6·25 한국전쟁 발발 이후 조직을 정비하여 일대 반격을 가하면서 다시 그 활동의 폭을 넓혀나가기 시작한 것이다. 그러나 UN군의 인천상륙에 이은 서울 탈환으로 다시 분위기는 위축되었고 활동도 뜸해졌다. 그래도 간헐적이지만 조직적인 전술을 펼치기도 했고, 1952년 4월까지 야전병원이 있을 정도[401]로 체계를 갖추고 있었다.

조직적 활동은 동시다발 습격으로도 확인할 수 있다. 즉, 〈표12〉를 보면 1951년 4월 21일 조천면 함덕리와 안덕면 감산리 습격이나, 1952년 3월 12일 조천면 함덕리와 제주읍 외도리 습격 등은 일정한 조직체계를 갖춘 동시다발 작전이 아니면 불가능하기 때문이다. 하지만 유격대는 내부의 강력한 단속과 교육에도 불구하고 귀순자가 계속 늘어나는 등 조직력의 한계 또한 금방 드러난다.

(2) 군·경을 향한 직접적인 공격

이 시기 잔여 유격대가 단순하게 목숨 부지를 위한 식량 확보, 의복 탈취 등에만 매달린 것은 아니었다. 기본적으로 삶을 영위하기 위한

---

[401] 《제주신보》(1952. 4. 19.).

습격이 많았으나 이와는 무관하게 토벌대를 직접 겨냥한 공격도 있었다. 1951년 10월 24일 돌오름 주둔 제1훈련소 대원을 피습한 것이나, 1952년 1월 3일 와흘리 경찰주둔소 습격, 5월 25일 육군훈련소 병사들에 대한 공격, 9월 10일 행군 중인 육군 하사관 후보생에 대한 공격, 10월 4일의 삼양리 경비초소, 10월 15일 제2조병창 화약고 공격 등이 그것이다. 이는 주민 납치를 본격화하며 보충이 필요했던 무기, 특히 실탄 확보를 위한 작전으로 여겨진다. 또한 1952년 9월 15일 제주방송국 습격과 10월 31일 서귀포발전소 습격도 생존투쟁과는 무관한 활동이었다.

하지만 기본적으로 이 시기는 주로 식량 확보와 납치를 주목적으로 했던 것만큼은 분명해 보인다. 주민 납치는 쇠락해가는 유격대의 인원을 보충하는 것이 주된 목적이지만, 자신들의 존재감을 과시하여 협조를 강제하는 효과도 노렸을 것이다. 그러나 그 당시 제주도민은 그야말로 초근목피도 힘든 삶이었다. 그들에게 유격대의 습격과 납치, 약탈은 설상가상의 해악에 다름없었다. 그저 무섭고, 물리쳐야 할 대상일 뿐이었다.

(3) 유격대 와해를 가속화한 경찰의 유화 정책-귀순공작

한편 이 시기 경찰의 토벌 전략은 유격대의 소멸을 가속화하는 데 결정적인 역할을 했다. 바로 귀순공작이다. 다음의 신문기사는 이를 이해하는 데 도움이 된다.

〈전략〉이 국장이 채택한 토벌방침에 몇 가지 특색을 들 수 있다. 첫째, 전 경찰기동력의 동원으로써 전방(前方)사령부를 설치하여 수세로부터 전(轉)하여 공세를 취하게 했고, 고도로 입체화된 사찰진의 확립으로써 적의 인원, 성명, 본적, 가족환경, 개인성격과 조성직(組成織)과 동태의 개황은 물론 통비선(通匪線)에 이르기까지 완전히 파악하게 되었다. 사찰진에 의한 적정파악의 성공은 국장 직속 사찰유격대에 의한 대(對)빨치산 전법의 최고기능의 발휘를 가능케 하였고, 일방 100사령부에 대한 긴밀한 적정 연락으로써 토벌대에 의한 적의 포착 근멸을 가능케 했던 것이다. 또 하산하년 죄의 경중을 불문하고 벌하지 않는다는 약속을 적에 침투시키는 데 성공함과 동시에 이 국장 자체가 이것을 절대로 이행하여 귀순자들이 가족의 따뜻한 품안에 돌아가 과거의 미몽에서 완전히 각성하고 행복된 생활을 영위하고 있다는 것은 의심할래야 할 수 없는 엄연한 사실이 되었던 것이다. 〈후략〉[402]

실제 경찰당국에서는 1952년 4월 25일부터 5월 10일까지 '따뜻하게 맞자 귀순동포들'이라는 표어를 내걸고 귀순 캠페인을 펼쳤고,[403] 제주도의회는 1952년 5월 31일 '하산(下山)권고문'을 발표[404]하기도 했다.

적정반의 운영과 귀순공작활동은 그 설명회에 주민들이 모여들고 입산자의 가족이 자원하여 귀순공작에 나서겠다고 하는 등 반향을 일으키며 많은 효과를 거두었다.[405] 한편 6·25 이후 이러한 특수공작에

---

[402] 《제주신보》(1954. 1. 20.).
[403] 《제주신보》(1952. 4. 30.).
[404] 《제주신보》(1952. 6. 5.).
[405] 《제주신보》(1952. 5. 22., 6. 15.).

의해 귀순한 자는 1952년 6월 현재 23명에 이르렀는데, 이 중 1948년에 입산한 유격대원은 7명이었다.406)

(4) 끊임없는 귀순행렬과 토벌 강화-유격대의 최후

내부 동요와 외부환경의 변화에 직면한 유격대 지도부는 다시 전열을 가다듬고, 동요를 진정시키기 위해 대대적인 습격에 나섰지만 상황을 바꾸기에는 역부족이었다. 활동일지를 보면 1952년 8월 1일 남원면 의귀리 습격 시 9명이 사살됐고, 8월 10일 애월면 소길리 습격 시 3명이 사살당하고 10명이 부상당했다. 또한 동년 12월 24일 말찻오름에서 4명, 1953년 1월 25일 5명, 1월 26일 4명 등 경찰 토벌작전으로 유격대원 손실이 급증했다. 유격대는 1953년 1월을 전후해서 그동안 분산 행동하던 방침을 바꿔 한데 뭉쳐 행동을 시작했다.407) 이러한 공세적인 전열 정비로 동요를 막으려 했지만 귀순행렬은 끊이지 않았다. 대부분 납치당한 주민들이었다. 1953년 4월 15일 유격대 사령관 김의봉이 경찰유격대에 의해 피살됐다.

유격대의 주민 납치는 밭에서 일하거나 야산에서의 방목, 산나물과 땔감 채취, 숯을 굽는 주민들을 주요 표적으로 삼았다. 주민 납치가 잇따르자 경찰당국은 땔나무나 산나물 채취자에게 산간 출입을 금한다는 경고를 거듭했다.408)

---

406) 《제주신보》(1952. 6. 22.).
407) 《제주신보》(1953. 1. 30.).
408) 《제주신보》(1953. 5. 19.).

<사진16> 체포된 오원권, 한순애와의 대담 기사(《조선일보》, 1957.4.10.)

1953년 11월 유격대는 12명으로 줄어들어 그야말로 붕괴 직전에 다다랐다. 경찰당국도 잔여 12명의 '잔비 실태 및 무장 소유량, 양정(糧情) 등 적정 전부'를 공개하며 도민들에게 협력을 당부했다. 또 사령관 김성규에게 1,000만 원, 그 외 유격대에게 각 100만 원을 현상금으로 내걸었다.[409]

1954년 2월 유격대는 5명으로 줄어들었고 이마저도 두 무리로 분산되어 서로 접선도 하지 못할 지경에 이르렀다.[410] 마침내 1954년 9월 21일 한라산 금족령이 해제됐다.

한동안 잠잠하던 유격대는 1955년 11월 민가에 들어가 식량을 탈취하면서 다시 움직임을 보였다. 5명의 유격대 중 1956년 4월 3일 부사령관 정권수가 피살되면서 4명으로 줄었다. 1957년 3월 21일 4명 중 한순애가 생포되었다. 그리고 3월 27일 김성규와 변창희가 피살되었다.

1957년 4월 2일 마지막 유격대원 오원권이 그의 고향인 구좌읍 송당리 장기동에서 생포[411]되면서 제주도인민유격대는 정확히 만 9년 만에 소멸되고 말았다.

---

[409] 《제주신보》(1953.11.21.).
[410] 《제주신보》(1954.2.16.).
[411] 당시 신문기사 중에는 자수했다거나 귀순했다는 표현이 등장한다. (《조선일보》 1957.4.10., 4.15.).

이 시기 지역별 활동 현황은 〈표13〉과 같다.

〈**표13**〉 지역별 활동 현황(1950.6.25.~1957.4.2.)

구분	습격	교전	계
제주읍	10	17	27
애월면	4	3	7
한림면	6	4	10
한경면	1	-	1
대정면	-	-	-
안덕면	5	15	20
중문면	5	12	17
서귀면	2	3	5
남원면	4	6	10
표선면	-	2	2
성산면	2	-	2
구좌면	4	5	9
조천면	4	13	17
미상	2	37	39
계	49	117	166

유격대의 활동 현황

　1948년 4월 3일 4·3 무장봉기부터 1957년 4월 2일 제주도인민유격대가 소멸될 때까지 월별, 시기별 활동 현황을 종합하면 다음의 〈표 14~15〉와 같다.

〈표14〉 월별 활동 현황(1948.4.~1957.4.)

읍면 구분	제주 습격	제주 교전	애월 습격	애월 교전	한림 습격	한림 교전	한경 습격	한경 교전	대정 습격	대정 교전	안덕 습격	안덕 교전	중문 습격	중문 교전	서귀 습격	서귀 교전	남원 습격	남원 교전	표선 습격	표선 교전	성산 습격	성산 교전	구좌 습격	구좌 교전	조천 습격	조천 교전	미상 습격	미상 교전	소계 습격	소계 교전	합계
48.4.	19	13	9	9	1	1	1	1	7	5	4											2		2	11	7	2	2	54	43	97
5	22	8	3	11	10	2	2	1	10	8	4	2	7	1						1		2	13	1		3	2	2	92	33	125
6	2	1	2	1		2			3		2	1	1	1	3											1			10	8	18
7		1							1																				2		2
8				1		3					2				2												1		2	6	8
9	2						2		1		2		1	1			1				2		1		1		1		13	3	16
10	3	5	4	4			2		1		6	2	3	3	1	3	1		2				3	1	3	4	1		22	18	40
11	7	3	5	5	2	2	2		5		6	1	1	1	2		7		3		1		4	2	5	3	1		54	16	70
12	15	3	5	5	2	2	1		2	1	6	2	10	2	4	1	6		2				7		3	2	1		69	10	79
49.1.	14	6	15	15	1	1	1		3	1	1	1	2	1	1	1	5		3	1	2		4		2	3	1		54	18	72
2	6	3	3	3	1	1	1											1	2	1			4	1	1				18	6	24
3		2	2	2							1																		2	4	6
4				1					1					1												1	2		2	3	5
5			1									1											1			1			1	3	4
6		1	1	1																						1	1		3	3	3
10														1															3		3
11													1																1		1
12													1										1						1		1

음면 구분	제주 습격	제주 교전	애월 습격	애월 교전	한림 습격	한림 교전	한경 습격	한경 교전	대정 습격	대정 교전	안덕 습격	안덕 교전	중문 습격	중문 교전	서귀 습격	서귀 교전	남원 습격	남원 교전	표선 습격	표선 교전	성산 습격	성산 교전	구좌 습격	구좌 교전	조천 습격	조천 교전	미상 습격	미상 교전	소계 습격	소계 교전	합계
50.2											1			1															2	1	3
3													1														4		5		5
7														1															1		1
8	1										1		1						1						1		1		5	1	6
9	1										1			1													1		3		3
10	1	1			1								1														1		4	1	5
11	1														1										1				3		3
12	1				1								1														1		4		5
51.1	1																1				1								3		3
2	1																	1							1		2		3	2	5
3		1										1															1		2	1	3
4											3					1									1				4	3	7...
5	1										3		1																5		5
6					1						2														1		1		5		6
8											1																2		4		4
9											1																		1		1
10															1														3		3
11	1		1																					2			1		3		3...
12																							2						2		2

272 탄압이면 항쟁이다

읍면 구분	제주 습격	제주 교전	애월 습격	애월 교전	한림 습격	한림 교전	한경 습격	한경 교전	대정 습격	대정 교전	안덕 습격	안덕 교전	중문 습격	중문 교전	서귀 습격	서귀 교전	남원 습격	남원 교전	표선 습격	표선 교전	성산 습격	성산 교전	구좌 습격	구좌 교전	조천 습격	조천 교전	미상 습격	미상 교전	소계 습격	소계 교전	합계
8	1																											1		2	2
11											1			3														2	2	5	7
12													1															3	1	4	5
54.1.														1	1		1												1	1	2
2														1	1														1	1	2
8																											1			1	1
55.5.												1																		1	1
7																												1		1	1
11								1																					1	1	2
56.4.																							1							1	1
9												1																	1		1
57.3.																											1			1	1
소계	62	101	26	58	17	23	10	3	17	34	23	33	22	35	15	8	25	9	3	10	3	11	16	49	38	36	7	54	447	301	748
합계	163		84		40		13		51		56		57		23		34		13		14		65		74		61				748

제3장 제주도인민유격대의 활동

1. 월별 활동 현황

위 월별 활동 현황을 살펴보면 습격이 가장 많은 달은 1948년 5월 92회로 두 번째로 많은 12월 69회, 4월 54회보다 압도적으로 많았다. 이는 5월에 5·10선거 무산을 위해 선거관리위원 등 우익인사에 대한 집중적인 공격과 납치, 투표소 습격 등이 많았기 때문이다. 이를 통해서도 '5·10 단선 저지'라는 봉기의 목적을 읽을 수 있다. 또 1948년 12월이 두 번째로 습격이 많은 것은 토벌대의 초토화 작전으로 보급선이 끊기면서 식량이나 의류 탈취 목적의 습격이 늘어나고 있음을 알 수 있다. 이러한 습격 때문에 보초경계 중인 주민 희생도 잇따랐고, 구좌면 세화리 등 무차별, 대규모 주민 희생이 곳곳에서 발생하면서 유격대와 주민과의 괴리는 더욱 심해졌다.

교전이 가장 많은 달은 1948년 4월 42회로 두 번째로 많은 48년 5월의 33회보다 꽤 많다. 4월 3일 12개 지서 공격을 포함해 제주도민 탄압의 일선 기관이며 서청이 많이 포진한 지서 습격과 그에 따른 충돌의 결과이다. 이는 '도민 탄압 분쇄'라는 무장봉기의 목적을 분명히 보여주는 대목이기도 하다.

습격과 교전을 합쳐서 가장 많은 충돌이 빚어진 달은 1948년 5월 125회, 4월 97회로, 11월 70회, 12월 79회, 1949년 1월 72회보다 상당히 많다. 1948년 4월과 5월에 무장봉기 목적을 달성하기 위한 활동이 집약적으로 분출되었음을 알 수 있다. 1948년 10월부터 1949년 1월은 군경 토벌대와의 직접적인 전투가 늘고 토벌대의 주민 학살에 대응하기 위한 구출 작전도 벌어졌다. 특히 12월부터는 식량·의복 탈취 등 보급이 막힌 상황을 극복하기 위한 활동이 늘었다.

위에 제시한 5개월의 활동 합계는 443회이다. 이는 전체 748회의 습격이나 교전의 약 60%에 달한다. 4·3무장봉기부터 유격대 소멸까지 만 9년(108개월) 기간 중 5개월은 4.6%에 해당한다. 위 5개월이 활동이 매우 집약됐던 시기임을 알 수 있다.

한편 잔여 유격대 시기 습격이나 교전 등 활동이 많은 달은 1951년 2월과 4월, 1952년 9월의 각 8회이다. 그다음으로는 1953년 1월, 5월, 11월의 각 7회이다. 6·25 한국전쟁 발발 이후 잔여 유격대의 마을 습격이 간헐적으로 있었고, 진압 작전에 나선 군경 토벌대와의 직접적인 전투가 비교적 잦아진 시기로 볼 수 있다. 1954년 1월부터 습격이나 교전 등 활동이 드러난 경우는 월 1~2회에 불과했고 드러나지 않는 달이 더 많았다. 이때부터는 사실상 소멸 직전의 잔존 세력에 불과했음을 알 수 있다.

<표15> 시기별 활동 현황(1948.4.3.~1957.4.2.)

읍면 구분	제주 습격	제주 교전	애월 습격	애월 교전	한림 습격	한림 교전	한경 습격	한경 교전	대정 습격	대정 교전	안덕 습격	안덕 교전	중문 습격	중문 교전	서귀 습격	서귀 교전	남원 습격	남원 교전	표선 습격	표선 교전	성산 습격	성산 교전	구좌 습격	구좌 교전	조천 습격	조천 교전	미상 습격	미상 교전	소계 습격	소계 교전	합계
ⓐ	40	21	20	12	11	3	2	3	16	13	8	2	7	1		3		1	1	2	2	2	12	3	15	10	4		143	76	219
ⓑ	4	1	1	3	5				5	1	2	1	1	1	2		1	2					2	2	1		2		18	16	34
ⓒ	47	21	32	6	6	5	7		12	2	17	3	18	6	8	4	20	2	8		7	1	31	5	15	12	3	1	229	70	299
ⓓ	2		1	2						1	1		4	2		1								1	1	3	8		22	8	30
ⓔ	10	17	4	3	6		1				5	15	5	12	2	3	4	6	2	3	2	2	4	5	4	13	2	37	49	117	166
소계	101	62	58	26	23	17	10	3	34	17	33	23	35	22	15	8	25	9	10	3	11	3	40	16	36	38	7	54	447	301	748
합계	163		84		40		13		51		56		57		23		34		13		14		65		74		61				

ⓐ 무장봉기와 5·10 단선 저지(1948.4.3.~5.26.) - 55일
ⓑ 지하 선거, 남과 북 각각 정부수립(1948.5.27.~9.9.) - 106일
ⓒ 중돌의 격화, 주민 대량 희생(1948.9.10.~1949.3.1.) - 173일
ⓓ 대토벌, 기순공작과 유격대의 와해(1949.3.2.~1950.6.24.) - 460일(약 1년 4개월)
ⓔ 한국전쟁 발발, 잔여 유격대의 준동과 소멸(1950.6.25.~1957.4.2.) - 약 6년 9개월

276 탄압이면 항쟁이다

2. 시기별 활동 현황

시기별 활동 현황을 살펴보면 유격대의 활동 목표를 더욱 확연히 알 수 있다. 즉, 최초 봉기부터 5·10 선거 무효가 선언된 5월 26일까지 55일간의 활동이 219회(29.3%)로 집약되었음이 드러난다. 또한 남과 북 정부수립 이후 초토화 등 토벌대와 충돌이 격화되고 주민이 대량 희생되었던 1948년 9월 10일부터 1949년 3월 1일까지 173일의 활동이 299회(40%)로 두 기간을 합치면 70%에 근접함을 알 수 있다.

한편 한국전쟁 발발 이후 약 6년 10개월을 버텼던 잔여 유격대 시기의 활동은 166회(22.2%)로 그 길었던 기간에 비해 활동은 미미했음을 알 수 있다. 이 시기 '미상 지역'에서의 교전이 압도적으로 많은 것은 한라산 깊숙한 곳에서의 토벌작전과 그에 따른 교전의 결과로 볼 수 있다. 특이하게 안덕면, 중문면 지역 산간에서의 교전이 다른 시기에 비해 많은 것으로 보아 잔여 유격대가 산록이 우거진 산남지역에도 여러 번 근거지를 두었다고 유추할 수 있다.

주요 활동

1. 경찰지서 및 우익인사 지목 습격

유격대는 4월 3일 제주도 전체 24개 지서 중 12개 지서를 습격함으로써, '탄압이면 항쟁이다!'라는 그들의 구호를 본격 실행으로 옮겼다. 특히 서청 출신 경찰들이 각 지서에 포진하고 있어 집중적인 공격을 감행했고 한림에서는 서청의 숙소에 사제폭발물을 던져 부상자가 발생하기도 했다.[412] 갖은 폭력과 행패로 도민들의 원성이 자자했던 서청을 직접 겨냥한 것이다. 유격대의 『투쟁보고서』에도 '악질 서청에 대한 숙청'은 그 숫자까지 별도 기재하고 상황을 자세히 부연 설명하고 있을 정도로 서청에 맺힌 제주도민의 분노를 대변하고 있다.

경찰지서 및 우익인사에 대한 공격은 제주도 2개 선거구의 투표가 무효 선포된 5월 하순까지 지속되었으나 그 내용은 시기별로 차이가

---

[412] 《제민일보》4·3취재반, 『4·3은 말한다』 2권, 1994, 31쪽.

있었다. 즉, 〈표4〉를 보면 4월 3일부터 5월 26일까지 지서를 공격한 횟수는 41회다. 월별로는 4월이 28회, 5월은 13회였다. 특히 4월 3일 12개 지서 공격 이후에도 4월 하순까지 지서 공격이 곳곳에서 벌어졌다. 검거와 고문 등 탄압에 대한 폭력적 응징이 함축된 것이다.

5월 들어서도 지서 습격, 우익인사 공격은 지속되었으나 지서 습격 및 교전보다는 우익인사 등에 대한 테러가 훨씬 많아졌다. 이는 〈표14〉의 월별 활동 현황에서도 파악할 수 있는데, 우익인사에는 5·10선거를 관리하고 독려하는 선거관리위원 등이 포함되었기 때문이다. 즉, 5·10선거 방해를 위한 활동에 집중한 결과이기도 하다.

이 시기 4·3봉기의 주요 목표인 경찰·서청 등 도민에게 탄압을 가하는 세력에 대한 공격에 도민들은 알게 모르게 지지를 보냈다. 일례로 유격대가 5월 14일 한림지서를 공격해 경찰관 1명과 유격대 4명이 사망한 사건 직후 주민들의 분위기를 엿볼 수 있는 증언을 살펴보자.

> 5월 14일 산 쪽의 사망자는 4명이 분명합니다. 시신은 지서 옆에 있는 의용소방대 건물로 옮겨져 나란히 뉘어 있었는데 사건은 오전에 발생했고, 오후엔 미군이 와서 조사를 했습니다. 경찰에선 이들을 '폭도'라고 불렀지만 일반 주민들은 '산사람'이라고 불렀습니다. 또 마을 주민들이 이들을 대하는 분위기는 경찰과는 달랐습니다. 그날만 해도 산사람 4명이 사살당했다는 소식을 듣고 일부 주민들이 나와 술과 과일 등을 올려 조의를 표하기도 했습니다. 또 광목을 가져다가 시신 위에 덮기도 했지요.[413]

---

413) 《제민일보》4·3취재반, 『4·3은 말한다』 3권, 1995, 38~39쪽.

이를 뒷받침하는 자료가 유격대의 『투쟁보고서』에도 수록되어 있다.

> 5월 15일 - 전일 희생당한 우리 동무에 대해서 인민장(人民葬)하도록 국경(國警)에서 인민에게 자유를 주었음으로 리민(里民) 전부 모여 인민장(人民葬) 거행[414]

국방경비대가 지서 습격 중 사망한 유격대의 장례를 거행하도록 허용했다는 내용이 사실과 부합하진 않겠지만, 당시 경찰과 서청에 대한 도민들의 인식을 보여주는 대목임은 분명하다.

이렇듯 4·3봉기 초기 경찰지서 공격과 서청, 대청 등 우익인사에 대한 습격은 목표를 정한 지목 습격이라는 특징이 있다.

4월 3일 유격대의 애월면 구엄리 습격과 5월 14일 한림리 습격 당시 목격자의 증언이다.

> 구엄리장을 지냈던 송정근 씨는 "길가마다 가득찬 이들 무리들은 '당신네 양민들은 나오지 마시오. 나오면 괜히 살상되니까 피해봅니다.'고 외치며 지목된 집안들을 찾아다니며 살인하고 방화했다."고 증언했다.[415]

> 백주에 위세당당하고 질서 있게 감행하는 산부대의 행동을 보고 참

---

414) 문창송, 앞의 책, 50쪽.
415) 《제민일보》4·3취재반, 『4·3은 말한다』 2권, 1994, 27쪽.

놀랐습니다. 미리 파악을 잘해두었던지 선별하여 꼭 처단할 사람만 쏘았어요. 마을 사람들도 그들의 절도 있는 행동을 보면서 이후에 입산자가 늘었습니다.[416]

하지만 일부 지역에서는 지목당한 우익인사나 경찰 가족이 대신 혹은 함께 무참히 살해되는 등 부작용과 후유증도 많았다.

정부수립 이후에도 토벌대에 협력하는 우익인사나 유격대에 비협조적인 인사에 대한 지목 습격이 꾸준했으나 지서 습격은 현저하게 줄어든다. 〈표6〉, 〈표8〉을 살펴보면 6월 2회, 8월 초 1회 그리고 정부 수립 이후인 9월 1회, 10월 4회, 11월 4회, 12월 2회, 49년 1월 2회, 2월 1회 등 9개월 동안 지서 습격은 17회에 불과했다. 이는 경찰지서 경비가 강화된 이유도 있지만, 1948년 하반기부터 민보단, 향보단, 자경대 등의 이름으로 주민들을 동원한 보초경계가 마을 곳곳에서 이루어지면서 유격대와 경찰지서 간의 완충 역할을 한 측면도 있을 것이다. 때문에 이 시기에는 보초 서던 주민이 유격대와 맞닥뜨려 희생되는 일이 많았다.

그럼에도 유격대의 대규모 습격과 무차별 살상으로 많은 주민이 희생된 11월 28일 남원면 남원리와 위미리, 12월 3일 구좌면 세화리인 경우 지서가 있는 마을임에도 불구하고 직접 지서를 향한 공격이 없었다는 점과 지서에 경찰이 가득했지만 유격대가 물러날 때까지 일절 대응하지 않은 점[417]은 매우 특이하다.

---

416) 제주4·3연구소, 『제주항쟁』, 1991, 260쪽.
417) 이에 대해서는 『4·3은 말한다』 5권, 1998, 49쪽, 123쪽, 129쪽 참조.

『투쟁보고서』에는 4월 3일부터 4월 20일까지 서청 7명을 살해했다는 등 서청을 향한 공격과 서청의 피해 내용을 샅샅이 적고 있는데, 그만큼 서청은 유격대의 공격목표 중 손가락에 꼽을 정도였다. 하반기에도 서청은 유격대의 주요 타켓이었을 것이다. 하지만 서청에 대한 직접 공격이 하반기에는 거의 없었다. 하긴 서청특별중대, 경찰 등 토벌대 대부분이 서청 출신이니 특정하는 것도 의미가 없었을지 모른다.

외도지서, 삼양지서에는 당시 악명 높았던 서청 출신 이윤도, 정용철 지서장이 '광란의 살인놀이'를 자행하던 곳이다. 그들을 응징하려 했는지 모르겠지만 하반기에 외도지서에는 1949년 1월 11일, 삼양지서에는 1948년 10월 28일, 1949년 1월 3일에 대대적인 공격을 했다. 하지만 그들을 응징하지는 못했다.

한편 그보다 더 악명을 떨치던 곳, 매일매일 학살이 벌어지던 주민학살 본부였으며, 그곳에 끌려가면 살아나오지 못했다는 서청특별중대가 주둔했던 한림국민학교, 함덕국민학교, 구좌중앙국민학교, 성산국민학교, 중문국민학교 등에는 유격대의 공격이 없었다. 분노의 총부리는 어디로 향했을까.

2. 5·10 단선 거부

(1) 단선단정 거부를 위한 유격대의 활동

5·10단독선거의 저지는 탄압 세력 응징과 더불어 무장봉기의 핵심 목표였다. 이 목표는 당시 5·10선거를 통해 38선 이남 지역 내에서 반공국가를 건설하겠다는 미군정과 국내 단선지지파들과의 정면충돌을 예고하는 것이었다.[418]

이러한 유격대의 목표와 지향점에 민중들은 호응했다. "후방에서는 여중생들이 수시로 성금을 모아 산으로 올려 보냈고, 성금을 내지 못한 학생들은 미안해 할 정도였다. 또 여성동맹원들은 쌀과 양말을 보냈고, '가난한 사람 편에서 공평한 삶을 건설하자.'는 주장에 공감해 '정의로운 일'을 한다는 자부심을 가졌던 학생들이 스스로 입산해서 선전물을 만드는 등 유격대의 활동을 지원"[419]했다. 유격대는 당과 더불어 5·10선거를 거부하기 위해 적극적인 방해공작을 펼쳤으며, 선거 관련 업무 종사자들에게 집중적인 테러를 가했다. 이러한 공격은 선거관리위원들이 투표용지와 투표함을 투표소로 옮기는 일을 거부하게 했으며[420] 급기야 선거관리위원들이 선거 관련 업무를 지속하는 것은 너무 위험하다며 사퇴하는 지경에 이르도록 했다. 또한 '설득'[421], '폭력

---

418) 4·3위원회, 『4·3진상보고서』, 2003, 168쪽.
419) 《제민일보》 4·3취재반, 『4·3은 말한다』 4권, 1997, 232~237쪽.
420) 주한미육군 제6보병사단 일일정보보고(1948.4.24.).
421) 《제민일보》 4·3취재반, 『4·3은 말한다』 2권, 1994, 207쪽.

과 위협'422)을 동원해 투표 거부를 위한 주민들의 입산을 주도했다.

 4월에 공산주의자들이 선동한 폭력행위는 주로 5·10선거의 선거인 등록을 저지하는 시도에 맞춰졌다. 제주도에서 일상적인 다른 사건들처럼 마음에 쌓인 불평이 타올랐다. 선거등록사무소에 대한 습격이 이뤄졌고, 주로 선거인 등록자들이 고통을 겪을 것이라는 위협과 함께 등록명부가 도난당했다. 이밖에 상당한 양의 위협 서한을 보내고 가능한 많이 공개 시위를 벌이면서 선관위원과 후보자들에 대한 폭행과 살인도 자행됐다.423)

 여기에 '뭔지 모를 중압감'424)이 가미되었지만 제주도민의 적극적인 투표 거부 의지가 반영되어 끝내 제주도 3개 선거구 중 2개 선거구의 투표를 무효화시켰다.

 5·10단선 거부와 유격대 활동과의 관계를 살피기 위해서는 4·3봉기 발발 이후부터 5월 10일까지의 활동을 살펴봐야 한다. 더욱 주목할 시기는 유격대가 제주읍 도평리 투표소를 습격하며 본격적인 투표 보이콧 운동을 전개했던 4월 18일 이후이다. 또한 단선거부를 위한 입산이 시작되었던 5월 5일부터 선거일인 5월 10일까지 유격대의 활동도 눈여겨볼 필요가 있다.

 〈표4〉의 4월 18일부터 5월 10일까지 활동 중 유격대가 투표소 습

---

422) 주한미육군군정청 일반문서(4·3위원회, 『4·3자료집』 9권, 23쪽).
423) 주한미육군 제6보병사단 일일정보보고(1948. 5. 3.).
424) 화북동, 『화북동향토지』, 1991, 147쪽.

〈사진17〉 중산간지대로 피신한 제주 사람들(1948.5. 사진. 『4·3진상보고서』)

격, 선거관리위원 피습·납치, 선거서류·투표함 탈취, 읍면사무소 습격 등 직접적인 선거방해 행위를 한 마을을 보면, 북제주군의 경우 전체 91개 리 중 16개 마을이다. 여기에 진위 여부 파악이 힘든 제주읍사무소 수류탄 투척 기도가 있었다. 남제주군은 총 72개 리 중 9개 마을에서 선거방해 행위가 있었고 대정면사무소는 2회 습격을 했다. 제주도 전체 163개 마을의 15.3%인 25개 마을이 유격대의 직접적인 활동으로 영향을 받았을 것이다. 상당히 적은 비율이다.

여기에 대청 등 우익인사에 대한 습격, 납치, 살해까지 선거방해로 간주해 정리하면 〈표16〉과 같다. 투표가 무산된 북제주군 지역을 살펴보면 제주읍이 25개 리 중 11개 리, 한림면은 24개 리 중 2개 리에

〈표16〉 5·10선거 관련 유격대 습격 상황(1948.4.18.~5.10.)

구분		소속 리(里) 수	4.18.~5.4.	5.5.~5.9.	5.10. 당일	합계(중복된 마을 제외)
북제주군	제주읍	25	6(9)	6(8)⁻²*	2(2)⁻¹	11(19)
	조천면	10	5(6)	-	1(1)	6(7)
	구좌면	13	-	2(2)	1(1)	3(3)
	한림면[425]	24	-	2(2)	-	2(2)
	애월면	19	1(1)	2(4)	1(1)	4(6)
	소계	91	12(16)	12(16)⁻²	5(5)⁻¹	26(37)
남제주군	서귀면	11	-	-	1(1)	1(1)
	중문면	11	1(1)	-	3(3)	4(4)
	안덕면	10	1(1)	1(1)	1(1)⁻¹	2(3)
	대정면	13	4(7)	2(2)⁻¹	-	5(9)
	성산면	12	-	-	1(1)	1(1)
	표선면	6	-	-	1(1)	1(1)
	남원면	9	-	-	-	-
	소계	72	6(8)	3(3)⁻¹	7(7)⁻¹	14(18)
합계		163	18(24)	15(19)⁻³	12(12)⁻²	40(55)

※ 투표소 습격, 선거관리위원 피습·납치, 선거서류·투표함 탈취가 있었던 마을 수. ( )의 숫자는 피습 횟수.
※ 위 상황표에 제주읍사무소 1회, 대정면사무소 2회 피습의 선거방해 행위가 있었음.
* 활동이 중복된 마을.

---

425) 당시는 현재의 한경면을 포함함.

불과했다. 40개 마을(24.5%)이 영향을 받은 것으로 나타났다. 특이한 점은 투표가 성공한 남제주군은 선거 당일인 5월 10일 7개 마을에서 집중적인 선거방해 활동이 있었다는 것이다. 하지만 그 이전 남제주군에서 유격대의 선거방해 활동은 북제주군보다 활발하지 않았다.

이로 보면 유격대의 선거방해가 덜했던 남제주군에서 투표가 순조롭게 이루어진 것은 맞지만, 그렇다고 북제주군이 압도적으로 선거방해 행위가 많았던 것은 아니다. 유격대가 모든 마을에 위협을 가한 것도 아니었다. 미군정보고서에서도 5월 10일을 전후해서 '제주도에서의 선거 폭력'에 대해 여러 차례 보고하고 있지만, 5월 10일 투표소 공격이 5회에 그치고 있었다. [426]

5·10단선 저지를 위한 격렬한 저항은 비단 제주도에만 국한된 것도 아니었다. 남한 곳곳에서 선거 저지를 위한 습격과 테러가 가해졌으며, 초보적인 무장투쟁의 형태를 띠는 곳도 있었다. [427] 하지만 투표가 거부된 곳은 제주도뿐이었다. 당시 제주도의 투표 현황은 다음과 같다.

- **북제주군 갑**: 선거구수 73개소 중 31개소 투표(총선거인수 27,560명 중 11,912명 투표, 43%)
- **북제주군 을**: 선거구수 61개소 중 32개소 투표(총선거인수 20,917명 중 9,724명 투표, 46.5%)

---

[426] 주한미육군사령부 일일정보보고(1948. 5. 12.).
[427] 김점곤, 『韓國戰爭과 南勞黨戰略』, 박영사, 1973, 95~118쪽 참조.

- 남제주군: 선거구수 87개소 중 86투표구 투표(총선거인수 37,040명 중 32,062명 투표, 86.6%)

이에 따라 5월 26일 딘 군정장관은 당시 선거법에 의거 북제주군 2개 선거구의 선거 무효화를 선언했다.[428]

〈표16〉의 5월 10일 상황을 보자. 유격대의 선거방해를 위한 투표소 기습은 남제주군에 집중되있고, 북제주군 지역은 2개 마을에 불과했다. 하지만 남제주군은 선거에 성공했고 북제주군은 실패했다. 이렇듯 유격대의 습격과 투표상황을 보더라도 유격대의 테러가 전혀 영향을 끼치지 않은 것은 아니지만, 자발적인 투표 거부가 많았다는 것을 알 수 있다. 제주도민들의 자주적 통일정부 수립에 대한 열망이 투표 거부로 이어진 것이다.

해방 직후 열기는 일생 중 가장 뜨거웠던 시절이었습니다. 곧 마을의 지도자가 나타났고 이들에 대한 주민들의 신망은 두터웠습니다. 이들의 지도로 신탁통치 관련 데모를 했지요. 난 어리고 배우지 못해 신탁통치가 무엇인지 정확히 알지 못했지만 지도자가 옳다고 하니 따랐습니다. 5·10선거 반대도 마찬가집니다. 강제로 산에 간 것이 아니고 주민 모두가 자연스레 따른 겁니다.[429]

---

428) 4·3위원회, 『4·3진상보고서』, 210~211쪽(필자 재구성).
429) 《제민일보》(1998. 9. 18.).

"우리나라는 역사적으로 하나인데 왜 조국이 갈라서는 분단선거를 하느냐, 반드시 통일선거를 해야만 우리가 주인이 될 수 있다."고 하는 연설을 들으며 감동을 받았습니다. 나는 나중에 체포되어 한 10년 형을 살았어요.[430]

조선은 단일국인데, 5·10선거는 조선을 둘로 갈라서 남한에서만 하는 것이다. 그래서 선거를 하게 되면, 조선이 반쪽이 된다는 연설이 타당하게 들렸다.[431]

따라서 제주도에서 5·10단선이 거부된 것은 '5·10단선단정 반대 투쟁을 총지휘한 남로당'[432]의 승리나 '5월 10일의 선거를 좌절시킬 목적으로 한 공산주의자들의 부분적인 성공'[433]이 아닌, 제주도민이 통일정부 수립을 위해 선택한 결과로 해석해야 한다. 또, 이러한 선택의 동기가 됐던 것은 단기간의 선전선동이나 위협에 의한 것이 아니라, 해방 이후 제주도민이 늘 품어왔던 '하나의 민족이 둘로 갈라설 수 없다는 지극히 상식적인 꿈' 때문이었다. 이러한 제주도민의 바람을 조직화하고 엄호한 '남로당 제주도위원회'가 봉기 목적을 부분적으로 달성한 것이었다.[434]

---

430) 제주4·3연구소, 『제주항쟁』, 253쪽.
431) 고○선(1936년생, 애월 하귀) 증언.
432) 대검찰청, 『좌익사건실록』제1권, 392~394쪽.
433) 주한미군사(4·3위원회, 『4·3자료집』8권, 221쪽).
434) 장윤식, 「제주4·3사건 초기 유격대의 조직과 활동」, 제주대학교 석사학위논문, 2005, 58쪽.

(2) 5·10선거 피신처

남로당 제주도당은 선거를 파탄내기 위해 전 조직력을 동원했다. 선거관리위원에 대한 테러와 협박, 투표소 습격, 선거서류 탈취 등의 방해공작도 펼쳤다. 그중 하나가 선거일 전후로 주민들이 마을을 떠나 투표를 하지 못하게 하는 작전이었다. 이를 위해 북제주군 산간마을 대부분과 일부 해안마을 주민, 그리고 남제주군 일부 주민들이 하루에서 길게는 1주일 가까이 인근 야산에 피해 있었다.

이 산행은 유격대의 협박도 있었지만 앞서 살폈듯이 당시 마을 지도자들의 권유에 스스럼없이 응한 경우가 많다. '5·10선거는 조국을 둘로 나누는 분단 선거!'라는 설득과 인식이 주효한 것이었다. 이렇게 당시 북제주군 갑·을 2개 선거구는 투표율 미달로 선거무효가 선언되며 5·10 단선 저지를 목표로 삼았던 남로당 제주도당과 유격대의 기세를 한껏 올렸다.

5·10 선거를 거부하기 위해 주민들이 피신했던 곳을 증언과 기록으로 파악해 보면〈표17〉과 같다. 다만 여기에 수록하지 못한 곳도 있을 것이다. 특히 이 산행은 마을 주민 대부분이 피신한 경우도 있고, 일부만 가거나 그냥 평소대로 집에 있으면서 투표를 안 한 경우도 많았음을 전제로 한다.

〈사진18〉 산에 올랐다가 하산하는 주민들(1948.5. 사진. 『4·3진상보고서』)

〈사진19〉 5·10 피신처 '붉은 덩어리'(사진. 제주4·3연구소)

<표17> 5·10선거 전후 주민 피신처

	마을	피신처	출처
제주읍	오라1구	열안지오름 '말저린밭'	A(218)
	오라2구	열안지오름 '혹담밭', '흙담밧'	A(218)
	오라리	'열안지오름', '당병이'	A(148)
	오등리	열안지오름	A(218)
	화북리	월평, 영평(알무드내)등	P(147)
		용강리 지경(일부는 민박)	A(219)
	화북2구(거로)	큰터왓 위 밤낭밧	Q(2권, 253)
	삼양리	용강리 지경(일부는 민박)	A(219)
		명도암 지경	L(156)
	도련1구	용강리 지경(일부는 민박)	A(219)
		명도암 지경	Q(2권, 78)
	도련2구(맨촌)	회천 위 소나무밭	L(156)
	도두리	해안리 붉은덩어리	C(99.5.14)
	외도리	해안리 붉은덩어리	C(99.5.14)
	해안리	해안리 붉은덩어리	O, Q(1권, 280)
		오르카름궤 동쪽(해안동 151번지)	김○대(제주 해안, 1934)
	이호리	해안리 붉은덩어리	C(99.5.14.)
	이호2(오도롱)	월산 위 속칭 '고래미캐왓', '고내미'	고○화(제주 이호, 1931)
		눈오름	Q(1권, 271)
		해안리 '약은이왓', '오로콤밭'	H(316)
	도평리	해안리 붉은덩어리	C(99.5.14.)
	영평 상동(가시나물)	산천단 동쪽 산업정보대(현 국제대) 인근 일제진지동굴	N(177)
	영평 하동(알무드내)	마을 인근 냇가	E(218)
		'숫모루'(성진이오름 아래)	I(366)
	(동)회천	동네의 제석동산 뒤	김○령(제주 회천, 1924)

마을		피신처	출처
제주읍	노형(월랑, 정존)	고냉이동산(현 제주고-축산단지 중간쯤 고개)	K(139) F(373)
	노형(광평)	바개밭	현○필(제주 노형, 1921)
	노형(월산)	골앰, 벌섬디, 가시낭굴	이○호(월산, 1931)
		조리물	F(373)
	노형(개진이)	노형 위 목장. 속칭 '메매기'	현○지(제주 노형, 1930)
	제주 아라 (금천, 월두, 간월동)	물훗대, 성간이(제주대학 건물 동쪽의 내-천 연동굴, 일제시대 진지동굴 등)	김○성(제주 아라-월두, 1934)
	봉개리	명도암, 대련소	양○보(제주 봉개, 1922)
		작은대나오름	F(277)
		명도암 남쪽 노루손이	변○보(제주 봉개, 1932)
	연동리	검은오름 아래 소낭밭	M(131)
	(서)광양	구남동 계곡	Q(2권, 192)
애월면	광령리	해안리 붉은덩어리	C(99.5.14.)
		대왓	양○안(애월 광령, 1924)
		'업낭굴', '큰동산', '암에왓', '개웃도'	J(46)
	하귀리	고성 지경	강○중(애월 하귀, 1932)
		항파두리 남쪽 속칭 '애왓'	J(47)
	상귀리	삼심봉 앞(평화로)	E(118)
	동귀리	이승굴(광령2리)	E(118)
	어음리	노리오름 옆 '선더리궤' / 빌레못굴	E(175)
		뒷동산 산재한 궤	F(1013)
	수산리	유수암	F(859)
	금성리	녹남내창	F(879)
	금덕리	방여밧궤	F(953)

마을		피신처	출처
조천면	함덕리	대흘리2구 속칭 '곱은달'	D(103)
		속칭 '윗골'의 절	J(47)
	북촌리	대흘 밑에 '여만질 수월'	김○규(조천 함덕, 1932)
	조천리	곱은다리	D(103)
	신촌리	곱은다리	D(103)
	대흘2구	'도리 뒷곶', 밤애기 오름 뒤	김○규(조천 함덕, 1932)
	선흘리	새물	Q(8권, 234)
구좌면	행원리	행원리 산 위, 덕천과 행원 사이	김○삼(구좌 행원, 1930)
한림면	금악리	눈오름 아래 생쇠물궤, 정물오름 앞밭 개역빌레궤	G(256)
	귀덕리	상대리 지경 속칭 '달개기', '돌괘기곶', '돌개기'	C(98.9.18.)
	명월리	이달봉, 돌개기(눈오름 근처)	G(256)
	상대리	이달봉, 돌개기(눈오름 근처)	G(256)
	대림리	상대리 '여꼬못'	J(356)
	동명리(문수동)	걸후리 '밝은오름' 골	양○준(한림 동명, 1918)
	동명리	'걸머리'(금악과 상대리 경계)	양○생(한림 동명, 1927)
대정면	신평리	밀림지대 '역구왓', '일렛당코지', '테우리동산' 등	B(315)
	무릉2구	한수기곶, 신평곶	양○팔(인항동, 1925)

범례

△ 위 표는 자료나 증언에 의해 확인된 경우만 수록함. 증언자에 따라 지명을 명확히 하는 경우도 있고 '○○ 부근'으로 말하는 경우도 있는데 동일 장소일 수도 있음.

△ 하나의 장소를 두고 증언자가 알고 있는 고유지명을 말할 수도 있음.

△ 괄호의 숫자는 자료의 페이지, 증언자의 당시 거주지, 출생연도임.

기호

A:『4·3은 말한다』2권
B:『4·3은 말한다』5권
C:《제민일보》
D:『이제사 말햄수다』1
E:『이제사 말햄수다』2
F:『제주4·3유적』1(개정증보판)
G:『제주항쟁』창간호
H:『4·3의 진정한 희생자는!』창간호
I:『4·3의 진정한 희생자는!』2집
J:『4·3의 진정한 희생자는!』6집
K:『노형동지』
L:『삼양동지-삼양·도련』
M:『연동향토지』
N:『가시나물』
O:『해안동지』
P:『화북동향토지』
Q:『제주4·3증언총서』

〈사진20〉 5·10 피신처 '개역빌레궤'(사진. 제주4·3연구소)

3. 지하선거와 김달삼 사령관의 월북

1948년 6월 29일부터 7일간 평양에서 개최된 '제2차 남북 제정당·사회단체 지도자협의회'에서는 8월 25일로 예정된 최고인민회의 대의원선거를 남조선에서는 할 수 없기 때문에 '2중선거'를 할 것을 결정했다. 즉, 각 시군에서 5~7명의 대표들을 해주에 모이게 하여 '인민대표자대회'를 열고, 그 회의에서 360명을 최고인민회의 대의원으로 선출하는 방식이었다. 남조선노동당은 이 같은 결정에 따라 '민전'을 앞세워 '선거지도위원회'를 조직하고 인민대표자회의에 참가할 각 지방대표들을 선출하여 육로와 해로를 통해 월북시켰다.

한편 7월 15일부터는 산하단체에 이들 대표들을 지지한다는 서명투표로서 '연판장운동'을 전개했다. 남로당은 이 연판장운동을 위해서 시·군·구 선거위원회 산하에 '전권위원회(全權委員會)'라는 행동대를 별도로 조직했다. 이들이 주도가 되어 각 직장, 가두, 농촌부락을 대상으로 서명투표를 받도록 했다. 서명하고 날인하는 형식이었는데, 경찰에 발각될 것이 두려워 날인 대신 무인하는 경우가 많았다. 남조선 민전에서는 해주 인민대표자대회에 파견할 대표 1천 80명을 선정했는데, 이들은 7월 말부터 8월 초에 월북했다.[435]

지하선거는 제주도에서도 은밀하지만 활발하게 이루어졌다. 주민들은 남로당원 혹은 마을 청년들의 요구에 따라 백지에 날인하거나 무인했다. 가시리 출신 할머니의 증언이다.

---

435) 김남식, 『南勞黨硏究』, 돌베개, 1984, 339~342쪽, 필자 요약.

그땐 도장 찍는 일이 정확히 뭔지는 몰랐습니다. 다만 그것이 산 쪽을 지지하는 것인 줄 알 정도였지요. 물론 마을 청년들은 그 이유를 묻는 주민들에게 통일정부 운운하면서 주로 남북통일을 위해서 하는 일로 설명했던 것 같습니다.[436]

따라서 일반 대중들은 이런 백지날인이 지하선거에 참여, 투표를 했다기보다는 산 쪽을 지지하는 서명에 동참했다는 인식을 하는 사람이 많았다. 보다 깨어있던 사람들이 '통일정부를 지지하고 남한만의 단독정부를 반대'하는 서명 정도로 인식할 정도였다.[437]

투표 독려는 유격대원이 직접 하는 경우도 있었지만 마을에 거주하는 남로당원 혹은 민애청 등 관련 조직원이 담당했다. 하지만 이 선거에 주민 모두가 순순히 따르진 않았다. 애월면 어음리 주민은 "아무 날 도장 받으러 온다 하면 동네사람들 빌레못 야산에 숨어다녔다."고 말했다.[438] 유격대는 이를 거부하는 주민들에게는 협박을 가하기도 하고 무력을 사용해 일부 희생자가 발생하기도 했다.

우여곡절이 있었지만 지하선거는 산간마을을 중심으로 무난하게 치러진 것 같다. 이는 이 시기 유격대 활동일지에 마을 습격이나 충돌이 현저하게 줄어든 것으로도 유추할 수 있다. 특히 제주도 중산간 지역은 그때까지도 남로당의 영향력이 강하게 유지되고 있어서 더욱 그

---

436) 《제민일보》 4·3취재반, 『4·3은 말한다』 3권, 1995, 247쪽.
437) 《제민일보》 4·3취재반, 앞의 책, 246쪽.
438) 제주4·3연구소, 『이제사 말햄수다』 1, 1989, 191쪽.

가능성이 크다. 무엇보다 처음 봉기 때부터 '단선단정 반대', 즉 통일된 나라를 위한 봉기라는 선전이 강하게 이루어진 상황에서, '통일정부 수립을 위한 선거'라는 설득에 날인을 거부할 명분도 크지 않았을 것이다. 지하선거가 시작됐다는 7월 15일부터 해주대회 참가를 위해 김달삼 일행이 제주를 빠져나갔을 것으로 추정되는 8월 2일까지 유격대 활동일지를 〈표6〉에서 보더라도 2건의 충돌밖에 없었다.

아무튼 이 선거를 통해 제주지역 내표로 선출된 김달삼, 강규찬, 안세훈, 고진희, 이정숙, 문등용 등 6명은 1948년 8월 초 52,350장의 투표용지[439]를 들고 해주인민대표자회의에 참여했다. 이는 지금의 북한

〈사진21〉 해주대회장에 도착한 남한 각 지역의 서명 뭉치(사진. 《4·3은 말한다》 3권)

---

439) 《제민일보》 4·3취재반, 『4·3은 말한다』 3권, 258쪽.

정권 수립 참여를 의미하며 당연히 충돌과 희생의 빌미가 되었다.

그런데 해주로 떠난 면면이 언뜻 수긍이 가지 않는다. 강규찬은 남로당 제주도당 책임자이고 김달삼은 무장봉기군의 최고사령관이다. 상황을 주도하고 조정해야 할 핵심 지도부 2명이 출입이 자유롭지 못한 절해고도의 무장투쟁 현장을 벗어났다는 점에서 그렇다.

4. 인민공화국 지지

해방 직후 여운형 등 독립운동가 중심으로 건국준비위원회가 결성된다. 건준은 미군이 남한에 진주하기 직전인 1945년 9월 6일 '조선인민공화국'을 선포했다. 그리고 건준은 인민위원회로 재편됐다. 제주도뿐만 아니라 전국적으로 해방 직후 인민위원회가 영향력을 행사하며 지방의 치안과 일부 행정을 맡아 처리했다. 이는 적극적 친일파를 배격하고, 새로운 사회를 만들어보자는 민중의 염원을 모아내며 많은 지지를 받았다. 하지만 미군이 진주하고 점령정책을 펼치면서 '38선 이남의 유일한 합법정부는 미군정'이라며 인민위원회를 불법화했다. 당연히 '인민공화국'도 인정치 않았다. 갈등의 시작이었다. 그때부터 나온 구호가 '정권은 인민위원회로!', '인민공화국 만세!'였다.

이와 관련한 정병준의 다음의 분석은 지방인민위원회와 인민공화국 지지의 연관성을 이해하는 데 실마리를 제공하고 있다.

> 중앙인민위원회가 낙관적 정세관, 과도한 서울중심주의, 조급함의 산물이었다면, 지방인민위원회는 조직되자마자 돌이킬 수 없고, 누구도 손댈 수 없는 인민공화국의 수호자가 되었다. 누구도 책임지지 않

았던 지방인민위원회의 운명은 이후 남한을 소용돌이로 몰아넣는 대폭풍우의 근원이 되었다.[440]

남로당 제주도당이 1947년 3월 1일 채택한 〈제28회 3·1운동기념 제주읍인민대회 결정서〉에도 '조선인민공화국수립 만세'는 주요 슬로건이었다.[441] 1947년 6월 국호 관련 여론조사에서도 '조선인민공화국'은 70%의 압도적 지지를 받고 있었다(사진22). 이는 1947년 3월 총파업 국면 전후에도, 또한 4·3 직전에 전개됐던 2·7투쟁에서도 나타났다.

4·3사건 바로 생기기 전에 2·7사건이라고 삐라 사건이 있었는데, 그때 일본 교과서 찢어서 거기에 구호를 써서 뿌렸어. '굶주리는 농민들에게 하루 식량 배급을 얼마씩 해달라', 또 '인민공화국 만세'란 것도 쓴 거 같아.[442]

거리 곳곳에 붙여지는 벽보와 삐라에도 '정권은 인민위원회로!', '인민공화국 만세!'는 빠지지 않았다. '인민이 주인 되는 인민공화국'을 바란다는 것이었다. 일제하 독립운동에 앞장섰던 사람들이 대부분인 인민위원회가 민중들의 신뢰를 바탕으로 새 나라를 이끌면 되는 것 아니냐는 지극히 상식적인 생각이었다. 그들이 생각하는 인민공화국은 해방 직후부터 외치고 염원했던 '자주적 통일독립정부'였다.

---

440) 정병준, 『1945년 해방 직후사』, 2023, 163~164쪽.
441) 제주4·3평화재단, 『제주4·3사건추가진상자료집1』(4·3 관련 경찰 자료), 2018, 72쪽.
442) 제주4·3연구소 엮음, 『제주4·3증언총서』 1권, 2015, 138쪽.

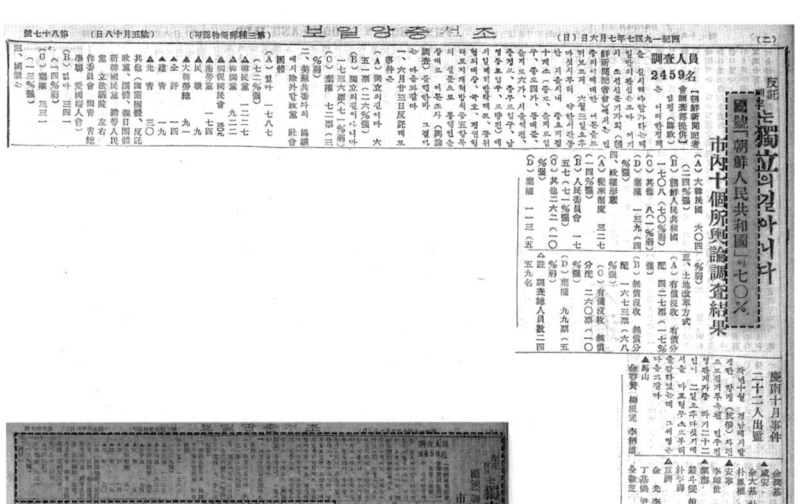
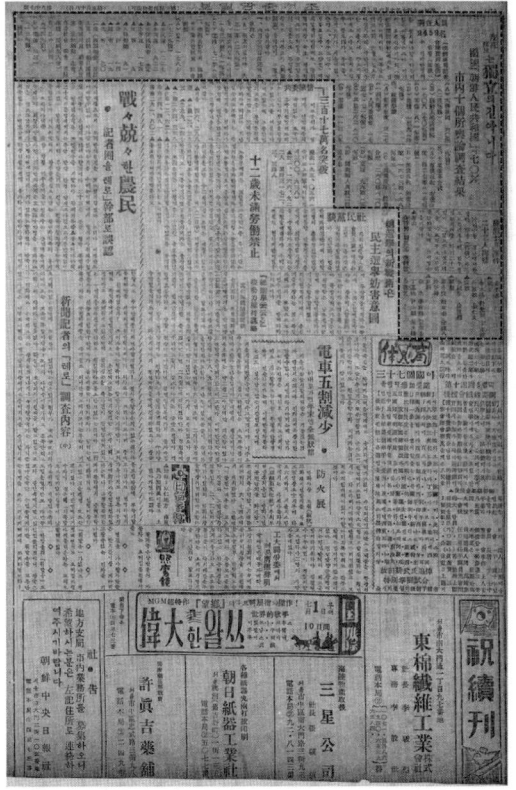
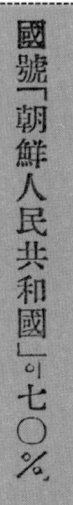

〈사진22〉 국호 관련 여론조사(《朝鮮中央日報》, 1947.7.6.)

제3장 제주도인민유격대의 활동 **301**

봉기 직후인 4월 10일 '인민해방군' 이름으로 뿌려진 '포고령'에도 "외국의 간섭 없는 남북통일의 자주적 민주주의 정권인 조선민주주의 인민공화국이 수립될 때까지 투쟁한다."고 밝히고 있다.

8월 14일 밤 50개 이상의 봉화가 고지대에서 관측되었다. 봉화를 올린 사람들은 '조선인민공화국 만세'를 외쳤고, 경찰이 도착하기 전에 떠나버렸다.(방첩대 정기보고 세195호, A-2)[443]

그런데 실질적으로 1948년 9월 9일 북한에 '조선민주주의 인민공화국'이라는 국호의 정부가 수립되었다. 북한에 수립된 정부를 해방 직후 인민위원회 시절부터 민중들이 줄기차게 외쳐왔던 '인민이 주인 되는 나라', 벽보와 구호로 만세를 부르던 '인민공화국'으로 여겼는지는 알 수 없다. 하지만 남쪽에 대한민국, 북쪽에 조선민주주의인민공화국 정부가 수립되어서도 제주도인민유격대는 '인민공화국 만세!'였다. 해방 이후 줄곧 꿈꾸었던 '인민공화국 지지'는 변함이 없었다는 것이다.

단선을 통해 남한에 단독정부가 수립됨으로 이제 선택은 남북한 정권 중 어느 하나를 선택하는 문제로 변해 있었다. 그 결과 제주도 봉기 세력은 초기 '단선반대=통일정부 지지'에서 '남한 반대=북한 지지'로 선회한 것이었다. 그러나 이것은 적극적 능동적 선택이라기보다는 남한에 단독정부가 수립되고, 그들과의 타협 여지가 봉쇄되어 있었기 때문에 불가피하게 선택할 수밖에 없었던 또 다른 하나의 선택으로 보

---

443) 주한미육군사령부 일일정보보고(1948. 8. 20.).

여진다. 왜냐하면 4월 3일의 봉기는 반미, 반경, 반서청, 반단선 통일을 주장하면서 발발한 것이지, '북한정권' 지지를 주장하면서 발발한 것은 아니기 때문이다. 그러므로 8·25 지하선거에의 참여와 '북한정권 지지' 또는 해주남조선인민대표자회의에의 참가가 4·3 봉기의 기본적 성격을 변화시켰다고 볼 수는 없다. 변화한 것은 '두 개의 정권이 수립되었다.'는 객관적 조건이었으며 그 결과 정부 측의 대응이 보다 강해질 것이라는 점이다.[444)]

달라진 것은 인공기가 등장한 것. 9월 30일 밤 제주읍사무소, 오현중학교 국기대에 인공기가 게양되고, 제주북국민학교 교정에는 기가 떨어져 있었다.[445)] 미극동조사경부 민정정보국 정보요약(1948.11.15.)에는 "10월 7일 제주도 대부분의 마을들에서 좌익 전단과 종이로 만든 북한 국기로 넘쳐났다."고 보고하고 있다.

인민공화국 지지는 유격대가 소멸되기까지 지속되었으며, 일상의 교육·선전에도 적용되었다. 토벌대에 쫓기던 유격대가 '인민공화국 만세!'를 부르며 최후를 맞이했고, 체포되어 형살장으로 끌려가서도 '인민공화국 만세!'라며 그 뜻을 굽히지 않았다.

김옥희는 김시범(독립운동가, 해방 이후 초대 조천면장) 씨 딸이우다. 그런디 그분은 잊어버리질 못합니다. 눈이 펄펄 오는 날, 조천에서 1킬로쯤 올라간 소낭밭디서 토벌을 허는디 … 그냥 탁 총 맞안 죽어부렀으면 얼

---

444) 《제민일보》 4·3취재반, 『4·3은 말한다』 3권, 265쪽(박명림, 앞의 논문, 138~139쪽).
445) 《서울신문》(1948.10.13.).

나마 좋을거라 … '인공만세'를 세 번 불렀댄 헙디다. 그러자 토벌대 순경덜하고 서북청년덜이 죽여놓고 철창으로 살점을 꿰언 마을에 다니면서….[446]

　　산사람들은 '인민공화국 만세'를 외치며 죽었다. 마을에 있던 친정어머니도 총살 직전에 '인민공화국 만세'를 세 번 불러서 맨 처음 총살되었다고 소카가 전했다. 한 번도 내가 하는 일을 막지 않았던 어머니. '몸조심하고…' 그 이상의 말을 하지 않았던 어머니였다.[447]

　　(당시 군 장교가 말하기를) 오늘 정드르비행장에서 무수한 청년을 우물을 파고 총살해 죽였다. '사형이니 너희들 마지막으로 하고 싶은 말 다하라.'고 하니 살려달라고 그러는 사람은 아무도 없더라. '인공 만세'를 외치며 죽는데 사상은 틀려도 참 똑똑하더라.[448]

5. 주민 구출 작전

　　중산간 지역이 초토화되자 주민들은 불탄 마을 주변에 움막을 짓고 은신 생활을 하거나, 해변마을로 피난을 떠났다. 하지만 그 어디에서도 안전한 피난 생활을 할 수는 없었다. 마을 인근 산속에 은신한 피난민들은 수시로 들이닥치는 토벌대에 쫓기면서 희생당하거나 붙잡

---

446) 제주4·3연구소, 『이제사 말햄수다』 1, 1989, 43~44쪽.
447) 양경인, 앞의 책, 58쪽.
448) 제주4·3연구소, 앞의 책, 39쪽.

혀 즉결 총살 혹은 수용소에 수감됐다. 또 해안마을로 피난 간 주민들은 가족 중 한 사람이라도 없으면 도피자가족으로 분류되어 수용소 생활을 했다. 그들은 걸핏하면 지서에 끌려가 갖은 폭행과 고문을 당하다 총살에 처해졌다. 이는 친척 집이나 남의 집을 빌려 피난생활을 하던 산간 주민들도 마찬가지였다. 더욱이 인근 지역에서 유격대 습격이 있거나 토벌대 측 피해가 있으면 어김없이 중산간 마을 출신 피난민들이 표적이 되어 커다란 희생을 치렀다. 때문에 한림면 명월리 등 일부 산간마을 주민들은 자신들의 알리바이를 증명하기 위해 자기들을 출입이 부자유로운 수용소에 수용시켜달라고 간청하는 지경에 이르게 되었다.

이러한 상황이 유격대로 하여금 주민 구출 작전에 나서게 하였다. 실제 1948년 12월 29일 안덕면 창천리,[449] 1949년 1월 3일 제주읍 삼양리, 1월 12일 남원면 의귀국민학교 주둔 군부대 습격, 1월 13일 제주읍 이호리 습격 등이 주민 구출을 위한 습격이었고, 의귀리를 제외하고는 수용되었던 주민들이나 인근에 소개된 산간 지역 주민을 이끌고 산으로 올라갔다.

당시는 혹독한 추위가 몰아치는 한겨울이었고, 그해 겨울 한라산에는 엄청난 눈이 왔다. 주민들을 이끌고 산으로 도피하는 과정에서 뒤쫓아 온 토벌대에 희생되거나, 굶어서, 얼어서 죽는 경우도 허다했다. 또한 많은 민간인을 데리고 가면 필연코 식량과 숙소 등 어려운 문제가 대두될 수밖에 없었다. 또 유격대가 한번 습격하고 나면 남은 도피자 가족이나 애꿎은 주민들이 집단 처형되는 상황이 반복되었다. 주

---

449) 《제민일보》4·3취재반, 『4·3은 말한다』 5권, 1998, 276쪽.

민 입장이든 유격대 입장이든 진퇴양난 지경에 빠진 것이다. 모두 생존을 위한 몸부림이 더더욱 거세질 수밖에 없는 꼴이 되고 있었다.

6. 선전, 홍보

(1) 선전부의 조직과 역할

선전·선동은 유격 전술에서 매우 중요하다. 앞의 유격대 조직도에서 나타나듯이 제주도당(투위)은 물론 면당에도 선전부가 있었다.

4·3봉기 이후 도당 선전부는 가장 안전한 지역에서 선전물을 만들었다. 주로 '가리방'(등사판)으로 인쇄물을 제작하는 것이었다. 도당 선전부에 소속되어 활동했던 경험자의 증언이다.

조직부에 있다가 선전부로 갔다. 도당 지도부를 '카프'라고 했다. 그 조직에서 모든 것을 해결했다. 행정에 조직부, 선전부, 총무부, 그다음에 군부 해서 5개 부가 있었다.

선전부는 삐라하고 신문 '샛별'신문을 제작했다. 선전부에서 작성을 하면 조직부로 간다. 조직부에서는 배포를 담당했다. 선전부하고 카프부하고 멀리 떨어지지 않는다. 선전부에 무전기도 가지고 다녔다. 거의 따라 다닌다. 다른 조직은 다 따로 다닌다. 선전부는 제일 비밀로 한다. 그래서 안전했다. 내가 내려와보니 조천지서가 불탔다라는 것도 그때야 알았다. 신문 제작한다고 정보가 올라와도 조천지서 습격했다 정도지 자세한 내용이 없으니까 내려와서 알았다.

'샛별'은 도당 기관지였다. '풍'(과장)도 있었다. 취재는 따로 다니지 않고 정보가 다 올라왔다. 선전부장이 작성하고 카프한테 가서 싸인을 받고 해서 발간을 한다. 배포는 조직부로 넘기면 연락병들이 각 면당에 가져간다. 내용은 신문 발간하듯이 조그마한 사건을 이만큼 부풀려서 쓰고… 선전부 요원은 10여 명 정도이다.[450]

(2) 선전·선동의 방식과 내용

인쇄물은 주로 1장짜리 삐라와 정기적으로 발간하는 기관지 형태였다. 도당에서 발간되는 기관지나 선전물은 연락원을 통해 각 면당으로 배포되어 활용됐다. 면당 자체적으로 발간한 선전물은 면당 차원에서 결정하고 배포했을 것으로 추정된다. 당연히 도(島)당 파견 정치부원의 지도가 있었다. 이 밖에 큰 나무나 대나무(竹)를 자르고 패서 넓은 면에 선전 문구를 적어 집 안으로 던지기도 했다. 가두 선전선동은 각 마을마다 일상적으로 있었다. 특히 야음을 틈탄 시위나 마을 습격 시 삐라 살포, 벽보 부착은 물론 주민들을 모아 놓고 연설을 하기도 했다.

선전물의 내용은 유격대의 전투 성과를 중심으로 작성했는데 과장된 서술이 많았다. 1949년 1월 구좌면투쟁위원회가 작성한 호소문에도 사실과 달리 "48년 6월 죽성에서 군인 30명을, 월평리에서 50명을 무찔렀다."고 유격대의 전과를 과장하여 서술했다.

---

450) 강○봉(남, 1927년생, 조천 조천) 증언.

여러분은 저 빛나는 涯月面 노랑개 섬멸作戰, 노랑개 三十餘名命을 무찔은 竹성作戰 지난 六月 노랑개 五十余名을 處斷한 月平評作을 아십니까? 원쑤들을 처부실 날은 멀지 않았습니다.[451]

삐라에는 그때그때 정세에 따라 유격대의 목표와 지향점을 담은 구호를 담아냈다. 5·10선거 즈음에는 "투표하면 인민의 반역자이다!", "단선에 참가한 매국노를 단죄하자!" 등의 구호가 적힌 삐라가 살포됐다.[452] 4·3 초기부터 전 과정을 거쳐 이어졌던 구호는 '정권을 인민위원회로', '인민공화국 만세' 등이었다. 한편 대한민국 정부 수립 전후에 "미군이 철수하려고 하고 있다. 이승만은 그들과 함께 떠날 것이다."[453]라는 엉뚱한 내용의 삐라가 뿌려지기도 했다. 이 밖에 경찰, 서청 등 우익청년단 제거, 미곡 수집 반대, 관공리 파업 촉구 등이 선전 홍보물에 실렸다.

가두 집회나 습격 시 상투적으로 나온 내용은 유격대를 지지·지원해달라는 호소와 동참 강요가 대부분이었다. 예를 들어 "아버지, 어머니 안녕하십니까? 우리는 여러분의 자식들입니다. 우리가 하는 일을 도와주십시오!"[454] 이런 내용이었다.

무엇보다 당시 주민들이 가장 많이 들었던 선전은 "곧 해방된다."는 말이었다.

---

451) 박서동, 앞의 책, 60쪽.
452) 《제민일보》 4·3취재반, 『4·3은 말한다』 2권, 1994, 207쪽.
453) 미군 971방첩대 월간정보보고(1948.9.18.).
454) 제주4·3연구소, 『이제사 말햄수다』 1, 1989, 49쪽.

산에서 내려온 군들이 밤에는 와서 사람들을 모여가지고 "지금 개놈들 다 죽는다. 무조건 동참하라! 며칠 안 간다. 며칠 없으면 우리 세상이 되니까 동참하라!" 이랬어.[455]

(3) 인쇄물의 종류

자료나 증언에서 확인된 당시 남로당 제주도당의 기관지는 다음과 같다. 물론 누락된 것도 있을 것이다. 다만 이 기관지가 모두 도당 선전부 주관으로 발행된 것이 아니라 면당에서 발간한 것도 있으리라 추정한다.

〈표18〉 남로당 제주도당 선전 기관지

기관지명	주요 내용	출처
샛별	유격대 전과, 토벌대 동향 등	강○봉(도당 선전부 출신) 증언
인민통신	유격대 전과, 학습용 정세분석 기사	김민주(당시 리세포) 증언 《자유신문》(1949.4.19.)
인민일보		『이제사 말햄수다』 2(173쪽)
혈화(血火)	신문	《조선중앙일보》(1948.5.6.)
정보(情報)	신문	《조선중앙일보》(1948.5.6.)
혈서(血書)		《조선중앙일보》(1948.7.30.)
새소식	좌익계열 정기유인물	안○만(남, 1931년생) 증언

---

455) 문○현(남, 1936년생, 중문 영남) 증언.

7. 도로 차단, 통신 방해, 교량 파괴 - 마비투쟁

도로 차단과 통신 방해 작전은 빈번하게 발생했던 유격대의 전술이었다. 유격대의 습격이나 활동을 원할히 하거나 주민 피해를 줄이기 위해 토벌대 출동을 지연시키거나 통신을 방해하는 것이었다. 도로 차단은 군경 차량이 다니지 못하도록 도로에 돌을 쌓거나 구덩이를 파내는 방식이었다. 통신 방해는 당시 통나무로 제작된 전봇대를 넘어뜨리거나 전화선을 훼손하는 것이었고, 교량 파괴도 토벌대의 출입을 봉쇄하는 전략이었다. 남로당 조직책이었다가 후에 경찰에 투신한 한 증언자는 이를 통틀어 '마비투쟁'이라 일컫는다고 했다.[456]

이러한 작전은 당의 지시를 받아 마을 내에 있던 지원세력인 자위대 등이 담당했던 걸로 보인다. 때문에 전신주 절단, 도로 파괴가 벌어지면 마을 청년들 누구나 그 의심을 받아 학살의 빌미가 되었다. 마을에 남아있는 주민들에겐 고통의 시간이었다.

> 일례를 들면 밤에는 폭도들의 강제에 의하여 큰 돌덩이를 굴려서 도로를 차단하여야 하였고, 아침이 되면 경찰의 지시에 따라 그 장애물을 치우고 하여 자신들이 막았던 것을 다시 자신의 손으로 치워야 하는 고역을 되풀이하였다.[457]

---

456) 김○민(남, 1924년생, 조천 신촌) 증언.
457) 김행옥 편저, 『납읍향사』, 1984, 74쪽.

〈사진23〉 도로 차단(사진. 『4·3진상보고서』)

일주도로에 밤에는 산사람들이 와서 돌을 쌓아버린다. 그것은 차를 못 다니게 하려고 교통마비를 시키는 것이다. 그런 후에 돌에다 실을 감아서 어디서 왔다 갔다는 것을 전봇줄에 던져 놓는다. 이것을 보고 경찰들은 경비를 못 했다고 주민들을 죽게 때린다. 그리고나서 교통마비시킨 것을 치우라고 한다. 그러다가 보면 낮이 돼버리고 배고파서 살 수가 있나? 픽픽 자빠졌다.[458]

한편 『투쟁보고서』에도 1948년 4월부터 7월까지의 유격대 작전 성과를 정리하면서 도로 차단 등의 상황을 수록했는데 다음과 같다.

---

[458] 고○규(남, 1910년, 애월 하귀) 증언.

- **전선 절단 940회**(제주읍 349, 애월면 6, 한림면 64, 대정면 10, 안덕면 3, 중문면 5, 남원면 3, 조천면 500)[459]
- **도로 파괴 170회**(제주읍 140, 애월면 7, 한림면 7, 대정면 7, 안덕면 1, 조천면 8)
- **교량 파괴 3회**(제주읍 1, 애월면 2)[460]

8. 반미투쟁

김봉현·김민주는 제주4·3사건이 반미구국투쟁이었음을 주장하고 있다. 그 외 많은 연구자들이 이 주장에 동의하고 있다. 필자도 당시 '미국 점령정책의 최종적 귀결이었던 5·10단독선거'[461]를 거부하고 파탄 내겠다는 슬로건과 미군정 정책에 의해 유지되는 치안질서를 무너뜨리려는 선동과 직접적인 행동 자체가 '반미투쟁'이었음은 동의하지만, 실질적인 활동에 대해서는 의문을 갖는다. 그 이유는 첫째, 『투쟁보고서』의 조직면, 작전면 등 어느 곳에도 미군을 적대시하거나 반미투쟁을 암시하는 문구가 없다. 둘째, 실제 실행에 옮겨졌던 미군에 대한 공격 사실을 『투쟁보고서』에 적시하지 않고 있다. "4월 24일 제주비행장을 이륙하던 C-47기 1대가 저격당하고, 미군정청 내의 PX 건물이 파괴되었다."거나, "미군 활주로에 진입하던 한국인이 미군의 사격

---

[459] 조천면은 무려 500회인데 구좌, 성산, 남원, 표선, 서귀, 중문면은 단 1회의 보고도 없다. 조천면의 허위과장보고인지, 나머지 면의 보고 누락인지 알 수 없으나, 『투쟁보고서』 자료의 신빙성에 의심을 가질 만한 대목이다(필자).
[460] 문창송 편, 앞의 책, 74쪽.
[461] 박명림, 앞의 논문, 77쪽.

에 의해 부상당하고, 같은 날 밤 미군 초병 1명이 의식을 잃을 정도의 테러를 당했다."는 미군의 정보보고는 있는데, 유격대의 활동보고에 없다는 것은 의문이다.

미군을 주요 타격 대상으로 설정했다면 자신들의 활동내용을 과시하기 위해 오히려 성과를 부풀려서라도 기록했을 텐데, '미군에 대한 공격'이 보고서에는 누락되어 있다. 이는 실제 그 공격이 유격대에 의한 습격이 아니라, 어떤 돌발적인 상황일 가능성도 배제할 수 없다는 것을 의미한다. 왜냐하면 미군정보서에는 이후 조치에 대한 언급이 없기 때문이다. 미군이 점령지역에서 자국 군대가 피습당한 사실을 놓고도 아무런 조치를 취하지 않았다는 것은 매우 이례적이다. 또, 미군 측에서 심각한 상황이 아니었음에도 '공격을 당했다.'고 보고했을 수도 있다.

그렇다면 '반미구국투쟁'은 상징적인 구호였는가? "자신들의 이익을 위해 조선을 강탈하려는 미군을 몰아내자."는 선동적인 삐라와 "노획된 공산주의자들의 문서에 의하면, 현재 공산주의자들을 분리하기 위하여 해안지역을 수색하고 있는 한국 경비대를 미군이 지원할 경우 미국인에 대한 공격을 명령한 것으로 되어 있다."는 당시 미국 현지의 신문보도 등은 이 가능성을 일축하고 있다. 하지만 그 이상 미군에 대한 직접적인 공격은 없었다. 따라서 당시 봉기 지도부는 '반미'를 상징화된 구호로 내세우고 직접적인 실행은 하지 않았을 가능성이 크다. 즉, 미군을 직접 선제공격해서는 실질적으로 아무런 득이 없다는 방침을 세웠던 것이라 볼 수 있다.[462]

---

462) 장윤식, 앞의 논문, 59~60쪽.

또한 김봉현·김민주의 『4·3무장투쟁사』에도 이덕구 사령관이 1948년 10월 24일 대정부 선전포고를 했다는데, 사실은 경찰과 장병들에게 외치는 '호소문'이다. "침략자! 미제를 이 강토에서 쫓겨내기 위하여! 매국노 이승만 악당을 반대하기 위하여! 당신들은 총뿌리를 놈들에게 돌리라!"고 호소만 하고 있다.[463] 이 문구 중에도 미국을 침략자로 규정하고 있다. 이렇듯 구호는 난무한데 실질적 타격이나 공격은 없었다.

무장봉기를 결정하는 회의에 참석했던 이삼룡의 "미군에게도 맞대응할 생각이 없었다. 미군에 대해 다소 감정이 있었지만 그들은 신종무기가 많은데…. 우리가 공격한 후 미군이 대응할 것이라는 것을 예상하지 못했다."라는 증언에서도 이를 확인할 수 있다.

---

[463] 김봉현·김민주, 앞의 책, 166쪽.

유격대에 의한 피해

1. 유격대에 의한 피해 실태

2003년 확정한 정부의 『4·3진상보고서』에는 유격대에 의한 희생자 수를 1,764명으로 파악했다.[464] 하지만 최근의 통계에 따르면 이 수치는 조금 늘어났다. 즉, 2024년 11월 15일 제35차 4·3중앙위원회 결정 기준으로 유격대에 의한 희생자 수는 전체 희생자 14,935명 중 1,807명으로 추정된다. 전체의 12% 정도이다. 이를 지역별로 살펴보면 제주읍 393명, 조천면 156명, 구좌면 188명, 성산면 73명, 표선면 83명, 남원면 193명, 서귀면 63명, 중문면 114명, 안덕면 96명, 대정면 63명, 한경면 85명, 한림면 75명, 애월면 225명이다.

제주4·3평화재단에서 발간한 『4·3추가진상보고서』를 보면 군·경·

---

[464] 4·3위원회, 『4·3진상보고서』, 2003, 371쪽.

우익단체 출신으로 국가유공자로 등록된 인원은 1,091명이다. 어떤 이유로 유격대에 의한 피해자 전부가 유공자로 등록되지 못했는지는 알 수 없다. 이를 토대로 국가유공자 외 유격대에 의한 희생자를 산술적으로 산정하면 유격대에 의한 희생자 총수 1,807명(2024.11. 기준) 중 국가유공자 등록자 1,091명을 뺀 716명으로 추정할 수 있다.

국가유공자로 등록된 군·경·우익단체원 1,091명의 소속별, 시기별, 지역별 피해실태를 살펴보자.[465]

(1) 군·경·우익단체 소속별 피해실태

〈표19〉 군·경·우익단체 소속별 피해실태(국가유공자 기준)

(단위: 명)

소속	전사	전상	행방불명	합계	비율(%)
군인	160	2	-	162	14.8
경찰	191	97	1	289	26.5
우익단체	577	47	16	640	58.7
합계	928	146	17	1,091	100

이 표에서 확인하듯 군인이나 경찰보다는 민간인 희생이 압도적으로 많음을 알 수 있다. 제주도민끼리 죽고 죽이는 형국으로 전개되었다는 것이다.

---

[465] 제주4·3평화재단, 『4·3추가진상보고서 I』, 2019, 633쪽, 697~698쪽.

(2) 피해 시기별 군·경·우익단체 희생자

『4·3추가진상보고서』는 피해 시기를 유격대 활동일지 구분과는 조금 달리하여 아래의 다섯 시기로 구분해 피해실태를 파악하고 있다.

〈표20〉 피해 시기별 군·경·우익단체 희생자(국가유공자 기준)

4·3 전개과정	소속	전사(비율)	전상(비율)	행방불명(비율)	합계	비율(%)
무장봉기 시작 시기 (1947.3.1.~ 1948.5.10.)	군인	2	1	-	3	0.28
	경찰	16	10	-	26	2.38
	우익단체	49	3	-	52	4.77
	소계	67	14	-	81	7.43
초기 무력충돌 시기 (1948.5.11.~ 10.10.)	군인	11	-	-	11	1.01
	경찰	28	5	-	33	3.02
	우익단체	45	-	4	49	4.49
	소계	84	5	4	93	8.52
주민 집단희생 시기 (1948.10.11.~ 1949.3.1.)	군인	59	-	-	59	5.41
	경찰	31	17	1	49	4.49
	우익단체	397	26	4	427	39.14
	소계	487	43	5	535	49.04
무력충돌 평정 시기 (1949.3.2.~ 1950.6.24.)	군인	70	-	-	70	6.42
	경찰	11	5	-	16	1.47
	우익단체	38	4	3	45	4.12
	소계	119	9	3	131	12.01
사건 종결 시기 (1950.6.25.~ 1954.9.21.)	군인	16	1	-	17	1.56
	경찰	105	58	-	163	14.94
	우익단체	47	14	5	66	6.05
	소계	168	73	5	246	22.55

4·3 전개과정	소속	전사(비율)	전상(비율)	행방불명(비율)	합계	비율(%)
기타 (시기 미상)	군인	2	-	-	2	0.18
	경찰	-	2	-	2	0.18
	우익단체	1	-	-	1	0.09
	소계	3	2	-	5	0.45
합계(%)	군인	160(14.66)	2(0.18)	-	162	14.84
	경찰	191(17.51)	97(8.89)	1(0.09)	289	26.49
	우익단체	577(52.89)	47(4.31)	16(1.47)	640	58.67
총계(%)		928(85.06)	146(13.38)	17(1.56)	1,091	100.00

※ 제주4·3평화재단, 앞의 책, 697~698쪽의 표 '군인·경찰·우익단체별 피해 시기', 필자 재작성.

(3) 피해 지역별 군·경·우익단체 희생자

『4·3추가진상보고서』는 지역별 피해실태도 보고하고 있는데, 국가유공자 공훈록에 적시된 '한라산'을 별도 지역으로 분류하고 있다.

<표21> 피해 지역별 군·경·우익단체 희생자(국가유공자 기준)[466]

군	읍면	리														소계(%)	합계(%)
북제주군	제주읍	건입	내도	노형	도남	도두	도련	도평	봉개	삼도	삼양	아라	연리	영평		172[467] (15.77)	
			2	3	9	3	1	7	2	46	10	6	3			
		오등	오라	외도	용강	용담	월평	이도	이호	일도	해안	화북	회천	2동지구	기타		
		5	4[468]	13	-	-	9	6	10	2	-	25	-	1	5		
	애월면	고내	고성	곽지	광령	구엄	금덕	금성	납읍	상가	상귀	소길	수산	신엄		91 (8.34)	501 (45.92)
			4		8	7	9	5		3	8		3	10			
		애월	어도	어음	장전	하가	하귀	기타									
		1	11	4	4	2	12										
	한림면	고산	귀덕	금능	금등	금악	낙천	대림	동명	두모	명월	상대	상명	수원		57 (5.22)	
		2	2				7		1	14	4		4				
		신창	옹포	용수	월령	월림	저지	조수	청수	판포	한림	협재	산양	한수			
							5	3	1		6	7	1				

---

466) 제주4·3평화재단, 앞의 책, 698~699쪽.
467) <표21>에서의 북제주군 5개 읍면의 합계는 499명이다. 그런데 보고서 본문의 대상별 피해지역을 합산하면 북제주군이 501명(군인 46명, 경찰 153명, 우익단체 302명)이므로 이 수치를 기본값으로 하기 위해 제주읍 기타 지역에 인위적으로 2명을 추가(3명→5명)하여 제주읍 수치를 조정했다(170명→172명).
468) 보고서 본문에는 13명(『4·3추가진상보고서 Ⅰ』, 699쪽).

군	읍면	리												소계(%)	합계(%)
북제주군	조천면	교래	대흘	북촌	선흘	신촌	신흥	와산	와흘	조천	함덕	견월악	기타	83 (7.61)	
		4	2	8	8	13	1		13	8	17	7	2		
	구좌면	김녕	대천	덕천	동복	상도	세화	송당	월정	종달	평대	하도	한동	행원	기타	98 (8.98)	
		33	9	2	8	1	7	5	4	17	5	1	4	1	1		
남제주군	서귀면	동흥	법환	보목	상효	서귀	서호	서홍	신효	토평	하효	호근	기타	31 (2.84)	354 (32.45)
		2	5		1	4	7	1		3		7	1		
	중문면	강정	대포	도순	상예	색달	영남	월평	중문	하예	하원	회수	기타	55 (5.04)	
		12		5	2	8			17		7	2	2		
	안덕면	감산	광평	덕수	동광	사계	상창	상천	서광	창천	화순	기타		66 (6.05)	
		11		14	1(469)		11	8	3	10	1	7			
	대정면	가파	구억	대정	동일	무릉	보성	상모	신도	신평	안성	영락	일과	하모	기타	38 (3.48)	
			1			4	13	3	5	6		1	2	2	1		
	남원면	남원	수망	신례	신흥	위미	의귀	태흥	하례	한남	기타			97 (8.89)	
		20	1		10	18	8	15	21	2	2				
	표선면	가시	성읍	세화	토산	표선	하천	기타						38 (3.48)	
		3	21	12		2									
	성산면	고성	난산	삼달	성산	수산	시흥	신산	신양	신천	신풍	오조	온평	29 (2.66)	
		3	3	4	1	11		1		6					
한라산														53 (4.86)	
장소 미상														183 (16.77)	
총계														1,091 (100)	

---

469) 보고서 본문에는 14명(앞의 책, 699쪽).

2. 무차별 습격과 살상 사례

1948년 10월 이전까지는 경찰·서청에 대한 집중 공격과 더불어 지목한 우익인사에 대한 표적 습격의 성격이 강했다. 물론 이때도 일부 마을에선 지목한 사람은 물론 그 가족까지 납치, 살해하기도 했다. 4월 3일 구엄리, 5월 8일 오등리, 5월 15일 조천리 양천동, 5월 18일 도두리 습격과 5월 13일 저지리에서 경찰과 우익인사를 살해하고 100여 채의 가옥을 방화한 사례가 대표적이다. 또 1948년 5월 14일 명월리에서 방목하는 말을 보려고 나왔던 58세의 일반 농민까지 다른 피납자 6명과 함께 살해한 것에 대해서는 유격대 내부에서도 논란과 동요를 불러일으켰다.[470]

이러한 유격대의 지목 습격은 1948년 10월 이후 중산간 초토화 등 강경진압작전으로 많은 주민이 희생되면서 그 기조가 바뀌기 시작한다. 유격대의 무차별 살상행위가 나타난 것이다. 활동일지를 토대로 비교적 많은 민간인 인명피해가 발생하거나 무차별 방화와 학살이 자행된 대표적인 사례를 정리하면 〈표22〉와 같다.

이를 보면 1948년 11월 28일 남원면 남원리와 위미리에 대한 유격대의 습격은 무차별 방화와 살상으로 이어졌다. 거의 모든 가옥이 전소되다시피 한 피해를 입혔을 뿐 아니라 남녀노소 가리지 않는 살상행위로 60여 명이 희생당했다. 12월 1일의 중문면 강정리 염돈마을 습격이나, 주민 48명이 희생당한 구좌면 세화리 습격도 무분별한 살상

---

[470] 《제민일보》 4·3취재반, 『4·3은 말한다』 3권, 1995, 40쪽.

〈표22〉 유격대의 무차별 마을 습격 사례

월일	지역	내용
48.5.13.	한경 저지	경찰, 우익, 우익 가족, 주민 각 1명 사망, 가옥 100여 채, 학교 소각
10.31.	제주 노형(월산)	속칭 '검은소냇가'에서 주민 7~8명 살해
11.20.	제주 노형(월산)	마을 습격, 주민 11명 살해
11.28.	남원 남원	주민 30여 명 사망, 가옥 방화
	남원 위미	주민 30여 명 사망, 가옥 방화
12.1.	중문 강정	염돈마을 습격, 남녀노소 주민 9명 사망
12.3.	구좌 세화	주민 48명 사망
	한림 금릉	무차별 방화, 주민 5명 사망
12.6.	안덕 덕수	주민 10여 명 사망
12.11.	중문 강정	내팟마을 습격, 주민 8명 사망
12.16.	한경 한원(두모2구)	주민 14명 사망
12.19.	애월 구엄	주민 23명 사망, 가옥 17채 전소
	성산 수산	마을 습격, 주민 17명 살해
12.25.	성산 신풍	보초 서던 주민 등 9명(민보단 및 부녀자, 갓난아기 포함) 사망, 유격 1명 사망
49.1.1.	제주 도두	가옥 방화, 주민 6명 사망
1.3.	한림 협재	주민 5명 사망
	제주 삼양	주민 10명 사망
	남원 하례	주민 27명 사망, 향사, 학교 방화
1.6.	조천 신촌	주민 6명 사망
1.13.	표선 성읍	주민 34명 사망
	한경 판포	주민 11명 사망
1.15.	애월 어도	구멀동 습격, 80대 여성 포함 주민 11명 사망
1.18.	애월 곽지	주민 5명 사망
2.18.	제주 도두	주민 10명 사망
50.7.25.	중문 하원	하원경찰지서 습격, 민가 99동 방화

월일	지역	내용
51.2.18.	남원 신례2	공천포 습격, 가옥 24채 전소, 식량 탈취, 주민 2명 사망
3.13.	제주 이호(2구)	주민 12명 사망, 12명 납치, 우마 10두, 의류 식량 탈취
3.22.	서귀 법환	경찰, 민보단 각 1명 사망, 2명 부상, 무차별 가옥 방화
52.3.12.	조천 함덕	속칭 '가시나물' 습격, 주민 9명 납치 도주, 남녀 6명 탈환
7.10.	한림 명월	고림동 습격, 주민 수 명 납치

행위였다. 이 밖에도 12월 16일 한경면 한원리, 12월 19일 성산면 수산리와 애월면 구엄리, 1949년 1월 3일 남원면 하례리, 1월 13일 표선면 성읍리, 2월 18일 제주읍 도두리 습격에도 남녀노소, 임산부 등을 불문하고 애꿎은 주민들이 커다란 희생을 당했다. 또한 다른 자료에서는 확인할 수 없으나 노형리 월산마을 주민들이 1948년 10월 31일 속칭 '검은소냇가'에서 7~8명, 11월 20일 11명이 유격대에 의해 희생되었다는 것도 사실이라면 무모한 유격대의 행위로 보인다.

경찰이나 군인이 단 한 명 희생되어도 엄청난 보복 학살이 뒤를 이었던 시절, 결국 이러한 습격은 토벌대의 보복으로 도피자 가족 등에게 많은 희생을 몰고 왔다. 또 일부 지역은 지서나 토벌 근거지와는 전혀 상관없는 마을에 식량·의복 탈취를 목적으로 습격해서 보초 경계근무 중인 민보단원을 공격하거나 무차별 방화·살상을 자행하기도 했다.

한편 토벌대의 초토화작전 등으로 4·3당시 134곳이 복구되지 못한 '잃어버린 마을'로 조사됐는데 이 중 유격대의 습격과 방화에 의해 초토화된 마을은 구좌면 평대리 탈전동, 남원면 남원리 버너리굴, 한경면 저지리 하늬골 등 3곳이다.[471]

---

471) 제주4·3평화재단, 『4·3추가진상보고서 Ⅰ』, 124쪽.

〈사진24〉 성읍리 애향용사순직비(사진. 제주4·3연구소)

〈사진25〉 강정동(용흥마을) 4·3충의비(사진. 제주4·3연구소)

3. 개별 사례

『4·3진상보고서』에 따르면 "무장봉기 직후 김정호 제주비상경비사령관은 '반도를 체포하여 문초하여 보면 대개 백정들로 좌익계열에서는 일부러 잔악한 살인을 감행하기 위하여 남조선 각지로부터 백정을 모집하여다 제일선에서 경찰관과 그 가족, 선거위원 등을 살해하는 도구로 쓰고 있는 형편'이라고 주장했다. 경무부 공보실장 김대봉도 '백정 같은 사람을 돈으로 매수, 지명살해를 한 사실도 발견되었다.'고 밝혔다. 유격대원의 성분이 외부에서 모집해온 백정이라는 주장은 언론에 보도됨으로써 '유격대의 잔혹성'을 선전하는 데 이용됐다."고 서술했다.472) 진위 여부를 떠나 그만큼 잔혹한 살상이 있었다는 것이다. 물론 토벌대의 잔인한 민간인 학살과는 그 횟수나 규모에 비할 수 없지만 잔혹함이 있었던 것은 사실이다.

유격대에 의한 잔혹하고 무분별한 살상 사례 모두를 소개할 수는 없지만 몇 가지를 소개하면 다음과 같다.

○ 1948년 4월 23일 제주읍 도남리 웃동네를 습격해 경찰의 처와 젖먹이 아들을 일본도로 난자해 살해했다.(『이도2동지』, 217쪽)

○ 1948년 5월 15일 밤 11시경, 닛본도와 철창으로 무장한 유격대원 10여 명이 조천리 고순택(48세)을 5·10선거에 협조하는 반동분자라 하여 습격해, 모친(76세), 처(48세), 장남(24세), 장녀(20세), 차남(19세), 차녀(16)

---

472) 4·3위원회, 『4·3진상보고서』, 2003, 177쪽.

등 7인 가족을 결박하고 조천리 속칭 '식산'이라는 소나무밭에서 일본
도와 철창으로 살해했다. 또 5월 16일 밤 한림면 한림리 5·10선거위원
양용운(43세)과 그의 처(42세), 장남(17세), 차남(15세), 3남(12세) 등 5인 가
족을 납치, 상대리 지경 속칭 처나오름 동측 내창에서 몽둥이와 돌로
쳐 죽였다.(『제주4·3폭동의 진상은 이렇다』, 36~37쪽)

○ 1948년 11월 11일, 유격내가 조천리 우익인사를 습격해 일가 7명을
살해하고 가옥을 방화했다.(『4·3은 말한다』 4권, 327쪽)

○ 제주읍 도두리에서는 1948년 5월 11일부터 유격대에 의한 연쇄 납
치사건이 잇따랐다. 5월 11일 선거관리위원장인 김해만(53세)과 대청
마을단장 정방옥(31세), 단원 김용조(23세) 등 3명을 납치했다. 김해만의
시신은 여태껏 찾지 못하고 있으며 정방옥·김용조는 한참 뒤에 십자
가 모양의 말뚝에 박힌 채 숨진 모습으로 발견되었다. 이어 5월 14일
에는 우익활동을 하던 김상옥(44), 김택훈(27) 부자(父子)가 나란히 납치
살해됐다.
5월 18일은 우익집안의 아녀자와 자녀 등 6명이 무더기로 납치됐다.
납치된 사람들은 5월 11일 납치된 김해만의 처(52), 딸(19), 아들(9), 정방
옥의 처(24), 김용조의 처(26), 그리고 대청단원의 어머니(56) 등이었다.
이들은 단순히 우익활동을 하던 아들과 남편, 혹은 아버지를 두었다
는 이유 하나로 고귀한 목숨을 빼앗겼다. 산으로 납치됐던 이들 희생
자들의 시신은 그 후 일 년여 뒤에 발견됐다. 대부분 노형동 속칭 '눈
오름'과 '생이오름' 부근에서 찾았는데 여인과 어린이의 시신은 작벽
속에 함께 묻혀 있었다.

당시 《동아일보》는 조병옥 경무부장의 발표문을 인용, 이 사건을 다루고 있는데, "납치한 11명을 무차별 구타, 50여 명이 윤간 내지 전신을 죽창으로 난자, 생활자금 획득차 부녀 매음 강요." 등의 표현이 등장한다.(『4·3은 말한다』 3권, 46~48쪽, 필자 요약)

○ 산사름덜이 잔인허게 죽이더라고. 그때 장독대에 보믄 먹돌이 셔낫어. 김치라도 담그민 눌러놓젠 먹돌덜이 잇엇지. 그 매끈매끈헌 돌로 머릴 내리치곡, 죽창으로 찔르곡….(『제주4·3 증언총서』 1권, 58쪽)

○ 1948년 11월 19일 구좌면 월정리를 습격한 유격대는 지목한 우익 인사 집안을 공격했는데 주민 4명이 희생되고 마을 공회당에 불을 질렀다. 희생자 중에는 임산부도 있었는데, 그녀의 배를 가르고 6개월 태아까지 난자했다.(『영원한 우리들의 아픔 4·3』, 157쪽)

○ 1948년 12월 25일 유격대가 성산면 신풍리를 습격했는데 보초 서던 민보단원을 포함해 9명을 살해했다. 희생자 중에는 70대 노인에서부터 60대 3명, 부녀자와 두 살 난 젖먹이 어린아이까지 남녀노소 가리지 않은 학살이었다.(『4·3은 말한다』 5권, 84쪽)

○ (부친이 폭도에게 납치되어, 그 행방을 찾던 중) 돌무더기를 파헤치는 순간 부패된 시신을 발견했다. 얼굴로는 분간할 수 없으나 허리춤에서 모친이 짜 남편과 형에게 준 허리끈을 찾아냈다. 특히 시신 수습과정에서 부친의 항문에서 목까지 직경 5mm 철사가 찔러 넣어진 참혹한 시신임이 드러났다.(『4·3의 진정한 희생자는!』 6집, 289쪽)

4. 유격대의 과오

　유격대가 저지른 과오의 핵심은 앞서 살펴본 일부 마을에 대한 무차별 습격과 살상이다. 약탈과 방화도 그렇다. 경찰 가족은 물론 반동으로 지목된 우익인사들의 가족까지 죽이는 무분별한 살상 사례가 적지 않았다. 저항하거나 도주하면 현장에서 살해했다. 그때 사용했던 무기는 대부분 죽창, 일본도(日本刀) 등 재래식이어서 그들 주검은 처참한 모습이었다.
　이러한 살상행위는 결국 일반 대중에게 '폭동'이라는 이미지를 갖게 했고 유격대를 '폭도'라 통칭하는 데 작용했다. 도민의 전폭적인 지지를 잃게 했으며, 도민 간의 갈등이 심화되며 결국 지역공동체의 균열을 가져오게 하는 데 일조했다. '산사람'(유격대, 인민군)과 '폭도'(공비)의 경계가 되고 말았다. 목적을 이루기 위해 동원된 수단이 잘못되었다. 잘못은 비판받아야 한다.
　유격대가 민간인을 납치하여 살상할 때는 '인민재판'이라는 절차적 방법을 동원했다. 이는 남로당 혹은 유격대의 자의적인 판단에 의한 것이었으며, 처형이 확정되면 곧바로 인민재판 장소에서 실행했기 때문에 공포와 지탄의 대상이었다. 또한 인민재판은 돌이킬 수 없는 억울한 희생으로 몰고 갈 구조적인 문제도 안고 있다. 유격대 중대장을 역임했던 경험자의 증언도 이를 뒷받침한다.

　　그런데 산에 잡혀 온 사람은 반동이 아니라도 숙청하게 된 것이 원칙이라. 절대 보내주질 못해. 자칫 잘못하다 아지트가 폭로되니까. 아지트까지 오기 전에 죄가 있다 없다를 판별해서 중간에서 돌려보내야지 일단 아지트까지 와서는 돌려보내는 일이 거의 없거든.

　난 산에서 생활할때도 제일 못마땅한 것이, 애매한 정보로 사람을 숙청하라는 지시였어. 아무리 반동이라도 죽이는 것보다는 그 사람 마음을 바로 잡을 수 있게 하는 것이 좋겠다는 생각을 했어. 반동 집을 소각시키다 보면 이웃집들이 소각되는 것도 안타까웠고…. [473]

이에 대해 남로당 봉기 지도부가 부끄럽다고 반성하는 모습도 보였다.

《경향신문》(1949년 6월 25일)
△ **기자**: 그러나 이번 사건에서 무자비한 양민의 살상이 많았는데 그 이유는?
△ **김양근**: 거기 대하여는 무어라 변명할 여지가 없다. 전투가 확대되어 감에 따라 우리가 뜻하지 않던 방향, 즉 인민살상이라는 처참한 방향으로 이끌어 나가게 된 것은 상상 이외의 일이었고 부끄럽기 짝이 없는 일이다.

그래서 무차별 습격, 경찰 및 우익인사 가족에 대한 무분별한 학살에 대해서는 문제 제기가 필요하다. 특히 '임산부의 배를 가르고 태아까지 난자', '노약자와 젖먹이 어린이 살해' 등은 단죄되어야 한다. 이건 '혁명'도 아니고, '항쟁'이라 이름 붙이기 민망하고, '투쟁'이라고 일컫기에는 그 단어의 무게감을 비웃는 부끄러운 행위일 따름이다. 유

---

473) 제주4·3연구소, 『4·3장정』 6, 1993, 83쪽, 91~92쪽.

격대가 항상 교육받고 실천하라고 요구했다는 행동강령은 물론, '3대 규율, 8항 주의' 등의 규율을 심각하게 위반한 것이다. 역사에 분명히 기록되어야 한다.

여기서 토벌대에 의한 죽음은 더욱 비참했고, 그 규모는 10배 정도 차이가 있지 않느냐는 항변은 필요 없다. 사실을 기록하자는 것이다.

국방경비대와 제주도인민유격대

1. 4월 3일 봉기와 국방경비대

해방 직후 자체적으로 무장력을 갖추려던 좌익진영의 의도는 미군정이 1946년 1월 사설군사단체를 해산시키는 조치를 취하자 경비대에의 침투공작으로 방향을 전환하게 된다.[474] 이에 따라 남로당 제주도위원회는 1947년[475] 3월 경비대 제9연대의 제1차 모병에 고승옥 등 4명의 남로당원을 프락치로 입대시켰다. 하지만 이들에 대한 "지도(指導)문제와 활동방침에 대한 지시를 1947년 5월부터 전남도당에 수차례에 걸쳐 요청했으나 아무런 답변이 없었다. 제주도당은 이를 포기

---

[474] 김점곤, 『한국전쟁과 남로당전략』, 1973, 173~174쪽.
[475] 원문에는 '1946년 3·1 및 3·10투쟁 직후'라 표기했으나 3·1사건은 1947년의 일이다 (같은 책 주석 표기, 75쪽). 또한 조선경비대 제9연대의 1기생 모집은 1947년 3월에 이루어졌다(《제민일보》 4·3취재반, 앞의 책, 1권, 1994, 175쪽).

할 수 없어 독자적으로 선(線)을 확보해 대정면당을 통해 경상적(經常的)인 연락을 취할 수밖에 없었다. 이 과정에서 1명은 일본으로 도피해버렸고 1명은 조직에서 이탈"476)했다. 이로 미루어 9연대에의 사병 침투는 세밀한 계획에 의한 조직적인 침투라고 보기엔 석연치 않은 면이 있다.

이는 전국적인 상황과도 무관치 않다. 즉, 1947년 5월 미소공위 재개에 맞춰 남로당은 대대적인 조직 확대 운동을 전개하는데, 이 과정에서 남로당의 군내(軍內)조직도 능률적이고 기능적이며 정예주의에 입각한 질적 엄선주의보다 양적인 확대를 꾀한 결과, 조잡하고 비기능적인 군내조직이 되고 말았다. 때문에 다원화된 조직 간의 비협동과 부조화를 면치 못해 소위 '군내당(軍內黨)'을 조직하지는 못한 상태였다.477) 제주도내에서 9연대에 침투시킨 프락치에 대한 전남도당의 지도가 장기간 방치된 것도 여기에서 원인을 찾아야 할 것이다.

그런데 남로당의 군부침투전술이 장교와 사병을 다르게 접근478)하

---

476) 문창송 편, 앞의 책, 75쪽.
477) 김점곤, 앞의 책, 180~181쪽.
478) 金雲石, 『北韓僞集戰術文獻集』, 韓國亞細亞反共聯盟, 1957, 469쪽.
1)장교에의 침투수단은 다음과 같다. ①실력으로 사관학교에 입교하여 임관되는 방법 ②추천으로 입교하는 방법을 사용함으로써 정부, 군, 정계의 유력인사를 이용하여 추천을 받게 한다. ③공산당 수뇌가 군내당조직에게 추천하여 사관학교에 입교 침투시키는 방법 ④사관학교 직원으로 있는 세포를 이용하거나 혹은 그들을 매수하여 입교시킨다. ⑤기성 장교의 신원과 인적 배경을 조사하여 접근의 소지나 잠재성분을 내재한 자를 포섭하는 방법 ⑥기성 장교들의 대인관계와 지연, 혈연, 인연, 동기동창관계 등 한국의 토착적인 바탕을 이용하여 포섭공작을 확대시키는 방법. 2)사병(士兵)에의 침투공작수단은 다음과 같다. ①부락에서 당성이 강하고 성분이 좋은

고 있듯이 침투공작 또한 중앙당과 산하 도당이 역할을 분담하는 체계였다. 즉, 장교와 사병에 대한 두 공작부대가 중앙당특별부에 병립되고 있었지만, 실질적으로는 장교에 대한 공작만을 중앙당에서 직접 책임졌고, 사병은 도당(道黨) 군사부에서 공작을 위임받아 침투시키는 이원적 방법을 사용했다.[479] 그럼에도 『투쟁보고서』에 유격대가 4·3봉기 직전 경비대 동원 실패의 원인을 적시하면서 "문(文) 소위는 중앙 지시가 없으니 할 수 없다고 거절한 바 있었다고 함. 이 말을 듣고 도(島) 파견 국경(國警) 공작원은 깜짝 놀랐"[480]다며 9연대에 이원적 세포조직이 있음을 처음 알았다는 듯한 보고는 이해하기 힘든 부분이다. 또 봉기 당일에서야 9연대 장교를 직접 설득하고 결국 거절당했다는 상황 서술은 피의 공방이 불가피한 무장투쟁의 치밀해야 할 사전준비와는 너무도 동떨어진 모습이라 역시 이해하기 힘들다.

분자를 적극적으로 추천하여 입대케 한다. ②좌익계활동에서 노출된 자들을 단위 당-리, 면, 군, 도-을 거쳐 각 부대의 조직책에게 추천하여 침투시킨다. ③경찰과 적대관계나 혹은 반감이 있는 자들을 입대시킨다. ④기성 사병에 대하여 부대 내에서 조직에 가담하고 있는 장교나 하사관으로 하여금 포섭케 한다. ⑤조직에 직접-정식으로-가입시키지 않더라도 접근의 소지를 가지고 있는 사병들에 대하여 조직에 있는 지휘관이나 하사관 혹은 동료로 하여 인간적인 관계의 형성으로 그들로 하여금 감화(感化)되게 하여 '동정', '동조'케 한다.

479) 김점곤, 앞의 책, 179쪽.
480) 문창송 편, 앞의 책, 76~77쪽.

2. 9연대 침투 세포들의 활동

군조직의 특성상 하급 장교나 사병들에 의해서 연대 규모의 작전이 결정되지는 않는다. 더욱이 미군정 하의 군조직임을 감안하면 그 가능성은 더욱 희박하다. 1948년 5월 24일 경비대의 작전에 의해 두모리에서 연락원이 피검되기 이전까지 유격대와 경비대 간에 별다른 충돌이 없었다. 그것은 애써 충돌을 회피한 유격대의 전술이 그 원인이었다. 이 전술이 가능한 것은 경비대 내의 세포 혹은 동조자 역할이 있었기 때문이다.

> 군인들이 토벌 온다고 할 땐 그 속에 조직이 있기 때문에, 간혹 연락 없이 올라올 때도 있지만 대개 미리 연락이 왔어. 어느 코스를 향해서 행동할 거니까 자기네를 쏘지 말라고 하거든.[481]

이와 비슷한 내용이 당시 제주도를 취재했던 조선통신 특파원 조덕송이《신천지》(1948년 7월호)에 쓴「현지보고, 유혈의 제주도」에도 기록되어 있다.

> 한라산에 할거하고 있는 소위 폭도들은 경비대를 절대 적대시 않는다고 한다. 경비대 장교의 말을 빌리면 경찰이라 하면 생사를 결단하고 덤비는 폭도들이 경비대에 대해서는 양민이 되어버린다고 한다. 총

---

[481] 제주4·3연구소,『4·3장정』6, 1993, 79쪽.

이나 칼을 쥐고 파수를 보고 섰던 폭도들이 경비대가 접근하면 총칼을 감추고 일하는 농부가 되고, 집단으로 왈(日) 빨치산전을 전개하고 있던 조직부대도 대군의 경비가 나타나면 종적을 감추어버린다고 한다.

5·10선거를 거부하기 위해 며칠간 주민들이 입산할 때도 일부 군인들이 입산한 주민들을 격려했다는 증언도 있다.

유격대는 경비대가 토벌에 나서는 상황을 성패의 갈림길로 보고 가능한 충돌을 회피하고자 하였다. 김달삼은 유격대에게 절대로 경비대 하고는 적대행위를 하지 말라고 지시했다. 유격대의 적은 경찰과 서청이기 때문에 경비대는 중립을 지키라는 요구이기도 했다.

이와 같은 상황은 제주파견 응원대 및 서청의 횡포에 대한 9연대 사병들의 '의분(義憤)'과 결합되면서 상승작용을 일으켰다. 『투쟁보고서』에도 "5월 24일 화순지서(안덕지서 - 필자) 습격 시 지서를 완전 포위하여 돌격 직전에 동쪽으로 공차(空車)가 옴을 국경차(國警車)로 오인하여 퇴각했다."고 적고 있으며, 비슷한 기록은 경비대의 토벌이 한층 강화된 6월 28일 중문면(中文面)의 기록에도 보인다. [482]

하지만 국방경비대가 본격적으로 토벌에 투입되면서 이러한 관계는 끝나고 적대적 관계로 바뀌었다. 더구나 1948년 10월 여순사건 이후 전국적으로 대대적인 숙군(肅軍)이 이루어졌고 9연대 사병들도 이를 피할 수 없었다. '취조 한번 받지 않고 형살장으로 끌려갈 정도'[483]로

---

482) 장윤식, 앞의 논문, 67쪽.
483) 《제민일보》 4·3취재반, 『4·3은 말한다』 4권, 1997, 126쪽.

무모하고 분별력 없었지만 군에 침투한 남로당 세포, 혹은 남로당의 봉기와 유격대에 온정적이던 많은 군인들이 사라졌다. 당연히 유격대에게는 매우 불리한 정황이었다.

3. 국방경비대 탈영이 유격대 활동에 미친 영향

국방경비대원들의 계속되는 탈영과 유격대로의 합류는 4·3사건의 전개에 많은 영향을 미쳤다.

첫째, 병력 증가이다. 『투쟁보고서』에는 1948년 7월까지 탈영과 유격대 지원 상황을 수록하고 있다.

〈표23〉 국방경비대원 탈영 및 지원일지[484]

월일	내용	비고
3.25.	한림면에서 해안경비대 1명 99식총 5정 가지고 탈영. 이후 해안경비대에서 조명탄통 1정, 탄환 7발 지원.	
4.중	경비대로부터 99식총 4정, 카빈 탄환 1,615발 지원.	
5.중	5연대 통신과 신호탄 5발 지원.	
5.17.	5연대 오일균 대대장 M1 2정, 탄환 1443발, 카빈 2정, 탄환 800발 지원.	
5.20.	9연대 사병 최상사 이하 43명 99식총 1정씩과 탄환 14,000발을 가지고 탈영. 대정지서 습격, 경찰 4명, 급사(給仕) 1명 살해하고 입산 시도. 22명 피검, 나머지 대원 21명 4~5일 후 연락 됨.(이때 각각 99식총 1정씩과 탄환 100발씩 남아 있었음)	이때 연락이 안 된 이유는 상호 연락방법 차이 때문임
5.21.	서림수원지 초병 2명 99식총 3정 가지고 탈영.	
5. 말	애월면 주둔 5연대 사병 4명, 각각 M1 1정씩 가지고 탈영.	

---

484) 문창송 편, 앞의 책, 80~83쪽.

월일	내용	비고
5.31.	9연대 고승옥 상사 등 7명 카빈 1정, 99식총 7정을 가지고 탈영.	
6.초	문덕오 상사 99식총 1정 가지고 탈영.	
6.20.	대정면에서 해안경비대 1명 99식총 2정 가지고 탈영.	
7.1.	서림수원지 초병 10명 99식총 11정 가지고 탈영.	
7.12.	9연대 사병 1명 99식총 1정 가지고 탈영.	
7.14.	9연대 사병 2명 탈영, 이 중 1명 도주.	
7.18.	6연대 이정우, 오전 3시 박진경 11연대장 암살 후 M1 1정을 가지고 탈영.[485]	
7.24.	9연대 사병 1명 99식총 1정, 탄환 10발 가지고 탈영.	
7.초	1명 M1 1정 가지고 탈영.	

합계	- 탈출병수 52명(피검된 22명과 도주한 1명 제외)
	- 무기
	  총: 99식총 56정, 카빈 3정, M1 8정, 합계 67정
	- 탄환만의 공급
	  M1 1,443발, 카빈 2,415발, 합계 3,858발
	- 기타 무기
	  조명탄통 1정, 탄환 7발, 신호탄통 5개
		탈출병 52명 중 1명 피살, 3명 피검되고 현재 48명이 인민군에 편입되고 있음.

이를 종합하면 해안경비대 포함 75명의 사병이 탈출했다. 이 중 25명이 피검되고 1명이 사살됐으며 1명이 도주하여 1948년 7월 말 현재 48명이 남아있다는 것이다.

주목되는 것은 남로당의 세포로 남아 있던 고승옥 등 2명의 탈영은 9연대의 집단탈영과는 시기를 달리하고 있다는 점이다. 이는 좀 더 많은 수의 경비대 병력을 포섭하기 위한 것으로 여겨진다. 또한 탈영자들의 탈영 날짜가 불명확하게 기록된 것은 탈영 후 유격대와 선이 닿

---

485) 편저자는 6월 18일의 오기라 지적하고, '작전면 제5차 작전기록 참조'의 주석 표기.

은 날짜와의 차이 때문으로 보인다.

한편《경향신문》1949년 6월 25일 기사를 보면 1948년 10월 하순에도 9연대 장교가 탈영하여 유격대에 가담했음을 확인할 수 있다. 아무튼 경비대의 탈영 소식은 제주도민들에게 유격대 측이 강하다는 인식을 심어주는 계기가 되기도 했다.

둘째, 무기 확충에도 상당한 영향을 미쳤다. 이는 〈표24〉와 유격대가 작성한「전도 면별 전과 일람표」를 통해서도 확인할 수 있다. 〈표24〉를 보면 이 기간의 지서 습격 등에 의한 노획무기, 특히 총기는 26정에 불과했다. 봉기 초기 확보한 30정을 합해도 60정이 채 안 되는 총기였다. 따라서 다수의 총기는 경비대 병사들이 입산하면서 보충한 것이라 볼 수 있다. 〈표24〉를 보더라도 경비대 병사가 탈영하면서 67정을 보충했음을 알 수 있다. 따라서 4·3봉기의 진행과정에서 실질적으로 총기를 소지할 수 있었던 120명 정도의 유격대원들이 한 명당 총기 한 정씩을 보유하게 된 시기는 경비대 사병의 탈영이 지속됐던 7월 들어서야 가능했던 것으로 보인다.[486]

---

[486] 장윤식, 앞의 논문, 69~70쪽.

〈표24〉 유격대 면별 무기탈취 현황(1948.3.18.~7.9.)[487]

활동 내역		합계	제주읍	애월면	한림면	대정면	안덕면	중문면	서귀면	표선면	남원면	성산면	구좌면	조천면
무기탈취	카빙총	13	1	1		2					2		1	6
	카빙총 탄창	5	2	2		1								
	카빙 탄환	209	9	95							55			50
	38식 탄환	800												800
	수류탄	5		1										4
	일본도	4			1									3
	전화기	5				1								4
	철창	15				15								
	철갑	1				1								
	배낭	1				1								
	공기총	1									1			
	44식 총	5											1	4
	99식 총	5												5
	38년식 총	2												2
	황린탄	4												4

487) 『투쟁보고서』의 '전도 면별 전과 일람표'(문창송 편, 앞의 책, 74쪽, 필자 재구성).

4. 박진경 연대장 암살

『투쟁보고서』에는 유격대가 11연대 박진경 연대장 암살을 추진했다는 대목이 나온다. 즉, 5월 10일 군책(軍責) 김달삼과 국경 측에서 오일균 대대장 등이 참가한 회담에서 "미군정과 통위부의 전면 포위작전이 실행되면 투쟁이 실패하므로 적극적인 사보타지 전술과 함께, 대내(隊內) 반동의 거두 박진경 연대장 이하 반동 장교들을 숙청하지 않으면 안 된다는데 의견의 일치를 보았다."고 적고 있다.[488]

박진경 연대장은 1948년 6월 18일, 부하 장병의 총격에 암살됐다. 장기간의 수사에 의해 문상길 중위, 손선호 하사를 포함해 8명의 경비대 사병이 관련자로 체포됐다. 그런데 문상길은 박진경의 죽음은 당연하지만 자신이 주모자가 아니며 김달삼의 지시도 없었다고 했다.

> 박진경이 심하게 토벌작전을 전개해서 사람들을 죽여대니 부하들이 암살했다. 암살한 자는 알 바가 없는데 내가 주모자가 됐다. 어쨌든 박대령의 죽음은 당연하다고 생각한다. 이로 인해 내가 죽는 것이 떳떳하다.[489]

• **문상길 중위 법정 진술**(《조선중앙일보》 1948년 8월 14일)

4월 3일 제주도 소요가 봉기된 이후 전 11연대장[490] 김중령 재임 시

---

488) 문창송, 앞의 책, 79~80쪽.
489) 《제민일보》 4·3취재반, 『4·3은 말한다』 3권, 1995, 206쪽.
490) 9연대장의 오기.

와 박대령 부임 후의 대내 공기는 전반적으로 변하였다. 경찰의 폭도와 도민에 대한 무자비한 탄압에 대하여 김중령 지휘 밑의 경비대는 도민을 선무하기에 노력하여 그들의 신뢰를 받았으나 박중령 부임 후로는 경찰과 협력하여 소요부대에 무조건 공격명령이 내렸으며 도민도 탄압하기 시작했으므로 도민들의 신뢰를 잃게 되고 경비대 내부공기도 동요하였다. 나는 김중령의 동족상잔을 피하는 해결방침에 찬동하였으며 처음으로 김달삼을 만난 이유는 김중령과 회견시키기 위하여서였고, 두 번째는 박대령 부임 후였는데 그때 김달삼은 30만 도민을 위하여 박대령을 살해했으면 좋겠다고 하였을 뿐 절대 지령을 받지는 않았다. 심리조서에 서명 날인한 것은 전기고문 끝에 눈을 막은

〈사진26〉 故 박진경 연대장 고별식(사진, 『4·3진상보고서』)

후 조서에 대한 기록내용 여하를 모르고 강제적으로 무조건 날인한 것으로 이 법정에서 진술한 것이 진실이다.

• 손선호 하사 법정 진술(《한성일보》 1948년 8월 14일)
　3천만을 위해서는 30만 제주도민을 다 희생시켜도 좋다. 민족상잔은 해야 한다고 역설하여 실제 행동에 있어 무고한 양민을 압박하고 학살하게 한 박대령은 확실히 반민족적이며 동포를 구하고 성스러운 우리 국방경비대를 건설하기 위하여는 박대령을 희생시키는 수밖에 없다고 생각하였다.

　하지만 문상길이 김달삼과 만남을 갖고 그에 대한 의견교환을 했다는 점, 그리고 『투쟁보고서』의 작전면에서도 '대내(隊內) 최고 악질반동 박진경 연대장 암살공작 추진'491)이라는 기록이 있는 점으로 미루어 유격대는 박진경 연대장의 제거를 위해 조직적인 준비를 했던 것으로 보인다. 그러나 문상길은 김달삼을 만난 적은 있으나 그의 지시에 의한 것이 아니라고 강변했다. 직접 지시에 의한 것이 아닐 수는 있다. 중앙당 지시가 아니면 움직일 수 없다는 봉기 직전 상황에서 변한 것은 없기 때문이다. 그렇다면 문상길의 법정진술에 나오듯 김달삼과의 만남에서 그런 말이 나왔으나 그 결행은 온전히 9연대 내부의 의기투합에 의해 추진된 것이 된다. 그리고 『투쟁보고서』에는 그 결과만을 놓고 사전에 문상길을 만났으니 '암살 공작 추진'이라 표현할 수도 있

---

491) 문창송 편, 앞의 책, 33쪽.

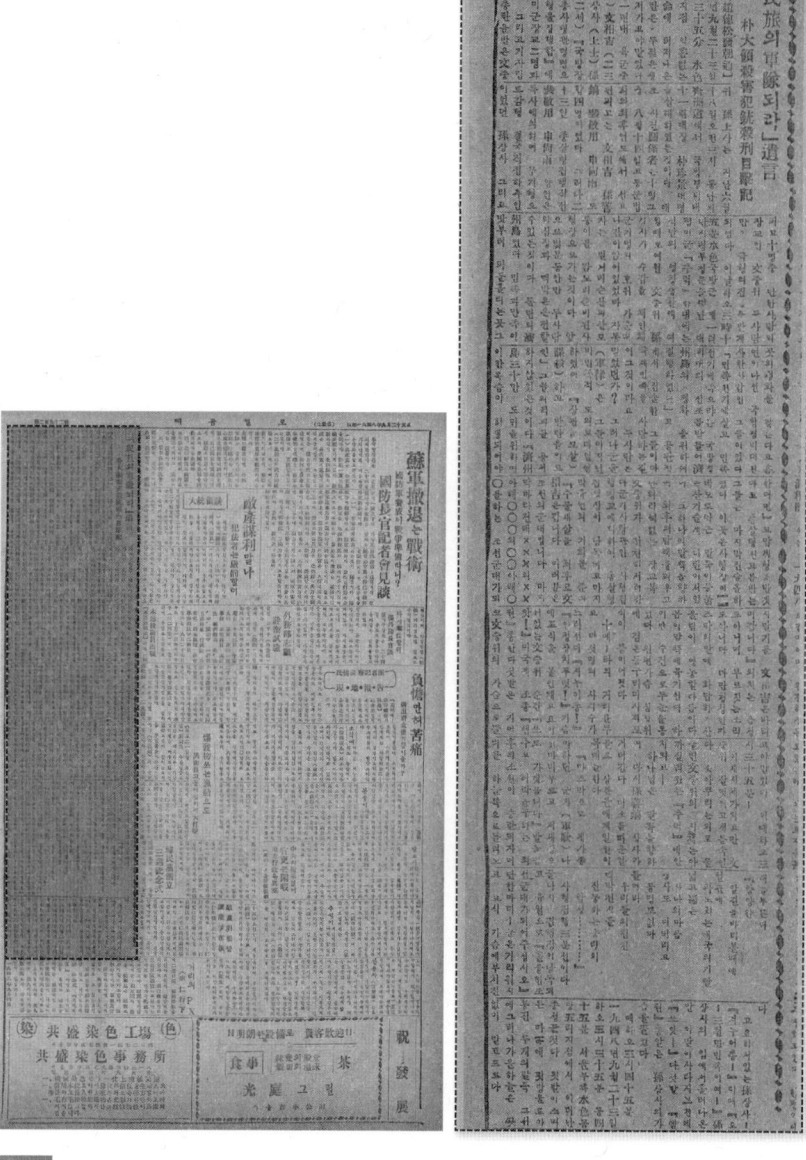

〈사진27〉 문상길, 손선호 사형집행 신문기사(《대공일보》1948.9.25.)

다. 마치 '숟가락 없듯이'…. 이 가능성은 희박하지만 자료나 증언으로 확인이 안 되는 사항이다.

결국 문상길 중위와 손선호 하사는 다음과 같이 최후 진술을 남기고 형장의 이슬로 사라졌다.

> △ **문상길**: "23세를 최후로 아무 일도 못하고 가는 것은 유감이다. 조선 사람으로서 민족의 비애를 깨닫고 ××의 ××를 받아 민족을 ××하는 자들이 되지 않기를 바란다."
>
> △ **손선호**: 먼저 "항상 노래하던 군가라도 부르고 나는 씩씩하게 돌아가겠다."고 말한 다음 홍조된 얼굴로 목청을 높여 '혈관에 파도치는 애국의 핏발, 용진 용진'을 부르다가 형틀에 나서 "오, 하나님이시여! 민족을 위하여 싸우는 국방군이 되게 하여 주십소서."[492]

---

492) 《자유신문》(1948. 9. 25.).

주요 전투

1. 주요 전투 및 교전 일지

자료나 증언으로 남아 있는 유격대와 토벌대 간의 주요 전투를 살펴보고자 한다. 4·3 초기에는 유격대의 경찰지서나 마을 습격 시 소규모 교전과 충돌이 있었으나 희생 규모가 크지 않았다. 또한 1948년 8월 지하선거를 단속하려는 경찰과의 충돌 이후 한동안 교전이 없었다. 그러나 하반기 토벌이 강화되면서 본격적으로 군과의 전투도 있었고, 토벌대의 이동경로를 예상한 매복 기습이나 군부대 습격으로 많은 희생자가 발생했다. 잔여 유격대가 남아 활동하던 6·25 한국전쟁 이후에도 크고 작은 교전이 벌어졌다. 비교적 유격대와 군경 양측의 인명피해가 많았거나 주민들 입에서 회자되는 교전을 활동일지를 토대로 별도 정리하면 다음과 같다.

〈표25〉 주요 교전 일지

월일	지역	내용
48.5.14.	한림 한림	유격대 100여 명 지서 습격. 경찰 1명, 유격 4명 사망
5.26.	대정 무릉	인항동 인근 유격대-경찰 전투. 경찰 사망 14명, 부상 11명(사실 여부 불명)
10.6.	중문 색달	유격대 40명 경비대와 교전. 경비대원 1명 사망, 4명 부상
10.29.	애월 고성	9연대-유격대 교전. 유격 2명 사망
11.2.	한림 한림	한림 주둔 경비대 6중대 습격. 경비대원 14명 사망
11.5.	중문 중문	중문지서 및 중문리 습격, 방화. 경찰 5명, 군인 1명 사망, 면사무소, 중문중학교 방화
11.6.~7.	서귀 동홍	쌀오름 전투. 유격 6명, 경찰 1명, 민간인 3명 사망
11.10.	구좌 세화	월랑봉에서 경비대와 전투. 유격 21명 사망
11.13.	제주 오등	오등리 군주둔지 습격. 유격 4명 사망
49.1.1.	제주 오라	유격대 100명 오라리 주둔 2연대의 한 중대 공격. 유격 20명 사망, 경비대 27명 부상
1.6.	제주 월평	2연대와 교전. 2연대 병사 7명 사망
1.12.	남원 의귀	유격대 2연대 2중대 습격. 군인 4명, 유격대 다수 사망
1.16.	조천 북촌	유격대 속칭 '개여물 동산'에서 군부대 차량 기습. 군인 4명, 민간운전사 1명 사망
1.17.	조천 북촌	유격대 군 차량 기습. 군인 2명 사망
1.24.	애월 수산	수산봉 인근 순찰 중인 경찰 습격. 경찰 5명과 주민 8명, 안덕면 직원 사망. 경찰의 모든 무기 탈취당함.
1.29.	안덕 화순	유격대, 매복 공격. 군인 6명 사망
2.4.	구좌 김녕	유격대, 군 트럭 2대 기습. 군인 15명, 경찰, 주민, 유격 각 1명 사망, 군인 2명 부상. 군의 99식 총 150정 탈취당함.
3.9.	노루오름	애월면 노루오름 전투. 토벌대 36명 사상
4.7.~8.	거문악	거문악 인근에서 30시간의 전투. 유격 18명 사망, 15명 체포, 총기 28정 노획
50.2.5.~6.	안덕면	돌오름 인근에서 교전. 유격 8명, 군인 1명 사망, 유격 8명 생포
11.6.	제주 아라	유격대와 교전 중 경찰 6명 사망
11.9.	조천 와흘	경찰초소 습격. 유격대와 교전 중 경찰 9명 사망, 1명 부상

월일	지역	내용
51.2.10.	한라산	해병대, 사라악과 명도암 중간의 유격대 아지트 습격. 교전 중 유격대 15~20명, 해병대 11명 사망
12.6.	구좌 송당	대천동 토벌작전 중 교전. 경찰 9명 부상
6.14.	제주 삼양	삼양리 원당봉 인근에서 교전. 경찰 3명, 민간인 1명, 유격 1명 사망
9.19.	물장오리	물장오리 전투. 경찰 28명 사망
52.1.21.	한라산	경찰, 거문악 수색 중 속칭 '괴편리'('궤펜이-산라이'인 듯-필자)에서 50명 잔비와 전투. 유격 2명 사살, 10명 부상, 경찰 1명 경상. 유격대 아지트 파괴(궤펜이 전투)
10.4.	제주 건입	동문 외곽성 인근 습격 교전. 경찰 3명 사망, 3명 부상

2. 주요 전투

(1) 쌀오름 전투(1948.11.6.~7.)

유격대는 1948년 11월 7일 서귀포 중심지 가옥을 방화하는 등 대대적인 습격을 감행했다. 습격 이후 토평리, 동홍리, 서홍리 등을 거치며 위세를 떨치거나 주민들을 대동해 입산하기도 했다. 그런데 서귀포 습격 직전 쌀오름에서 경찰과 교전이 있었다. 『제주경찰사』를 살펴보자.

서귀포를 중심으로 한 남제주군 일대를 공비들이 습격할 것이라는 정보는 사건 전에 입수되었다. 현지 경찰은 정찰임무를 수행할 경찰관 한동준(韓東俊)을 공비의 동조자로 위장, 입산시켰는데 그는 정보를 입수하던 중 공비들이 서귀포를 습격하기 위해 호근리경에 있는 '쌀오름'에 집결하고 있다는 것을 알아내었다. 경찰은 공비들이 내려오기 전에 선수를 치기로 하고 서귀포에 주둔하고 있는 군의 지원을 얻어 작전에 나섰다. 50여 명으로 구성된 군경합동토벌대는 6일 하오 쌀오름을 향해 진격 중 야산평지에서 1개 중대 병력의 공비들과 맞부딪쳤다. 지형과 병력 면에서 불리한 토벌대는 일단 후퇴했다. 7일 새벽 전열을 정비한 토벌대는 쌀오름을 향해 출동했으나 막강한 공비들의 전투력에 대오가 무너졌다. 산발적인 전투에서 토벌대를 물리친 공비들은 하효리와 토평리 쪽으로 진로를 돌리고 다른 일단은 동홍리 쪽으로 몰려들었다. 두 갈래길로 몰려든 공비들이 서귀포를 정면으로 습격한 것은 그날 아침 8시경이었다. 이 전투로 공비 6명 사살, 경찰 1명 전사, 민간인 3명이 희생됐다.[493]

〈사진28〉 쌀오름(미악산) 전경

---

493) 제주도경찰국, 『濟州警察史』, 1990, 314쪽.

(2) 의귀리 전투

유격대가 1949년 1월 12일 남원면 의귀리 의귀국민학교에 주둔한 2연대 1대대 2중대 본부를 직접 습격하며 치열한 접전이 있었다. 이윤의 『진중일기』에는 "사전에 기습정보를 입수한 중대원들이 출동 준비를 마치고 취침 중인 새벽 5시 유격대의 공격이 시작되어 상호 교전이 이루어졌다. M-1실탄이 한 통밖에 안 남을 정도로 전투가 치열했다. 유격대가 중대본부를 4면으로 포위한 위급상태에서 이윤 하사가 지붕의 토치카에 올라 북쪽으로

〈사진29〉 의귀리 전투 전사 군인 추모비
(남원읍 충혼묘지)

기관총 사격을 가해 유격대 30명을 삽시간에 전멸시켰다. 바로 서쪽을 향해 사격하니 놈들이 도주했다. 중대원들이 북쪽으로 돌진하여 퇴로를 막고 소탕전을 펼쳐 몇 명을 제외하고 전멸시켰다. 소탕전이 한참일 때 서귀포 주둔 제4중대 지원군이 도착했다. 이 전투에서 우리 중대는 안중사 이하 4명이 전사했고 5명이 부상당하는 피해를 본 반면, 반도 사살 96명, 생포 14명 등의 전과를 올렸다."494)고 기록하고 있다.

---

494) 이윤, 『진중일기』, 2001, 98~102쪽, 필자 재구성.

<사진30> 의귀리 전투 전사 유격대 무덤(송령이골)

미육군 일일정보보고(1949.1.14.)에는 약 200여 명의 폭도가 습격에 나섰고, 2명의 경비대원이 피살되고 51명의 폭도가 사살되었다고 보고하고 있다.

한편 『4·3무장투쟁사』에도 "의귀리 전투에서의 병력, 무기의 막대한 손실은 인민유격대로서는 엄청난 타격이었다. 이 전투를 계기로 M-1, 카빈총 등 정예무기의 부족 현상은 현저하였다. 더욱 심각한 것은 많은 병력을 잃음과 동시에 유격대원들의 심리적인 충격 또한 커서 인민유격대가 전면적으로 파괴상태에 이르게 한 전투였다."[495]고 기록할 정도로 유격대는 커다란 피해를 입었다.

---

495) 김봉현·김민주, 『4·3무장투쟁사』, 1963, 221쪽.

하지만 이날 희생된 모든 이들이 군부대 기습에 참여한 유격대는 아니었다. 한동안 버려진 채 방치되던 유격대원의 시신은 주민들을 동원해 마을에서 비교적 멀리 떨어진 '송령이골'로 옮겨 집단 매장했는데 그 수는 15구 이하라는 것이다. 나머지는 당시 의귀국민학교에 수용됐다가 1월 12일 학살당한 인근 주민으로 추정된다.

(3) 노루오름 전투-산물내 전투(1949.3.9.)

'산물내 전투'로도 일컫는 노루오름 전투는 애월면 주민들에게 많이 거론되고 있는 전투이다. 민간인으로 구성된 민보단도 토벌작전에 동원된 상황이라 더욱 그럴 것이다. 그럼에도 정확한 날짜는 파악하지

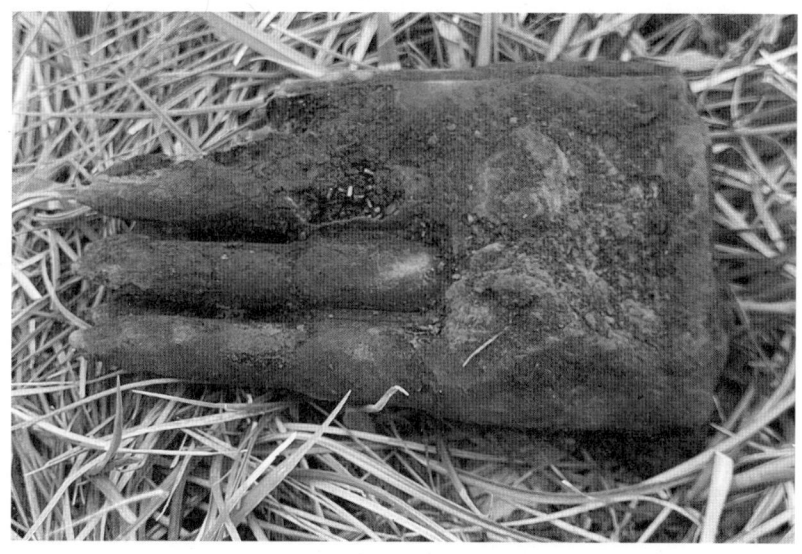

〈사진31〉 노루오름(장태코) 발굴 탄알집(사진. 마중물)

못하고 있다. 그런데 『4·3무장투쟁사』에는 1949년 3월 9일로 적시하고 있다. 이를 토대로 〈군인·경찰·우익단체 국가유공자 피해 현황〉을 살펴보니 애월면 어음리 김성률이 토벌작전 중 이 날짜에 사망한 것으로 나온다. 따라서 노루오름 전투는 1949년 3월 9일로 추정된다. 증언과 기록에 나온 노루오름 전투 상황을 살펴보자.

○ 『이제사 말햄수다』 2권

산물내는 노리오름 채 못 가는 데 있는데, 우리가 청년방위대(청방)로 같이 토벌 나갔지. 길 안내도 하고. 2명의 청방 대원을 척후병으로 앞에 보냈어. 빗개오름 인근 골짜기 '개남밭들캥이'라는 험한 골짜기로 토벌대가 들어가는데 폭도들이 빗개오름에 잠복해 있다가 척후병은 그냥 통과시키고, 첨병 부대쯤은 다 보내고 중간부대가 골짜기에 들어설 즈음 집중사격을 해. 토벌대 중대장이 총을 맞고 쓰러지면서 "후퇴다 후퇴!" 하니까 토벌대는 '족은바리매', '돌그니박'으로 해서 원동까지 뛰어 도망쳤지. 그때 중대장, 소대장이 죽고 군인도 한 18명인가 죽어부런. 척후병도 죽고. 1949년 겨울이니까 1월달이나… 그때 곽지, 금성, 애월, 어도 하여튼 전부 동원되었지.496)

○ 『4·3무장투쟁사』

1949년 3월 9일 간활한 야수들은 조국과 인민을 위하여 싸우는 빨치산들을 근멸하기 위하여 유격대의 근거지인 속칭 〈노리오름…鹿古

---

496) 제주4·3연구소, 『이제사 말햄수다』 2권, 1989, 176~178쪽, 필자 재구성.

〈사진32〉 노루오름 발굴 단검집
(사진. 마중물)

岳 애월면〉에 대병력을 동원하고 침공하여 왔다. 그의 적정을 이미 장악해 낸 유격대 50여 명은 놈들에게 결정적인 타격을 주기 위하여 주밀하고 구체적인 적정을 탐정한 기초에 의거하여 주도 세밀한 작전계획을 강구한 다음 적들을 유리한 지형에 유도해 놓아서는 신출귀몰의 전투 전술을 능란하게 구사하면서 불같은 맹렬한 행동으로써 적들을 제압하고, 적들 36명을 살상하였으며, 총 40여 정, 식량 4석, 담배 300갑을 탈취하는 등의 거대한 전과를 올리었을 뿐만 아니라, 여기에서 원한과 고통 속에 잠기었던 온 전투원의 가슴마다에 새 힘을 불러일으켰다.

(4) 물장오리 전투(1951.9.19.)

『제주경찰사』는 물장오리 전투에 대해 비교적 상세히 기술했다. "그해 6월 24일[497] 임영관 경위가 인솔하는 경찰토벌대는 정찰과 토벌 두 가지 임무를 띠고 현지 출동했다. 그런데 경찰은 절단되어 있는 경비용 전화선을 복구하기 위해 협곡 깊숙이 들어갔다가 그들의 매복작전에 걸려들었다. 지형지물을 이용, 매복하고 있던 그들은 일제사격을 퍼부어 임영관 경위를 포함한 28명의 경찰토벌대가 전원 전사했다. 폭동 이후 가장 큰 참패였던 '물장올' 전투는 경찰의 전투태세를 재정비케 했으나 공비들의 의기를 북돋았다."[498]고 기록되어 있다. '전원 몰사'라는 표현에서 알 수 있듯이 경찰 토벌대 측에서는 타격이 심했던 것으로 보이며 '4·3 항쟁 이후 유격대가 완전한 승리를 거둔 첫 전투'[499]라는 표현도 있다. 하지만 『제주경찰사』에는 1951년 9월 19일 '조천면 수장올'에서 전사, 전상 각 2명만 기록되어 있다.

(5) 궤펜이(산란이) 전투(1952.1.21.)

『대하실록 제주백년』은 '산란이 전투와 김의봉 토벌작전'이라는 소제목을 두어 "산란이 전투가 1949년 9월 8일 벌어졌다."고 했다. 또

---

497) 문맥상 1948년으로 읽히나(『제주경찰사』, 313쪽) 이 전투는 1951년 9월 19일 벌어짐(임영관 경무관 전사일자, 342쪽).
498) 제주도경찰국, 『제주경찰사』, 1990, 313쪽.
499) 제주4·3연구소, 『4·3장정』 5, 1992, 73쪽.

〈사진33〉 물장오리 산정 호수(사진. 마중물)

〈사진34〉 물장오리 발굴 탄피(사진. 마중물)

<사진35> 궤펜이 발굴 탄피(사진. 마중물)

"북제주군 조천면과 남제주군 경내에 위치한 속칭 '산란이'는 31임반(林班)의 중심을 이루며 남쪽에 궤펜이오름이 있고 그 뒤쪽이 능선으로 둘러싸여 있어 천연적인 요새를 이룬 곳"이라며 "잔비 두목 김의봉은 이곳을 아지트로 잡아 잔비를 지휘했는데 조천국민학교를 습격했던 공비들은 토벌대를 그곳으로 유인하면서 지형지물을 이용한 역습을 노렸다."고 했다. 더불어 '이날 1차 전투 결과는 공비 6명 사살, 아군 전사 2명'이라고 했다. 그런데『제주백년』은 다음 날에도 "적의 배후를 찌르기 위한 우회작전을 펼쳤다."고 적고 있다. 그 상황은 다음과 같다.

공비들은 궤펜이오름 부근과 산란이 잔디밭 입구에 보초를 세우는 등 여러 겹의 경계와 함께 요소요소에 매복조를 편성, 아군이 접근하기만을 기다리고 있었다. 초가을인데도 산에 눈발이 날리며 적정 파악에 도움이 됐다. 공비 매복조가 먼저 공격했다. 궤펜이오름 북쪽 능선에 설치되어 있는 아군 기관총의 엄호를 받으며 반격전을 전개했다. 아군도 대원들을 분산시키며 유격전법으로 대응했다. 해병대와 경찰이 계곡을 따라 적의 배후로 접근 공격했다. 하룻밤의 공격이 끝난 후 공비 6명을 사살하는 전과를 올렸으나 아군도 많은 사상자를 냈다. 계곡 여기저기에 피아(彼我)의 시체가 즐비했다. 산란이 전투는 비록 비싼 대가를 치렀을망정 재산공비들의 숨통을 조이는 큰 타격을 줬다.500)

그런데 전투가 벌어진 날짜를 검토할 필요가 있다. 1949년 9월 8일 경 김의봉은 유격대 사령관이 아니었다. "김의봉이 1950년 7월경 9연대 출신 고승옥에 이어 군사부책이 되었다."는 증언(『4·3장정』6)과 '1953년 4월 15일 수괴 김의봉 사살'이라는 보도(《제주신보》1953.4.17.)에 비추어 그렇다. 또한 『4·3추가진상보고서 Ⅰ』〈군경우익단체 피해실태〉를 보더라도 1949년 9월 8일 전상자는 없다. 다만 1952년 1월 21일 미상 장소에서 경찰 1명이 부상당했다고 기록(『제주경찰사』에도 수록)됐는데, 이날 '궤펜이'에서 전투가 벌어졌다는 신문보도가 있다.

… 모종 적정을 얻은 아방에서는 윤국장을 진두에 강필생(姜必生) 경감의 작전 지휘로 3개 중대가 지난 21일 고지 한라산 동측 거문악 일대를 색적(索敵) 중 동일 상오 10시 30분경 속칭 '괴편리'에서 적의 본거지를 발견 무장 비무장 도합 약 50명의 잔비를 포착 기습하여 피아간 치열한 전투 끝에 적에게 사살 2명, 부상 10여 명의 손해를 주고 아지트(가옥) 7동, 토치카 30개소를 파괴하고 마우피(皮) 90매, 마육 50여

---

500) 강용삼·이경수 편, 『대하실록 제주백년』, 태광문화사, 1984, 669~670쪽, 필자 요약.

두분, 우 2두, 식량 약 5석, 식기 및 취사도구 다량을 전량 현지에서 소각 처분하고 기타 의류품, 불온문서 다량을 노획하는 전과를 거두었는데 아방은 1명의 경상자를 내었을 뿐이라 한다.[501]

위 기사 정황 설명에 부합하는 군경 사상자를 적시한 자료는 경상 1명을 기록한 『제주경찰사』가 유일하다. 때문에 단정할 수 없지만 경찰 전상자 발생 날짜를 좇아 '궤펜이(산란이) 전투'는 1952년 1월 21일 벌어진 것으로 보인다.

〈사진36〉 궤펜이 발굴 유물(사진. 마중물)

501) 《제주신보》(1952. 1. 25.).

협상(평화회담)

1. 4·28 회담

1948년 4월 17일 제주 주둔 미군정장관 맨스필드 중령을 통해 9연대의 진압작전 참여를 명령한 미군정은 4월 20일 부산의 제5연대 1개 대대를 제주로 파견토록 했다. 또, "대규모 공격에 임하기 전에 소요집단의 지도자와 접촉해서 항복할 기회를 만들며, 붙잡힌 포로들은 경찰에 인계하지 말라."고 지시한다. 이에 맨스필드는 5연대 1개 대대와 함께 제주에 주둔한 드루스 대위 그리고 김익렬 연대장과 협의를 거쳐 제1단계 작전으로 무장부대와 도피한 일반 주민을 분리하기 위해 '화평·귀순공작'을 펼치기로 하고 회담을 추진한다. 한편 남로당 군사부책이자 유격대 사령관인 김달삼은 김익렬 연대장이 사건을 평화적으로 수습하려 한다는 정황을 포착하고, "이를 교묘히 이용하면 경비대의 토벌을 억제할 수 있을 것"이라는 판단에 따라 회담에 응했다.

하지만 4·28회담의 결과에 대한 해석은 각각 달랐다. 먼저 김익렬은 "즉각 전투중지 및 무장해제 등을 합의하고, 유격대 가담자의 자수 및 도피는 본인의 의사에 따른다고 합의했다."고 했으나 『투쟁보고서』에는 "금번 구국항쟁의 정당성과 경찰의 모략 등에 의견의 일치를 보아 김연대장은 사건의 평화적 해결을 위하여 적극 노력하겠다고 약속했다."고 했다.[502]

이처럼 회담 당사자 간 회담 결과에 대한 해석이 다르니 그 성과를 기대하기도 쉽지 않은 상황이었다. 대정면당책을 지낸 이운방은 "구억리 회담은 하등의 열매도 맺음이 없이 일종의 에피소드를 남기는 데 불과"했다고 평가[503]할 정도이다.

〈사진37〉 김달삼(좌)과 김익렬(우)

502) 장윤식, 앞의 논문, 63~64쪽.
503) 이운방, 〈4·3사건의 진상〉(제주4·3연구소, 『이제사 말햄수다』 1, 1989, 223쪽).

김익렬의 주장대로라면 유격대는 '5·10단선 거부'라는 일차적 목표의 가시적인 성과 없이 사실상 투항한 꼴이 된다. 하지만 그것은 4·28 회담을 전후하여 어떠한 작전, 조직체계의 변화가 없었다는『투쟁보고서』의 조직면과 작전면을 훑어봐도, 또 회담 전후 시기(4.28.~5.3.) 활동일지를 봐도 4월 29일 오라리 상황 빼고는 그 시기 여느 때와 같이 습격과 충돌이 있었다(단,『투쟁보고서』, 미군 보고서 등 다른 자료와 교차 검증이 안 되는 '나홀로 일지'가 많다.)는 점에서 그 설득력이 떨어진다. 즉, 투항은 생각지 않았다는 것이다.

그렇다면 왜 김달삼은 김익렬을 만나서 협상을 했을까? 그냥 봉기를 일으킨 당위성을 강변하고자 함이었나? 단지 그것만을 위해 상호 위험을 무릅쓰고 만나진 않았을 것이다. 협상에 관한 의문점은 이에 그치지 않는다.

2. 추가 협상은 없었나?

『4·3진상보고서』에 따르면 "김달삼이 제주도 부대장을 통해 당시 통위부 참모총장인 이형근과의 면담을 요청했다. 하지만 이는 평화협상의 효력을 보장받기 위한 것으로 보인다."고 파악했다.[504]

그 이후 유격대와 토벌대의 협상이 이루어졌다는 기록은 없다. 다만 김익렬에 이어 제주주둔 경비대를 이끌었던 박진경 연대장도 김달삼 사령관에게 협상을 제안했다는 주장에서부터 김달삼에 이어 유격

---

504) 4·3위원회,『4·3진상보고서』, 193~194쪽.

대를 이끌었던 이덕구 사령관도 토벌대 측과 협상을 하려 했다는 증언이 있다.

"그(박진경)의 방침은 선무공작으로 주민들의 민심을 돌리기 위하여 단위 대장에게 선무공작을 강조하였다. 한편 연대장은 반도 두목 김달삼하고도 만나서 무모한 항쟁을 중지, 투항하라고 협상을 하였으나 불응하였다." 이 글은 국방부에서 펴낸 『한국전쟁사』에 나온다. … 당시 통위부 정보국 핵심간부로 제주도에 지원차 파견돼 11연대 정보 고문으로 활동했던 김종면 중령은 박 연대장이 김달삼과 만나 협상을 시도했다는 내용에 대해서 완강히 부인했다.

"그것은 잘못된 것입니다. 박 연대장이 죽기 전에 김달삼을 만나고 싶다고 말한 적도 없고 시도한 적도 없습니다. 김달삼을 만나려는 시도는 오히려 내가 했었습니다. 나는 일본 중앙대 동창 등 유지들을 통해 제주도민을 살리기 위해 교섭을 시도했던 것입니다. … 하지만 장소 문제로 의견이 엇갈려 만남이 이뤄지진 못했습니다."505)

당시 소문에 이덕구가 9연대장 박중령을 만날려고 굉장히 애를 썼어. 타협하려고. 그런데 연대장이 안 만나줬지. 연락이 안 되어서 못 만났다는 말도 있고.506)

---

505) 『4·3은 말한다』 3권, 1995, 150~152쪽(필자 요약, 재정리).
506) 제주4·3연구소, 『이제사 말햄수다』 1, 50쪽. 박진경 연대장 시절 유격대 사령관은 김달삼이었으며, 이덕구가 사령관일 때는 송요찬이 연대장이었기 때문에 어디선가 착오가 있는 듯하다.

필자는 단기전을 생각했다면 협상은 불가피하며, 시도되고, 이루어지고 성공해야 할 주요 과제였다고 생각한다. 다만 어느 시점에, 어떤 내용으로, 어떤 성과를 이루느냐가 문제일 따름이다. 그런데 위의 증언이 맞다면 5·10선거가 제주도에서 파탄 난 이후 박진경 연대장이 협상을 제안해도 불응했고, 통위부 간부의 제안도 기껏 장소 문제로 만나지 못했다. 이것이 모두 사실이라면 유격대 측, 적어도 김달삼 사령관은 협상에 의지가 없었다는 것이다.

생각해보자. 4·28회담 시기와 5·10선거가 무산된 이후 남로당 제주도당, 혹은 유격대의 활동 성과는 매우 다르다. 4월 28일 즈음엔 손에 쥔 성과가 없었지만 5월 10일 이후는 제주도 2개 선거구의 투표를 무효화시킨 분명한 성과가 있었다. 그들이 내건 단선 거부를 부분적으로 이룬 커다란 성과였다.

그런데 왜 단독선거가 무산된 이후에도 협상에 응하지 않았을까? 왜 적극적인 의지를 내보이지 않았을까? 5·10선거 파탄이라는 성과에 고취되어 바로 장기전으로 방향을 잡았을까. 필자의 생각에는 단기전을 계획했지만, 어느 시점에 투쟁을 정리할 것인가에 대한 면밀하고 충분한 고려와 대책이 없었다고 본다.

우선 시위를 하면 어느 정도 효과가 있을 것이라는 정도의 생각이었다. 장기전은 생각하지 않았다. 그래서 김익렬(9연대장)과도 회담한 것이다. 아무튼 우리의 지식과 수준이 그 정도밖에 되지 않았다. 우리가 정세 파악을 못 하고 신중하지 못한 채 김달삼의 바람에 휩쓸린 것이다.

다시 한번 살펴보는 위 이삼룡의 증언처럼 "장기전을 생각하지 않았다."면 더욱 단기 목표를 명확히 세우고, 목표했던 성과를 내오면 그 다음은 어떻게 해야겠다는 계획이 있어야 하는데 처음부터 구체적이고 세밀한 계획이 없었다고 볼 수밖에 없다. 그 계획 중의 하나로 협상을 통해 무장투쟁을 정리하는 것도 방법이라 생각한다. 일단 5·10선거는 파탄 났기 때문에 그때의 협상은 '무조건 항복'이 아니라 '일정한 승리'였다. 물론 지도부 일부의 희생은 불가피했겠지만, 그것은 장두(狀頭)의 운명이다.

그런데 지도부는 '이보 전진을 위한 일보 후퇴'도 없었고, 남과 북에 각각 정부가 수립되어 분단이 기정사실화되었어도 뚜렷한 전술의 차이나 변경도 없었다. 중산간 마을 주민들이 수없이 죽어나갈 때에도, 협력자들이 투옥되고, 즉결 처형에 처해지고 고통을 당하고 있을 때도, 모든 역량과 인재들이 하염없이 스러질 때도, 대부분 마을이 불에 타버린 참화 앞에서도 협상은 없었다. 그리고 사실 여부를 떠나 이덕구 사령관의 협상 노력은 메아리가 없었다. 결과론적이지만 협상이 무산되고 재협상이 이루어지지 않음으로써 제주도 인재들과 젊은이들이 대거 희생됐다는 측면에서 안타깝고 아쉬운 부분이다.

통일조국을 위하여

 그렇다면 왜 협상에 소극적이었으며 무장투쟁을 멈추지 않았을까? 아무리 살펴봐도 그 해답은 '통일 정부 수립이 안 되었기 때문'으로 파악할 수밖에 없다. 제주도인민유격대는 4·3 무장투쟁에 나서며 "매국 단선단정을 결사적으로 반대하고 조국의 통일독립과 완전한 민족해방을 위하여!" 봉기했음을 밝혔다. 1949년 1월 13일 구좌면 투쟁위원회가 살포한 호소문의 마지막 구호는 "민주주의 조국통일 쟁취 만세!"이다. 그들이 포기하지 않았던 이유가 여기에 있다. 이승만 정부를 매국 단선 정부로 규정하고 통일된 민주주의 정부를 만들겠다는 것이었다. 모든 것이 불리하고 무너지고 있는 상황에서도 그들에게 남은 과제는 조국 통일이었다. 우리의 소원은 통일이듯, 그들의 소원도 통일이었다.

 그렇게 죽어갔다. 역사의 온갖 오명을 뒤집어쓴 채 스러지고 말았다. 제주도민을 탄압하는 총구 앞에 제 가슴을 들이민 그들은 밥 한 주먹이라도 서로 나누며 버티다 죽어갔다. 시위를 했다고, 벽보를 붙였다고, 도로 차단을 했다고, 민애청·남로당에 가입했다고 즉결 처형당했다. 빗개 섰다고, 연락했다고, 좁쌀 한 줌 바쳤다고 죽었다. 그 가족이라고 죽었다. 경찰과 서청, 군인을 공격하다 교전 끝에 쓰러졌고, 한라산 골짜기에서 토벌대 총에 맞아, 어떤 이는 붙잡혀 가족과 이웃들이 보는 앞에서 공개적으로 죽어야 했다. 어디인지도 모르는 산속에서 얼어 죽고, 배고파 죽고, 가족이나 연인 그리고 누군가를 그리며 죽어갔다. 어떤 이는 형무소에 끌려가 집단총살 당하고 수백 명이 제주 비행장에서 암매장 당했다. 잘린 머리만 댕그라니 깃발처럼 내걸렸던 사람들…. 끝내 이루지 못한 '조국의 통일독립과 완전한 민족해방'의 꿈을 그리며 최후를 맞이했다.

대정면 가파리의 20세 청년 이창하는 결혼식을 3일 앞둔 1948년 음력 10월 26일 가파도에 토벌하러 온 군인에게 체포되어 심문받던 중 "제 나라 통일을 위해 투쟁하는 것이 무엇이 죄가 되느냐!"며 항의하다 처형됐다.[507] 한림면 여성동맹위원장 오매춘은 "오늘 승리해지카부댄 허는 것이 아니고, 몇십 년, 몇백 년 후에라도, 나라가 분단된 때에 그래도 조국 통일을 위해 싸웠던 사람이 있었다는 것을 자손들에게 남기기 위해 싸우고 있수다!"라는 말을 남기고 총살당했다.[508] 제주도인민유격대 이덕구 사령관이 봉개동 견월악 속칭 '북받친밧'에서 경찰 토벌대에 의해 사살된 1949년 6월 7일, 그날의 유격대 암호는 '조국' 하면 '통일'이었다.[509]

---

507) 제주4·3연구소, 『4·3장정』 3, 68쪽.
508) 제주4·3연구소, 『만뱅듸의 눈물』, 2015, 193~194쪽.
509) 문○송(당시 화북지서장) 증언.

맺으며

이 글은 제주도인민유격대 이야기다. 역사는 그들을 '공산폭도', '빨갱이'라 재단하여 죽이고, 깊고 깊은 구렁텅이로 내던져버렸다. 그러나 그들이 품었던 꿈마저 묻어둘 수는 없다. 그들은 인간 이하 취급을 받으며 스러졌다. 하지만 그들은 사람들이다. 이기지 못할 싸움인 줄 알면서도 탄압세력의 총부리에 제 가슴을 내밀었던 사람들이다. 조국통일을 위해 목숨을 내던졌던 사람들이다. 섬의 오름 곳곳에 일제히 봉화를 올리며 도민들의 가슴을 울렸고, 제주도민을 몰살하려는 서청·경찰을 공격하여 도민들의 지지·지원을 받았던 사람들. 5·10 단선 거부에 결연히 나섰던 사람들. 무차별 살상 등의 잘못으로 원망과 미움을 받았던 사람들. 끝내 신념을 버리지 않고 조국통일을 외치며 쓰러져 간 제주도 사람들….

맺으며

4·3은 여태까지 많은 사람들의 노력에 의해 의미 있는 진전이 있었다. 1999년 4·3특별법 국회 통과, 2003년 10월 정부 차원의 『4·3진상보고서』 확정과 대통령 사과에 이어 4·3평화공원 조성, 국가추념일 지정, 수형인 직권재심, 그리고 희생자에 대한 보상 등 굵직굵직한 성과들이 많았다. 4·3이 '정의로운 해결' 단계에 이르렀다고 평가하기도 한다. 이러한 성과가 있기까지 감옥에 갇힌 사람도 있었고, 수배와 감시, 협박과 고문 등에 시달리기도 했다. 이들의 희생이 없었다면 어쩌면 4·3은 여전히 질곡에 갇혀서 허덕이고 있을지 모른다.

이제 4·3은 긴 호흡을 준비해야 한다. 위에 열거한 많은 성과에도 불구하고 풀어야 할 숙제가 많기 때문이다. 4·3의 남은 과제 중 하나로 '세대전승'을 꼽는다. 맞는 말이다. 매우 중요한 일이다. 그런데 무엇을 전승하고 넘겨줄 것인가? '평화와 인권의 가치', '교훈', '4·3 정신' 등의 단어들이 나열되지만 확 다가오진 않는다. 바탕이 무엇인지 불분명하기 때문이다. 위에 열거한 단어들이 빛을 발하려면 무엇에서 비롯된 가치이고, 교훈, 정신인가를 살펴야 한다. 즉, 4·3 당시 제주도민들이 이루고자 했던 꿈이 무엇이었는지, 어떤 세상을 바라보며 무장봉기를 일으키고 끝내 목숨까지 바쳤는지, 왜 많은 도민들이 그들의 주장에 호응했는지를 파악해야 한다. 그것을 다음 세대에 가장 먼저 그리고 분명하게 전하자는 것이다.

앞에서 살핀 내용을 다시 한번 되새겨보자.

해방 직후 제주도인민위원회와 청년조직은 도민들의 전폭적인 지지를 받으며 활발히 활동했다. 3·1 기념식에 대규모 인파가 참여하여 자주적인 통일독립을 외쳤고, 관덕정 앞에서의 발포사건에 항의해 도민 총파업으로 맞섰다. 경찰·서청의 무참한 폭력 앞에도 굴하지 않았다. 결국 그 탄압을 분쇄하고 한반도를 둘로 나누는 5·10단독선거를 반대, 통일된 나라를 만든다는 분명한 목적을 내세우며 봉기를 일으켰다. 명분 있는 싸움이고 이유 있는 저항이었다. 많은 이들이 지지하고 지원했다. 학생과 언론인, 공무원, 심지어 군인이나 경찰까지 이 주장에 동조하여 합류하기도 했다. 그리하여 결국 제주도에서의 단독선거는 거부됐다.

하지만 그 대가는 수만의 죽음과 공동체 파괴로 나타났다. 참혹했다. 토벌대는 제주도민을 '빨갱이', '폭도', '공산당'이라 매도하며 죽였다. 공권력에 죽임을 당한 희생자의 자식들에게는 '폭도 새끼'라는 낙인을 찍어 온갖 수모와 불이익을 당하게 했다. 광기에 가까운 공권력의 만행에 체험자들과 유족들은 스스로 망각의 길을 택했다. 강요된 침묵도 이어졌다. 그래서 겨우 찾아낸 것이 '억울한 죽음', '아무런 이유 없는', '죄 없이', '아무것도 모르는', '공산주의가 뭔지 민주주의가 뭔지 모르는' 등 지극히 수세적인 논리였다. 그나마도 "이것저것 다 싫다. 4·3을 다시 입에 올리는 거, 떠올리게 하는 거 무조건 싫다!"며 입을 닫는 유족이 많았다. 어쩌면 반세기 넘는 이러한 망각과 침묵이 그들에게는 나름의 치유책이었는지 모른다.

이제 4·3 희생자의 죽음을 더 이상 '억울한 죽음'에 가두지 말자. 4·3 희생은 '이유 있는 저항'에 따른 '값진 희생'으로 자리매김되어야 한다. 물론 억울한 희생이 많다. 이를 부정하는 것이 아니라, 적극적으로 5·10선거를 거부하고 탄압을 분쇄하고자 산으로 올랐던 사람들의 자발적 의지와 발자취를 애써 지우지 말자는 것이다. 지우지 않은 날것의 그들의 마음, 그들의 열정과 발자취를 다음 세대에 고스란히 전하는 세대전승이 이루어져야 한다. 그 여정의 잘잘못은 그것대로 후세대가 판단할 것이다.

지금까지 제주도인민유격대는 역사에서 철저히 외면당했다. 죽어서도 아직까지 만능의 주홍글씨인 '빨갱이', '폭도'로 이념에 덧씌워진 채 방치되고 있다. 마땅한 것인가? 그들이 민족을 배신한 것도 아니고 나라를 팔아먹은 것도 아니지 않은가? 그들은 형언할 수조차 없는 경찰·서청의 무자비한 폭력을 분쇄하여 제주도민의 자존을 지키려 분연히 일어선 사람들이다. 다 같이 잘 사는 정의로운 사회, 자주적이고 통일된 나라를 만들어보자는 나름의 신념과 조국애·민족애를 실천한 사람들이다.

4·3은 많은 것을 잃게 했고 상처 또한 깊고 아직까지 남아 있다. 무엇보다 너무도 많은 사람들을 잃었다. 채 꽃을 피워보지 못한 어린 생명에서부터 당대의 인재라 일컬어졌던 사람들까지 모두 안타까운 죽음이다. 암울했던 역사의 희생이다.

4·3의 모든 희생자는 역사의 희생자가 되어야 한다. 특히 배제되거

나 누락되는 희생자가 있어서는 안 된다. 오히려 단죄해야 할 대상은 제주도민끼리 서로 죽창을 겨누게 하고, 같은 민족끼리 서로 총을 겨누게 만든 한반도 분단의 원흉인 미국과 소련 등 외세와 이에 빌붙어 온갖 영달을 누렸던 민족반역자 집단이다.

유격대 활동일지를 정리하다 보니 태아와 젖먹이, 80대 노인까지 가리지 않은 유격대의 잔혹한 학살 사례가 적지 않았다. 억울한 희생이다. "투쟁 과정에 어쩔 수 없는 희생 아니겠냐!"고 하면, 토벌대에 의한 제주도민의 엄청난 죽음을 두고 "피아 구분이 불명확한 전쟁터에서 민간인이 죽는 건 충분히 발생할 수 있고, 어쩔 수 없지 않느냐!"는 파렴치한 변명과 다를 게 하나도 없다. 유격대의 잔혹 행위가 민중들의 인심을 잃게 하고, 두려움에 멀리하게 하고, '폭도'라 규정하는 계기가 된 것은 사실이다. 목적을 이루기 위해 동원한 수단의 잘못, 이 과오 또한 사실대로 역사에 기록되어야 한다.

여전히 풀어야 할 과제가 많음도 알 수 있었다. 열악한 무기와 준비 상태로 무장봉기를 결정한 당시 정세 판단은 옳았는가. 남로당 제주도당 지도부는 4·28 협상이 무산된 이후 또는 5·10 선거가 파탄 난 이후에도 왜 추가 협상에 나서지 않았을까. 김달삼 등 핵심 지도부는 무엇 때문에 제주도 현장을 벗어났을까. 당과 군사부의 지도·지휘체계는 어땠을까 등등…. 후속 연구가 받쳐줄 것으로 기대한다.

이 글은 제주도인민유격대 이야기다. 역사는 그들을 '공산폭도', '빨갱이'라 재단하여 죽이고, 깊고 깊은 구렁텅이로 내던져버렸다. 그러나 그들이 품었던 꿈마저 묻어둘 수는 없다. 그들은 인간 이하 취급을 받으며 스러졌다. 하지만 그들은 사람들이다. 이기지 못할 싸움인 줄 알면서도 탄압세력의 총부리에 제 가슴을 내밀었던 사람들이다. 섬의

오름 곳곳에 일제히 봉화를 올리며 도민들의 가슴을 울렸고, 제주도민을 몰살하려는 서청·경찰을 공격하여 도민들의 지지·지원을 받았던 사람들. 5·10 단선 거부에 결연히 나섰던 사람들. 무차별 살상 등의 잘못으로 원망과 미움을 받았던 사람들. 끝내 신념을 버리지 않고 조국 통일을 외치며 쓰러져 간 제주도 사람들….

제주도의 빗물은 땅속 화산암을 파고들며 지하수와 만나 흐르다 생명수로 거듭 우리에게 되돌아온다. 한라산 자락에서, 오름, 골짜기, 섬 곳곳에서 제주도민들이 흘린 피와 분노의 눈물은 이제 흔적이 없다. 하지만 사라지지 않았고 단지 제주 섬의 땅속으로 스며들었을 뿐이다.

참고문헌
사진·그림·표 차례
찾아보기

참고문헌

논문

박명림, 「제주도 4·3 민중항쟁에 관한 연구」, 고려대학교 석사학위논문, 1988.
양정심, 「제주4·3항쟁에 관한 연구」, 성균관대학교 석사학위논문, 1995.
양한권, 「제주도 4·3폭동의 배경에 관한 연구」, 서울대학교 석사학위논문, 1988.
장윤식, 「제주4·3사건 초기 유격대의 조직과 활동」, 제주대학교 석사학위논문, 2005.

단행본

강용삼·이경수 편, 『대하실록 제주백년』, 태광문화사, 1984.
고성진 편저, 『되돌아 보는 6·25전쟁과 제주도』, 제주특별자치도재향군인회, 2020.
고재우 편저, 『제주4·3폭동의 진상은 이렇다』, 백록출판사, 1988.
국방부 전사편찬위원회, 『대비정규전사』, 1988.
_____, 『한국전쟁사 1권 - 해방과 건군』, 1967.
김남식, 『남로당연구』, 돌베개, 1984.
김봉현, 김민주, 『제주도 인민들의 4·3무장투쟁사』, 문우사, 1963.
김점곤, 『한국전쟁과 로동당 전략』, 박영사, 1973.
문창송 편, 『한라산은 알고 있다. 묻혀진 4·3의 진상』, 대림인쇄, 1995.
박서동 채록·정리, 『영원한 우리들의 아픔 4·3』, 월간관광제주, 1990.
이윤, 『진중일기』, 여문각, 2001.
정남두, 『사암록』, 선진인쇄사, 2011.
정병준, 『1945년 해방 직후사』, 돌베개, 2023.
《제민일보》 4·3특별취재반, 『4·3은 말한다』 1권~5권, 전예원, 1994~1998.
제주4·3사건진상규명 및 희생자명예회복위원회, 『제주4·3사건진상조사보고서』, 2003.
_____, 『제주4·3사건자료집』 1~11권, 2002~ 2003.
제주4·3연구소, 『제주4·3 자료집-미군정보고서』, 제주도의회, 2000.
_____, 『제주항쟁』, 실천문학사, 1991.
_____, 『이제사 말햄수다』 I·II, 도서출판 한울, 1989.

_____,『4·3장정』I~VI, 1990~1993.
_____,『무덤에서 살아나온 4·3수형자들』, 역사비평사, 2002.
_____,『그늘 속의 4·3』, 선인, 2009.
제주4·3정립연구·유족회,『4·3의 진정한 희생자는!』창간호~7집, 2013~2017.
제주4·3평화재단,『제주4·3사건추가진상조사보고서 I』, 2019.
_____,『제주4·3사건추가진상자료집1』(4·3 관련 경찰 자료), 2018.
제주도경찰국,『제주경찰사』, 1990.
제주사정립사업추진위원회,『제주사연표』II, 2005.
현용준,『한라산 오르듯이』, 각, 2003.
해병대사령부,『해병전투사』, 1951.

마을지
가시리,『가시리지 가스름』
감산리,『감산향토지』
고산리,『고산향토지』
고성리(애월읍),『고성리지』
김녕리,『김녕리지』
낙천리,『낙천리향토지』
난산리,『난산리지』
노형동,『노형동 4·3이야기』
도순리,『도순마을지』
동명리,『동명향토지』
명월리,『명월향토지』
박용후,『모슬포』
법환리,『법환향토지』
삼달리,『삼달리지』
삼양동,『삼양동지-삼양·도련』
색달리,『색달마을지』
서홍동,『서홍리지 서홍로』
성읍리,『성읍마을』
수산리(애월읍),『수산리지』
신풍리, 신풍리 향토지『냇가의 풍년마을』

아라동,『아라동지』
애월리,『애월』
연동,『연동향토지』
영락리,『영락리지』
영평동,『가시나물』
오등동,『오등동향토지』
오라동,『오라동향토지』
용흥리,『용무루』
월평동(제주시),『다라쿳』
이도2동,『이도2동지』
장전리,『장전마을지』
중문동, 중문향토지『불란지야 불싸지라』
토평동,『토평리지』
판포리,『널개오름을 등진 섬마을』
평대리,『평대리지』
하도리,『하도향토지』
하례1리,『하례마을』
하례2리,『공천포지』
하원리,『하원리향토지』
한동리,『한동리지 둔지오름』
화북동,『화북동향토지』
화순리,『화순리지』

신문·잡지
《경향신문》,《노력인민》,《독립신보》,《대공일보》,《동광신문》,《동아일보》,《서울신문》,《신천지》,《자유신문》,《제민일보》,《제주신보》,《조선일보》,《조선중앙일보》,《현대일보》

사진·그림·표 차례

사진 차례

〈사진1〉 남한에 진주한 미군의 성조기 게양 ······ 21
〈사진2〉 제주도민인민위원회 직인 ······ 30
〈사진3〉 한림면 인민위원회의 3·1절 축하 광고 ······ 35
〈사진4〉 건국5칙 ······ 37
〈사진5〉 3·1 대시위 ······ 47
〈사진6〉 서북청년단 ······ 57
〈사진7〉 유해진 도지사 ······ 60
〈사진8〉 넘치는 유치장 ······ 62
〈사진9〉 인민해방군 명의의 포고령 ······ 74
〈사진10〉 『제주도인민유격대 투쟁보고서』 ······ 90
〈사진11〉 압수된 유격대의 무기들 ······ 143
〈사진12〉 하산민 ······ 155
〈사진13〉 관덕정 광장 앞에 내걸린 이덕구 사령관 시신 ······ 159
〈사진14〉 눈 속의 연락병 ······ 175
〈사진15〉 억새풀과 소나무 가지로 임시 거처를 만든 주민들 ······ 179
〈사진16〉 체포된 오원권, 한순애와의 대담 기사 ······ 266
〈사진17〉 중산간지대로 피신한 제주 사람들 ······ 285
〈사진18〉 산에 올랐다가 하산하는 주민들 ······ 291
〈사진19〉 5·10 피신처 '붉은 덩어리' ······ 291
〈사진20〉 5·10 피신처 '개역빌레케' ······ 295
〈사진21〉 해주대회장에 도착한 남한 각 지역의 서명 뭉치 ······ 298
〈사진22〉 국호 관련 여론조사 ······ 301

〈사진23〉 도로 차단 ·· 311
〈사진24〉 성읍리 애향용사순직비 ·· 324
〈사진25〉 강정동(용흥마을) 4·3충의비 ·· 324
〈사진26〉 故 박진경 연대장 고별식 ·· 341
〈사진27〉 문상길, 손선호 사형집행 신문기사 ··································· 343
〈사진28〉 쌀오름(미악산) 전경 ··· 348
〈사진29〉 의귀리 전투 전사 군인 추모비(남원읍 충혼묘지) ·············· 349
〈사진30〉 의귀리 전투 전사 유격대 무덤(송령이골) ·························· 350
〈사진31〉 노루오름(장태코) 발굴 탄알집 ··· 351
〈사진32〉 노루오름 발굴 단검집 ·· 353
〈사진33〉 물장오리 산정 호수 ··· 355
〈사진34〉 물장오리 발굴 탄피 ··· 355
〈사진35〉 궤펜이 발굴 탄피 ··· 356
〈사진36〉 궤펜이 발굴 유물 ··· 358
〈사진37〉 김달삼과 김익렬 ··· 360

그림 차례

〈그림1〉 무장봉기 직전의 조직체계 ··· 91
〈그림2〉 제1차 조직정비 후 조직체계 ··· 113
〈그림3〉 제2차 조직정비 후 조직체계 ··· 116
〈그림4〉 제3차 조직정비 후 조직체계 ··· 118
〈그림5〉 제5차 조직정비 후 조직체계 ··· 124
〈그림6〉 대정면당사령부 조직체계 ·· 137

표 차례

〈표1〉 남로당 제주도위원회 조직체계 비교 ·· 86
〈표2〉 잔여 유격대 시기 인원과 무기 ·· 148
〈표3〉 4·3 시기 남로당 제주도당 당책 및 유격대 사령관 계보 ······· 160

〈표4〉 유격대 활동일지(1948.4.3.~5.26.) 198
〈표5〉 지역별 활동 현황(1948.4.3.~5.26.) 215
〈표6〉 유격대 활동일지(1948.5.27.~9.9.) 216
〈표7〉 지역별 활동 현황(1948.5.27.~9.9.) 221
〈표8〉 유격대 활동일지(1948.9.10.~1949.3.1.) 222
〈표9〉 지역별 활동 현황(1948.9.10.~1949.3.1.) 244
〈표10〉 유격대 활동일지(1949.3.2.~1950.6.24.) 245
〈표11〉 지역별 활동 현황(1949.3.2.~1950.6.24.) 249
〈표12〉 유격대 활동일지(1950.6.25.~1957.4.2.) 250
〈표13〉 지역별 활동 현황(1950.6.25.~1957.4.2.) 268
〈표14〉 월별 활동 현황(1948.4.~1957.4.) 270
〈표15〉 시기별 활동 현황(1948.4.3.~1957.4.2.) 276
〈표16〉 5·10선거 관련 유격대 습격 상황(1948.4.18.~5.10.) 286
〈표17〉 5·10선거 전후 주민 피신처 292
〈표18〉 남로당 제주도당 선전 기관지 309
〈표19〉 군·경·우익단체 소속별 피해실태(국가유공자 기준) 316
〈표20〉 피해 시기별 군·경·우익단체 희생자(국가유공자 기준) 317
〈표21〉 피해 지역별 군·경·우익단체 희생자(국가유공자 기준) 319
〈표22〉 유격대의 무차별 마을 습격 사례 322
〈표23〉 국방경비대원 탈영 및 지원일지 336
〈표24〉 유격대 면별 무기탈취 현황(1948.3.18.~7.9.) 339
〈표25〉 주요 교전 일지 346

찾아보기

ㄱ

가물개 238
가시나물 254, 260, 292, 323
가시리 92, 126, 194, 208, 228, 250, 258, 296, 320
가파리 320, 366
감산리 194, 218, 228, 229, 230, 231, 233, 234, 236, 252, 256, 257, 262, 320
강공오 209
강구동 255
강규찬 69, 102, 120, 160, 298, 299
강기송 212
강기찬 86
강대석 103, 104
강동효 50
강보찬 212
강복순 230
강석주 236
강시언 239
강유생 230
강유손 237
강정리 227, 230, 231, 233, 250, 262, 320, 322

강정생 250
강정옥 231
강희중 229
강희평 230
개남밭들캥이 352
개미목속밭 184
개미오름 186
개수동 234
개여물 동산 237, 346
개역빌레궤 294, 295
거로 230, 233, 234, 292
거문악 246, 257, 259, 346, 357
거문오름 246
거석동 234
건국5칙 36, 37, 39
건국준비위원회(건준) 29, 34, 39, 93, 299
건입리 256, 319, 347
결후리 294
검은소냇가 225
검은오름 184, 293
견월악 246, 255, 260, 320, 366
계엄령 242
고갑수 102

380 탄압이면 항쟁이다

고내리 227, 238, 319
고냉이동산 293
고두천 224
고래미캐왓 292
고림동 255, 323
고분다리 250
고산리 194, 212, 223, 239, 254, 319
고산지서 212
고성리(성산면) 223, 256, 320
고성리(애월면) 195, 207, 208, 224, 225, 236, 253, 319, 346
고성리 전투 150, 242
고수만 237
고순택 210, 325
고승열 230
고승옥 132, 133, 160, 170, 337, 357
고승완 238
고승지 230
고연방 233
고영숙 239
고영옥 240
고용권 207
고용언 210
고으니마루 256
고재우 92
고진희 86, 298
고창무 72
고창휘 207

고치준 236
고칠종 86, 103
고평지 201
곡산악 218
곱은달 294
공천포 251, 323
곽지리 202, 238, 319, 322, 352
관음사 152, 176, 184, 186, 232, 258
관음사 전투 242
광령리 200, 206, 246, 256, 293, 319
광평리 202, 208, 210, 252, 253, 320
괴편리 357
교래리 184, 186, 201, 257, 320
교육대 131
구멀동 237, 322
구억리 218, 239, 320, 360
구엄리 198, 203, 232, 233, 280, 319, 321, 322, 323
구엄지서 200
구좌국민초등학교 282
구좌면 89, 90, 92, 215, 221, 244, 249, 268, 315, 320, 339
구좌면 투쟁위원회 87, 307, 365
구좌면당 139
구좌면사무소 240
국가유공자 190, 256, 316, 317, 319, 352
군부침투전술 332
군산 184

권팔 170, 171, 172
궤펜이 254, 347, 356, 357, 358
궤펜이(산란이) 전투 254, 354, 357, 358
귀덕리 136, 210, 219, 237, 241, 260, 294, 319
귀순공작 147, 153, 156, 244, 245, 247, 263, 359
귀순공작대 132
그린 31
금능(릉)리 198, 230, 319, 322,
금덕리 200, 201, 207, 293, 319
금등리 319
금성리 141, 202, 211, 293, 319, 352
금악리 142, 173, 186, 207, 209, 210, 216, 217, 232, 251, 257, 294, 319
기동대 131
김경봉 233
김계춘 226
김광진 86, 102
김귀한 86
김금순 86, 102
김길현 239
김녕리 129, 195, 219, 222, 223, 226, 239, 246, 257, 320, 346
김녕지서 220, 222, 226
김달삼 33, 68, 69, 79, 80, 86, 102, 112, 128, 140, 144, 158, 160, 204, 219, 220, 241, 296, 298, 299, 342, 359,
360, 361, 362, 363
김달수 237
김대봉 325
김대진 86, 158
김동곤 230
김동영 236
김두경 236
김두봉 40, 69, 86
김문봉 202
김민생 86
김민주 120, 126, 169, 261, 314
김병길 218
김병두 237
김병생 203
김봉원 227
김봉천 89
김봉현 120, 126, 314
김상옥 326
김상은 229
김생민 70
김서옥 80
김석환 86
김성규 132, 133, 136, 149, 160, 163, 170, 260, 267
김성률 352
김성추 53
김승준 235
김시범 303

김시원 145

김양근 82, 83, 86, 329

김영아 202

김옥희 303

김완배 86

김용관 86, 102, 158, 160, 185, 246

김용언 211

김용조 326

김용철 70, 198

김유생 233

김유환 86, 101

김은한 86

김응환 104

김의봉 132, 160, 258, 265, 354, 356, 357

김이환 54

김익렬 69, 204, 205, 359, 360, 361, 363

김일성 41

김장하 199

김점곤 87

김정호 325

김종면 362

김종민 29, 30

김태근 210

김태현 210

김태화 209

김태후 222

김택수 69

김택훈 326

김평호 145

김한년 231

김해만 208, 326

김환희 260

김희석 238

ㄴ

낙천리 195, 224, 319

난민관리책임자 181

난산리 195, 231, 252, 320

남로당 제주도당 68, 73, 82, 221, 290

남로당 제주도위원회 39, 42, 43, 49, 67, 68, 81, 86, 89, 214, 289, 331

남로당 행동강령 166, 171

남송악 184, 186, 257, 258, 260

남원리 89, 90, 151, 198, 211, 213, 224, 229, 233, 243, 250, 281, 320, 321, 322

남원면 215, 221, 240, 244, 249, 268, 312, 315, 320, 339

남원면사무소 213

남원지서 198

남이악 184

남전 출장소 51

남조봉 173

납읍리 211, 227, 238, 254, 258, 319

내도리 203, 204, 206, 319

내팟마을 231, 322

노고악 134
노로악 163
노루손이 293
노루오름 184, 346, 353
노루오름(산물내) 전투 245, 248, 346, 351, 352
노리오름 186
노형동 195
노형리 186, 202, 204, 206, 222, 225, 228, 230, 234, 293, 319, 322
녹남내창 293
녹산봉 184
녹하지 250
녹하지오름 251
녹화오름 184
논고악 165, 252
농위 45, 131
눈오름 184, 186, 292, 326

ㄷ

다래오름 184, 186, 259
다호 235
당병이 292
당오름 186
대련소 293
대록봉 258
대림리 294, 319
대정면 89, 90, 166, 215, 221, 244, 249, 268, 312, 315, 320, 339
대정면당 79, 137, 163, 178, 241, 332, 360
대정면사무소 203
대정지서 82, 199, 202, 211, 212, 228, 336
대천동 253, 320, 347
대토벌 153, 157, 244, 247
대포리 206, 320
대흘리 201, 208, 218, 222, 223, 250, 294, 320
덕수리 200, 231, 238, 245, 320, 322
덕천리 208, 224, 255, 320
도남리 203, 223, 233, 319, 325
도두리 199, 200, 205, 207, 208, 210, 225, 232, 234, 235, 240, 256, 292, 319, 321, 322, 323, 326
도련리 198, 206, 207, 216, 217, 229, 230, 251, 319
도리 뒷곶 294
도순리 195, 212, 217, 222, 223, 227, 228, 231, 246, 254, 320
도순지서 223
도평리 202, 205, 226, 284, 292, 319
독청 26
돈지왓 186
돌개기 294
돌그니박 352

돌오름 184, 186, 227, 246, 247, 250, 253, 259, 346
돗귀목 233
동광리 63, 202, 204, 228, 320
동귀리 293
동명리 195, 210, 259, 294, 319
동문 외곽성 전투 256
동복리 207, 230, 233, 238, 239, 251, 320
동복지서 251
동부8리작전 242
동수동 255
동수악 165
동일리 203, 204, 228, 320
동홍리 231, 246, 320, 346, 347, 348
두모리 319
드루스 359
딘 61, 213, 214, 288

ㄹ

레포 174
로렌스 넬슨 58
룽구악 259

ㅁ

마비투쟁 310
마을위원회 99, 104
말저린밭 292

말찻오름 257, 265
맨스필드 359
맨촌 251
멀왓 241
메매기 293
면수동 240
면위원회 99, 104
명도암 229, 251, 292, 293, 347
명월리 142, 195, 209, 228, 255, 294, 305, 319, 321, 323
모라리오름 184
모록밭 186
모스크바 삼상회의 42, 65
모슬포지서 67, 70, 198, 205
모택동 162
무릉리 166, 178, 206, 213, 216, 217, 218, 227, 229, 294, 320, 346
무릉지서 206, 218
무장응원대 131
무지개부대 258
문관백 231
문덕오 337
문두천 222
문등용 298
문상길 340, 342, 343, 344
문세형 178
물오름 253
물장오리 146, 163, 165, 166, 184, 347,

365
물장오리 전투 253, 354
미곡수집령 24
미소공동위원회(미소공위) 42, 47, 65, 332
민애청 39, 40, 68, 93, 112, 131, 297, 366
민오름 184
민용식 236
민주부락 138
민주주의민족전선 36, 39, 48, 72, 296
민청 25, 39, 40, 41, 43, 45, 53

ㅂ

바개밭 293
바농(바늘)오름 184, 203, 230, 242
바리매오름 184, 186
박경훈 41, 43, 55
박구한 236
박두인 204
박보현 238
박수석 209
박영도 202
박용후 195
박진경 122, 216, 217, 220, 340, 361, 363
박행구 198
박헌영 40, 44

반도 제3군단 184
반도 제8군단 184
반도 제12군단 184
반도 제23군단 184
밤낭밧 292
방여밧궤 293
배순옥 236
백록중대 258
백야오름 184
백자인 216
백지날인 216, 219, 220, 297
백창원 132, 133, 170
버너리굴 323
법정오름 184
법환리 195, 252, 320, 323
베로스 58, 64
베릿포 253
변창희 136, 149, 259, 260, 267
별동대 131
병두선 259
병악 252
보리오름 252
보목리 320
보성리 199, 202, 206, 211, 212, 223, 228, 230, 246, 320
복시환 사건 25
봉개리 186, 200, 202, 206, 208, 251, 252, 255, 293, 319

부녀동맹(부동) 40, 43, 68
부동선 201
부영호 201
부정부패 24, 25
북반친밧 366
북촌리 63, 157, 182, 203, 217, 228, 232, 237, 239, 242, 256, 259, 294, 320, 346
붉은덩어리 291, 292, 293
붉은오름 257
브라운 87, 94, 99, 100, 121
비상경비사령부 172
빌레못 297
빌레못굴 293
빗개 172, 173, 174
빗개오름 352

ㅅ

사계리 320
사라봉 256
사라악 251, 347
사찰유격대 264
산란이 254, 347, 356
산물내 352
산방산 184, 186
산양리 226, 319
산이수동 236
산천단 184, 185, 186, 245
삼달리 195, 235, 320

삼도리 319
삼심봉 293
삼양동 195
삼양리 199, 201, 202, 203, 204, 206, 225, 230, 234, 235, 240, 255, 263, 292, 305, 319, 322, 347
삼양지서 199, 202, 225, 282
삼의악 184
상가리 231, 234, 235, 239, 240, 319
상귀리 253, 293, 319
상대리 294, 319, 326
상덕천리 255
상도리 208, 212, 240, 320
상명리 207, 209, 228, 252, 319
상모리 203, 204, 212, 236, 237, 320
상예리 205, 208, 212, 240, 320
상창리 212, 217, 223, 225, 229, 231, 233, 252, 253, 320
상천리 246, 250, 253, 320
상효리 219, 226, 320
새물 294
새미오름 176
새소식 309
새오름 257
색달리 195, 208, 212, 223, 250, 251, 253, 320, 346
샛별 306, 309
샛별오름 82, 106, 164, 165, 184, 186

생쇠물궤 186, 294
생이오름 326
서광리 219, 223, 225, 231, 257, 260, 320
서귀리 218, 226, 256, 320
서귀면 40, 89, 90, 92, 215, 221, 244, 249, 268, 315, 320, 339
서귀포발전소 226, 256, 263
서북청년단(서청) 55, 56, 57, 58, 59, 68, 69, 73, 177, 214, 219, 274, 278, 279, 280, 282, 304, 335, 366
서월악 184
서청특별중대 282
서호리 225, 237, 250, 320
서호목장 250
서홍동 195
서홍리 92, 185, 213, 219, 225, 237, 320, 347
석봉원 253
선반질 229
선전행동대 81
선흘리 201, 202, 207, 216, 217, 232, 245, 246, 257, 294, 320
성간이 293
성널오름 254
성산국민학교 282
성산리 199, 200, 320
성산면 89, 90, 92, 215, 221, 244, 249, 268, 315, 320, 339
성산지서 92, 199, 200
성읍리 195, 236, 239, 243, 320, 322, 323
성천포 259
성판악 134, 146, 184, 186, 245, 255, 259
세미곶 184
세화리 151, 199, 209, 216, 226, 227, 230, 235, 243, 274, 281, 320, 321, 322, 346
세화지서 92, 199, 209
소길리 219, 226, 255, 265, 319
손선호 122, 340, 342, 344
송규창 231
송당리 186, 203, 207, 208, 215, 224, 227, 228, 253, 260, 320, 347
송당마을 182
송령이골 350, 351
송병하 231
송요찬 222, 241
송원병 132, 133, 160
송정근 280
송태삼 233
수망리 320
수산리(성산면) 208, 210, 226, 232, 320, 322, 323
수산리(애월면) 195, 206, 210, 224, 238,

239, 246, 293, 319, 346
수산봉 238, 346
수악 252, 253
수원리 207, 319
숙군 335
순회폭력 65
숨부나리곶 186
숫모루 292
시흥리 222, 320
식산은행 51
신도리 228, 235, 320
신례리 165, 251, 320, 323
신산리 236, 320
신선대 250
신양리 223, 320
신엄리 201, 203, 207, 217, 227, 232, 236, 246, 319
신엄지서 198, 203, 232
신영근 236
신창리 319
신천리 320
신촌리 186, 202, 223, 228, 233, 235, 238, 239, 255, 294, 320, 322
신촌사건 70
신탁통치 29, 42
신평곶 294
신평리 204, 205, 213, 223, 294, 320
신풍리 195, 233, 236, 320, 322, 327

신현집 206
신효리 136, 260, 320
신흥리(남원면) 222, 230, 235, 236, 252, 320
신흥리(조천면) 204, 224, 225, 227, 320
쌀오름(미악산) 185, 186, 226, 246, 347, 348
쌀오름 전투 226, 346, 347

ㅇ

아놀드 26
아라동 195
아라리 207, 232, 235, 251, 258, 259, 293, 319, 346
안덕면 89, 91, 92, 186, 215, 221, 244, 249, 268, 277, 312, 315, 320, 339
안덕면사무소 212
안덕지서 212, 220, 226
안성리 204, 320
안세훈 43, 47, 48, 69, 298
안요검 86
알무드내 292
애왓 293
애월리 195, 199, 200, 205, 224, 238, 245, 256, 319
애월면 40, 89, 90, 186, 215, 221, 244, 249, 268, 312, 315, 319, 336, 339, 352
애월지서 199, 200, 224

야산대 88
양기형 224
양남호 200
양병직 213
양용운 326
양원일 71
양은하 64, 70, 198
양재길 211
양재수 238
양종국 250
양중환 260
양천동 321
어도리 164, 237, 239, 241, 319, 322, 352
어승생악(오름) 163, 165, 184, 186, 217, 218, 251
어음리 228, 238, 293, 297, 319, 352
어후악 134, 254, 256, 259
여꼬못 294
여론조사 27, 36, 38, 39, 301
여만질 수월 294
여성동맹(여맹) 131, 283, 366
여순사건 130, 150, 222, 223, 241, 335
여운형 28, 29, 299
역구왓 294
연동(연리) 136, 173, 186, 195, 251, 260, 293, 319
연락병 174, 175, 307

연판장운동 296
열안지오름 292
염돈마을 321, 322
영남리 320
영락리 195, 205, 206, 211, 233, 246, 320
영림소 184
영실기암 257
영주산 184
영평동 195
영평리 199, 203, 204, 228, 229, 254, 255, 259, 319
오경봉 230
오남주 212
오대진 69
오도롱 292
오두현 204
오등동 195
오등리 207, 211, 217, 227, 292, 319, 321, 346
오등리 전투 234
오라동 196
오라리 186, 200, 204, 205, 210, 234, 241, 259, 292, 319, 346
오림반 165
오매춘 366
오백장군 247
오영식 229

오용관 231
오원권 136, 149, 170, 250, 260, 261, 267
오일균 336, 340
오조리 230, 320
오항주 212
오현중학교 303
온평리 320
옹포리 219, 319
와산리 320
와흘리 250, 251, 253, 258, 263, 320, 346
외도리 199, 201, 202, 203, 207, 235, 236, 238, 239, 240, 254, 262, 292, 319
외도지서 199, 201, 236, 282
용강리 231, 292, 319
용담리 319
용수리 319
용흥리 196, 225, 227, 238
용흥마을(강정) 324
웅악 186
원당봉 255, 347
원동 186, 352
월랑봉 227, 346
월령리 319
월림리 319
월산마을 230, 323
월성사 254
월정리 209, 228, 237, 320, 327
월평동 196
월평리(제주읍) 127, 186, 199, 202, 218, 236, 307, 319, 346
월평리(중문면) 257, 259, 320
월평리 전투 236
위미리 151, 211, 229, 231, 233, 234, 243, 251, 257, 281, 320, 321, 322
유격대 훈련학교 163
유수암 293
유신동 246, 256
유재흥 244, 247, 248
유해진 55, 58, 59, 60, 61
윤성중 236
윤용선 230
윤자홍 218
의귀국민학교 305, 349, 351
의귀리 226, 229, 233, 236, 255, 265, 305, 320, 346
의귀리 전투 152, 236, 242, 349
이기봉 247
이달봉 294
이덕구 86, 89, 112, 129, 131, 132, 144, 145, 157, 159, 160, 224, 242, 245, 246, 248, 314, 362, 364, 366
이도2동 196
이도리 250, 255, 256, 319
이도연 200

이도종 217
이동부대 138
이두옥 80
이삼룡 120, 314, 364
이스렁오름 250
이승굴 293
이승만 39, 55, 222, 242, 308, 314, 365
이승이오름 165
이승조 53
이운방 78, 241, 360
이윤 349
이윤도 282
이인 71, 73
이정숙 298
이정우 337
이종우 86, 102
이좌구 86
이질 182
이창수 104
이창욱 104
이창하 366
이태화 230
이형근 361
이호리 199, 200, 203, 211, 226, 229, 230, 231, 234, 235, 237, 238, 240, 251, 252, 292, 305, 319, 323
인공기 303
인민공화국 108, 167, 221, 299, 300, 302

인민위원회(인위) 26, 29, 30, 31, 32, 33, 34, 39, 43, 44, 71, 99, 104, 105, 167, 299, 300
인민일보 309
인민통신 309
인민항쟁가 41
인민해방군 73, 74, 75, 83, 100, 101, 105, 127, 128, 302
인항동 178, 346
일과리 212, 218, 320
일도리 231, 319
임보국 209
임선길 201
임순준 209
임영관 253, 354
임창현 209
임태성 103

ㅈ

자기비판 168
자위대 68, 81, 82, 87, 88, 89, 90, 92, 93, 100, 105, 109, 110, 114, 115, 125, 126, 128, 130, 131, 138, 154, 174, 214
자유주의배격 11조 168
작은가오리 246
작은대나오름 293
장군보 230
장기동 267

장우석 238
장재선 231
장전리 196, 200, 202, 206, 225, 319
재귀열 182, 183
저지리 200, 207, 209, 212, 319, 321, 322
저지지서 216, 217
적기가 41
적악 257
전라남도위원회 99, 101
전사규 230
전투조 134
절물 254
정권수 136, 149, 260, 267
정남두 133
정달수 236
정물오름 184, 251
정방옥 326
정병준 299
정보 309
정용철 282
정판옥 236
제1지대 133
제5지대 135
제7지대 133
제8지대 134
제11지대 133, 134
제12지대 134

제50지대 133
제51야전포병대대 분견대 32
제59군정중대 32, 96
제749야전포병대대 31
제석동산 292
제주 3·1사건 대책위원회 49
제주4·3평화재단 315
제주농업학교 51
제주도 남로당 조사 보고서 99
제주도 민주주의민족전선 41, 42, 43
제주도 적화음모사건 225
제주도건준 30
제주도위원회 99, 101
제주도인민위원회 28, 32, 33, 34
제주방송국 255, 263
제주북국민학교 47, 51, 303
제주여객 51
제주우체국 51
제주읍 40, 89, 90, 92, 215, 221, 244, 249, 268, 312, 315, 319, 339
제주읍 일반위원회 102
제주읍 특별위원회 103, 111
제주읍면위원회 99, 102
제주읍사무소 303
제주지구전투사령부 153, 156, 244, 246
조덕송 77, 334
조리물 293
조몽구 86, 101

조병옥 71, 327
조사옥 230
조선건국준비위원회 29
조선민주주의 인민공화국 74, 302
조선신문기자회 38
조선인민공화국 29, 39, 168, 299
조수리 199, 229, 319
조천국민학교 356
조천리 161, 199, 200, 201, 209, 210, 218, 224, 226, 227, 233, 251, 252, 294, 320, 325, 326
조천면 40, 41, 89, 90, 215, 221, 244, 249, 268, 312, 315, 320, 339
조천면당 176
조천면사무소 226, 252
조천중학원 79
조천지서 67, 70, 198, 199, 200, 201, 224, 250
족은바리메 352
종달리 63, 228, 230, 237, 238, 255, 258, 320
주정공장 58
죽성 207, 307
중문국민학교 282
중문동 196
중문리 53, 205, 217, 223, 226, 236, 246, 253, 257, 259, 260, 320, 346
중문면 89, 90, 92, 215, 221, 244, 247, 249, 268, 277, 312, 315, 320, 339
중문중학교 226, 346
중문지서 217, 226, 236, 346
중앙인민위원회 29, 30, 34
지하선거 125, 130, 216, 219, 220, 296, 297
진갑출 209
진동산 231, 250
진병길 245
진윤종 209
진장섭 202
진홍종 209
진희문 238

ㅊ

찰스 웨슬로스키 165
창천리 186, 207, 212, 217, 227, 229, 233, 234, 252, 305, 320
처나오름 326
천문오름 184
천안악 전투 200
천조봉 258
청년동맹 32, 93
청소년 납치조 134
청수리 166, 207, 319
체오름 136, 157, 260
최대순 230
최복규 236

ㅋ

콜레라 23

ㅌ

탈전동 228, 323
탈취조 134
태흥리 213, 227, 229, 260, 320
테역장오리 165, 166
토산리 320
토평동 196
토평리 92, 208, 227, 232, 253, 320, 347, 348
특경대 81, 89, 90, 117, 138, 180
특공대 89
특무대 123, 125, 126, 128, 140
특무대원 92

ㅍ

파우웰 31
판포리 196, 237, 319, 322
평대리 196, 208, 228, 230, 231, 233, 238, 239, 240, 259, 320
평지 184
평지동 229
포고령 73, 127, 222, 241, 302
포고문 22
폭도 제3군단 146
폭도 제8군단 146
폭도 제12군단 146
폭도 제23군단 146
표선리 211, 217, 230, 233, 320
표선면 89, 90, 92, 215, 221, 244, 249, 268, 315, 320, 339

ㅎ

하가리 209, 239, 319
하귀리 204, 209, 216, 217, 234, 236, 237, 246, 255, 293
하귀중학교 40
하늬골 323
하도국민학교 256
하도리 196, 205, 208, 212, 216, 225, 230, 231, 239, 240, 256, 320
하례리 195, 196, 234, 235, 243, 320, 322, 323
하모리 198, 205, 228, 320
하산 권고문 254, 264
하예리 208, 320
하원리 131, 196, 222, 231, 232, 233, 237, 238, 246, 248, 249, 250, 252, 259, 262, 320, 322
하천리 320
하효리 320, 348
학생연맹 151
한경면 166, 215, 221, 244, 249, 268, 315

한교동 260
한국섭 104
한남리 254, 255, 320
한담 256
한대악(오름) 134, 186, 247
한동리 196, 208, 219, 222, 228, 253, 320
한동준 347
한림국민학교 30, 282
한림리 142, 143, 199, 200, 209, 210, 213, 226, 231, 255, 280, 319, 326, 346
한림면 30, 34, 40, 89, 90, 143, 186, 215, 221, 244, 249, 268, 312, 315, 319, 336, 339
한림면 인민위원회 35
한림면당 138, 143, 161, 186
한림지서 143, 199, 209, 279
한수리 319
한수기곶 82, 166, 294
한순애 136, 149, 164, 260, 267
한원리 232, 322, 323
한지동 230
함관일 230
함덕국민학교 282
함덕리 199, 201, 203, 204, 205, 206, 207, 209, 210, 224, 228, 229, 237, 246, 252, 254, 255, 262, 294, 320, 323
함덕지서 63, 199, 206, 209, 210, 224

함두옥 230
함두천 230
해남부대 65
해안리 237, 292, 319
해주인민대표자대회(회의, 해주대회) 112, 125, 160, 216, 219, 220, 241, 296, 298, 303
행원리 223, 294, 320
허석봉 233
허영삼 132, 133, 160, 170
허헌 40
헝거 87, 112
현기생 230
현두길 86, 101
현복유 86
현영호 238
현웅대 235
현임생 230
현철규 235
현태헌 235
혈서(血書) 61, 77, 309
혈서(血署) 77
혈화(血火) 309
협재리 209, 219, 234, 239, 319, 322
호근리 232, 320, 347
호소문 73, 75, 87, 242, 314
화북동 196
화북리 199, 201, 204, 205, 206, 210,

211, 223, 225, 292, 230, 231, 232, 233, 234, 235, 236, 319
화북지서 199
화순리 196, 212, 226, 239, 259, 320, 346
회수리 223, 231, 320
회천리 217, 292, 319
흙담밧 292
흙붉은오름 157

100전투경찰사령부 256, 264
2·7 구국투쟁 87
2·7지대 89, 92, 127, 129
2·7투쟁 300
3·1사건 대책 투쟁에 대하여 49
3·1운동 기념투쟁의 방침 43
3·1절 발포사건 41, 46, 48, 53
3·1지대 89, 92, 127
3대 규율 168, 171, 330
4·28회담 359, 361
4·3지대 89, 92, 127, 129
5·10지대 127, 129
6·6사건 63
8항 주의 168, 171, 330

탄압이면 항쟁이다
제주도인민유격대 이야기

2025년 6월 20일 초판 1쇄 발행

글쓴이 장윤식
펴낸이 김영훈
편집장 김지희
디자인 김영훈
편집부 이은아, 부건영
펴낸곳 한그루
　　　출판등록 6510000251002008000003
　　　제주특별자치도 제주시 복지로1길 21
　　　전화 064 723 7580 전송 064 753 7580
　　　전자우편 onetreebook@daum.net 누리방 onetreebook.com

ISBN 979-11-6867-221-5 (93330)

ⓒ 장윤식, 2025

저작권법에 따라 보호를 받는 저작물입니다.
어떤 형태로든 저자 허락과 출판사 동의 없이 무단 전재와 복제를 금합니다.

값 28,000원